Michail Aleksandrovič *(Michael)* Bakunin, geboren 1814 in Torjok, ist 1876 in Bern gestorben. Seine adelige Herkunft bestimmte ihn zur üblichen Offizierslaufbahn. Bakunin quittierte den Dienst – gegen den Willen seiner Familie – als Artillerieoffizier und ging 1840 nach Berlin, um dort zu studieren. 1842 siedelte Bakunin nach Dresden über, wo er Georg Herwegh kennenlernte. Herwegh vermittelte die Bekanntschaft mit Arnold Ruge, dem Herausgeber der »Deutschen Jahrbücher«. Unter dem Pseudonym Jules Elyzard schrieb Bakunin für die »Jahrbücher« den Artikel »Die Reaktion in Deutschland«. Als Herwegh ausgewiesen wird, folgt ihm Bakunin im Januar 1843 in die Schweiz. In Zürich hatte Bakunin Kontakt zur demokratischen Bewegung (Fröbel) und zu deutschen Kommunisten wie dem Schneider Weitling. Weitling wurde wegen der Ankündigung seines Buches »Evangelium eines armen Sünders« 1843 in einen Prozeß verwickelt und anschließend den deutschen Behörden ausgeliefert, Bakunin wegen seiner Verbindung zu Weitling den russischen Behörden angezeigt. Die russische Regierung forderte seine unverzügliche Rückkehr. Bakunin widersetzte sich und wich nach Belgien aus. 1844 erfuhr er, daß ihm Zar Nikolaus I. die Adelsrechte aberkannt und ihn zu Zwangsarbeit – in Abwesenheit – verurteilt habe. Seit Juli 1844 hielt sich Bakunin in Paris auf. Zu seinen Bekannten zählten u.a.: Béranger, Louis Blanc, Michelet, Proudhon und George Sand. Seit der gescheiterten polnischen Freiheitsbewegung (1831) gab es in Polen eine starke Opposition gegen die russische Unterdrückung. Bakunin griff durch Artikel im »Constitutionnel« (Frühjahr 1846) die polnische Frage auf. Sein Engagement geht in zwei Richtungen: gegen den Despotismus des Zarenreiches und für eine panslawistische Sammelbewegung und Revolution. Der panslawistische Zug seiner Agitation entfremdet ihn später von Friedrich Engels und Karl Marx. Auf Grund einer Rede (am 29. Nov. 1847) zur Jahrfeier der polnischen Revolution von 1831 wurde Bakunin aus Paris ausgewiesen. Rückkehr nach Brüssel und erneuter Aufenthalt in Paris während der Februarrevolution. Im April 1848 Reise durch Deutschland zum Slawischen Kongreß in Breslau. Teilnahme am Prager Aufstand. »Aufruf an die Slawen«. Diese Broschüre wurde im Februar in der »Neuen Rheinischen Zeitung« von Engels und Marx einer Kritik unterzogen. Teilnahme am Dresdner Aufstand. Im Mai 1848 Verhaftung durch preußische Truppen. Haft und Verurteilung zum Tode. Auslieferung an Österreich. Haft in Olmütz und Verurteilung zum Tode. Auslieferung an Rußland durch Intervention der russischen Regierung. Im Mai 1851 Einlieferung in die Peter-Pauls-Festung im Alexejewschen Ravelin. Bakunin befand sich drei Jahre dort in Einzelhaft – im ersten Jahr entstand die »Beichte« –, weitere sechs Jahre in Schlüsselburg. Alexander II. begnadigte ihn zur Deportation nach Sibirien. Dort gelang es 1861 Bakunin zu entfliehen. Er ließ sich in der Schweiz nieder und trat der Internationalen Arbeiterassoziation bei. Hier kam es wieder zu einer engeren Beziehung zu Karl Marx. 1868 gründete er die »Secte des Frères internationaux et L'Alliance de Démocratie socialiste«. Vor dem Krieg von 1870 versuchten Bakunin und seine Freunde, in Lyon eine kommunistische Erhebung zu inszenieren. Die Erhebung scheiterte. Der Kongreß von Den Haag 1872, der die »Féderation jurassienne« ins Leben rief, eine anarchistische Bewegung, brachte die endgültige Trennung von Karl Marx und Friedrich Engels.

»Diese ›Beichte‹ ist eine Autobiographie, aber tatsächlich eine Mischung von ›Dichtung und Wahrheit‹ ... Es gibt in der ganzen historisch-politischen Literatur kein Werk, das sich mit dieser Schrift vergleichen ließe.«

W. Polonski, Herausgeber der russischen Originalausgabe.

insel taschenbuch 29

Michael Bakunins Beichte

MICHAEL BAKUNINS BEICHTE AUS DER PETER-PAULS-FESTUNG AN ZAR NIKOLAUS I.

Gefunden im Geheimschrank des Chefs der III. Abteilung der Kanzlei der früheren Zaren zu Leningrad. Mit Autorisation des Herausgebers der russischen Originalausgabe W. Polonski in deutscher Sprache veröffentlicht von Kurt Kersten. Vorwort von W. Polonski.

INSEL VERLAG

Übersetzt von L. Keneth

insel taschenbuch 29
1. Auflage 1973
Insel Verlag Frankfurt am Main 1973. Vertrieb durch den Suhrkamp Taschenbuch Verlag. Umschlag nach Entwürfen von Willy Fleckhaus. Satz: Passavia, Passau. Druck: Ebner, Ulm. Printed in Germany.

MICHAEL BAKUNINS BEICHTE

Einleitung

Im Frühjahr 1861 erhielten Michael Bakunins Freunde in Europa einen langen Bericht des fast Verschollenen aus dem fernen Sibirien. Am 8. Dezember 1860 hatte Bakunin in Irkutsk ausführlich sein Kerkerdasein geschildert. Nach dem Zusammenbruch der deutschen republikanischen und konstitutionellen Erhebung im Mai 1848 war Bakunin in die Hände der preußischen Exekutionstruppen geraten, die den König von Sachsen nach heftigen Straßenkämpfen auf seinen Thron zurückführten, den er freiwillig dem Volke überlassen hatte. In sächsischen Gefängnissen und auf der Feste Königstein hatte Bakunin vor sächsischen Untersuchungsrichtern lange Verhöre zu bestehen, die man in umfangreichen Akten im Sächsischen Staatsarchiv aufgezeichnet findet. Das sächsische Gericht verurteilte Bakunin wegen Hochverrats zum Tode, aber die siegreiche österreichische Regierung Franz Josefs bestand wegen der engen Verbindung mit den tschechischen Revolutionären und seiner aktiven Teilnahme an den Prager Kämpfen im Jahre 1848 auf seiner Auslieferung. Bakunin wurde nach Olmütz verschleppt, aufs neue Verhören unterworfen, aufs neue verurteilt – wiederum zum Tode. Und vielleicht hätte Bakunin sein sechsunddreißigjähriges Leben auf den Wällen der mährischen Feste enden müssen, wenn nicht Nikolaus I. geglaubt hätte, Anrechte auf einen Abenteurer und Verschwörer zu haben, von dem man längst wußte, daß er seit dem Jahre 1840 fast an jeder umstürzlerischen Bewegung in Europa irgendwie beteiligt war. Eben erst hatten russische Truppen dem legitimen Prinzip in Ungarn zum

Siege verholfen und Franz Josef die Krone erhalten, eben war auf solche Weise der Zar aller Reußen zum wahren Herrn der Reiche bis zum Rhein und zu den Westalpen geworden – konnte sich da die österreichische Regierung weigern, den ehemaligen Artillerieoffizier des Zaren über Krakau an die russische Front zu transportieren und der Gendarmerie des Allmächtigen zu übergeben?

»Im Mai* 1851 wurde ich in die Peter-Pauls-Festung, in das Alexejewsche Ravelin gebracht, wo ich drei Jahre verbrachte. Etwa zwei Monate nach meiner Ankunft erschien bei mir der Graf Orlow im Namen des Kaisers: ›Der Kaiser hat mich zu Ihnen geschickt und mir aufgetragen, Ihnen folgendes zu sagen: Sage ihm, daß er mir wie ein geistlicher Sohn an seinen geistlichen Vater schreiben soll – wollen Sie also schreiben?‹ Ich dachte etwas nach und überlegte, daß ich vor der Jury, bei öffentlicher Gerichtsverhandlung, meiner Rolle bis zu Ende treu bleiben müßte; aber zwischen vier Wänden, in der Gewalt eines Bären, dürfe ich, ohne mich zu schämen, die Formen mildern, und daher ersuchte ich um einen Monat Frist, willigte dann ein und verfaßte in der Tat eine Art Beichte, etwa in der Art von Dichtung und Wahrheit. Meine Handlungen waren übrigens so offene, daß ich nichts zu verhehlen brauchte.

Nachdem ich dem Kaiser in gebührenden Ausdrücken für seine leutselige Aufmerksamkeit gedankt, fügte ich hinzu**: ›Majestät, Sie wollen, daß ich Ihnen meine Beichte niederschreibe, gut, ich werde sie schreiben, aber Sie wissen doch, daß bei einer Beichte niemand für fremde Sünden Buße tun muß. Nach meinem Schiffbruch blieb mir nur ein Schatz, die Ehre und das Be-

* Michael Bakunins sozial-politischer Briefwechsel mit Alexander Iw. Herzen und Ogarjow. Stuttgart 1895. S. 35. ** Vgl. unter S. 51, 52.

wußtsein, daß ich niemand verraten habe, der mir vertraut hatte, und daher will ich niemand bei Namen nennen.‹ Darauf schilderte ich ihm à quelques exceptions près mein ganzes Leben im Auslande mit allen Plänen, Eindrücken und Gefühlen, wobei es nicht ohne viele belehrende Bemerkungen über seine innere und äußere Politik abging.

Mein Brief, erstens im Bewußtsein meiner anscheinend aussichtslosen Lage und zweitens in Anbetracht des energischen Charakters Nikolaus' verfaßt, war sehr entschieden und kühn, und darum eben gefiel er ihm. Und wenn ich ihm wirklich für etwas dankbar bin, so ist es dafür, daß er nach Empfang meines Schreibens mir keine Fragen mehr stellte.«

So weit Bakunin über jenes mysteriöse Dokument, das er fortan *nie* wieder schriftlich erwähnt hat. Wir wissen nicht einmal, ob er sich im Verkehr mit seinen Freunden mündlich darüber geäußert hat. Alexander Herzen hat den Inhalt der »Beichte« nicht gekannt. Und nur der Freund Saschin behauptet, von Bakunin aufgeklärt zu sein, er habe sie unter dem Eindruck der Beleidigungen geschrieben, die er in den österreichischen Kerkern erlitten hätte. Aber mehr wußte auch jener Saschin nicht zu sagen. Über der »Beichte« lagerte ein geheimnisvolles Dunkel, Bakunin wich aus, wenn auf sie die Rede kam. Und so blieb der Fama das Recht, sich ihrer nach Willkür zu bemächtigen.

Es war ein verhängnisvolles Dokument, und Bakunin hat Zeit seines Lebens die Abfassung nicht verwunden. Es hat ihn wie ein drohender Schatten bis zum Ende verfolgt.

Als Theodor Schiemann im Jahre 1916 eine Reihe Aufsätze über russische Charaktere veröffentlichte (»Russische Köpfe«, Berlin 1916), kam er in einem

Bakunin-Essay auf jenes Dokument zu sprechen. Schiemann war es beschieden, einen Blick in die Papiere der III. Abteilung der Kanzlei des Zaren zu werfen. Die III. Abteilung war die Geheimpolizei des Zaren und läßt sich mit unserer Abteilung IA vergleichen. Jener Graf Orlow war der Chef der III. Abteilung gewesen. Schiemann konnte die Korrespondenz Orlows einsehen, die der Graf mit dem Zaren über Bakunin geführt hatte. Sie datiert vom Juli und August 1951. Das erste Schreiben Orlows lautet*: »Ich habe ziemlich lange in der Festung auf Befehl Ew. Majestät mit Bakunin gesprochen und ihm wörtlich mitgeteilt, was Sie mir zu befehlen geruht hatten. Ich fand ihn in guter Verfassung. Es scheint, daß er nahe daran ist, zu bereuen, und er hat heute schon begonnen, alle seine Erlebnisse niederzuschreiben, und versprochen, nichts zu verschweigen. Er hat aber gebeten, ihm Zeit zu lassen, damit er alles umständlich erklären könne.«

Das Dokument übersandte Orlow mit folgendem Schreiben dem Zaren: »Ich überschicke die schriftlichen Aussagen Bakunins, die ich mit großer Aufmerksamkeit gelesen habe, und berichte Ew. Majestät, daß der das Ausland betreffende Teil verdient, von Ew. Majestät beachtet zu werden. Er berichtet ausführlich und aufrichtig über alle Ereignisse und über seine Beziehungen zu den republikanischen Führern. In Rußland hatte er glücklicherweise zu niemandem Beziehungen.

Was aber seinen Wunsch betrifft, statt der Festung, ewige Zwangsarbeit zu erhalten, so ist Bakunin ein höchst gefährlicher Mensch, und wie ich glaube, nicht von seiner verkehrten Ansicht völlig geheilt. Mir scheint daher, daß Ew. Majestät sich nicht von Ihrem guten Herzen bestimmen lassen sollten, sein Schicksal

* Schiemann, a. a. O., S. 191 f.

endgültig zu entscheiden. Ich würde es aber für möglich halten, ihm aus Gnade mit der Zeit ein besseres Unterkommen in der Festung zu gewähren und ihm die Möglichkeit zu geben, reine Luft zu atmen und später einmal seine Verwandten zu sehen. Keineswegs aber wäre er zur Zwangsarbeit zu verschicken, dort wäre er bei seinem feurigen und entschlossenen Geist gefährlich und schädlich. Verzeihen Ew. Majestät meine Offenheit – es ist meine Pflicht.«

Und so entschied der Zar am 13. August 1851: »Ich teile ganz Deine Meinung. Man kann nicht anders mit ihm verfahren. Glauben verdient er nicht. Ich glaube, daß er bis auf weiteres fortfahren kann zu sitzen, wo er ist.«

Bakunin hatte sich geirrt. Er demütigte sich, um die Freiheit zu erlangen. Der Zar ließ ihn in den Kasematten der Festung. Zu Beginn des Krimkrieges durfte Bakunin nach Schlüsselburg übersiedeln. Er bekam Mundbrand, die Zähne fielen ihm aus. »Und was ich auch tat, was ich auch las, sogar während des Schlafes wurde ich von einem beunruhigenden Schmerzgefühl in Herz und Leber und von dem sentiment fixe gepeinigt: ich sei ein Sklave, ein Toter, ein Kadaver*.«

Nikolaus starb. Alexander II. kam. Aus der Liste der Amnestierten wurde Bakunins Name gestrichen. Die alte Mutter reichte Bittgesuch auf Bittgesuch ein. Alexander erwiderte: »Sachez, Madame, que tant que votre fils vivra, il ne pourra jamais être libre.«**

Rußland verlor den Krieg. Im Kerker litt Bakunin immer fürchterlicher unter der grausamen Folter der Einsamkeit. Und kein Ende war dieser Haft abzusehen. Nie hatte man ihn vor ein Gericht gestellt. Wir wissen

* Briefwechsel, a.a.O., S. 36.

** ebenda, S. 36.

nicht, ob je ein rechtmäßiges Verhör angestellt wurde. Aufzeichnungen über Verhöre im formalen Sinne sind nicht vorhanden. Wahrscheinlich haben sie nie stattgefunden. Zwei Monate lang hatte man Bakunin überhaupt nicht »gestört«. Dann erschien Orlow, nun schrieb Bakunin seine »Beichte«. Dann kam ein Urteil auf Grund der Vollmacht, die dem absoluten Herrscher die Verfassung verlieh: »Er mag fortfahren zu sitzen, wo er ist.«

Der Tod konnte der einzige Erlöser sein. Der Tod in der entsetzlichen Einsamkeit eines kalten steinernen Verlieses. Es war ein qualvolles Siechtum. Unabsehbar. Was bedeutete solches Hinvegetieren für einen vollblütigen Mann von kolossaler Figur und gewaltigem Tätigkeitsdrang, für einen Menschen, dem Europa nicht genügte, um seinem ungebändigten Freiheitswillen Raum zur Entfaltung zu verschaffen, den die Sehnsucht überfiel, im Wilden Westen der amerikanischen Prärien, ein ungebundenes, abenteuerliches Leben zu führen.

Nach neunjähriger Einzelhaft verlangte Bakunin von seinem Bruder – Hilfe. Einen Monat noch wollte er warten. In diesem Monat hat Bakunin selbst ein letztes Bittgesuch an Alexander II. gerichtet. Er war zusammengebrochen und winselte um Gnade. Dies tiefererschütternde Dokument* wird Alexander II. mit einem süßen Lächeln überflogen haben. Der Mann, der gegen seinen Vater die Hand erhoben hatte, lag zu seinen Füßen!

Bakunin wurde nach Sibirien deportiert.

Auch dies Bittgesuch hat Bakunin nirgends erwähnt, auch nicht in jenem Briefe aus Irkutsk an Herzen. Er hat sich seiner furchtbaren Verzweiflung und Erniedri-

* Siehe unten S. 213.

gung geschämt. Verächtlich, wegwerfend nannte er später Alexander II. im Briefe* an Herzen einen »Dummkopf«, weil er Reue von ihm verlangt hätte. Da überschrie sich doch Bakunin und suchte sich durch Hohn zu betäuben; jetzt, da er schimpfte, bereute er in Wahrheit – seine Erniedrigung. Das Schimpfwort wurde ein Geständnis. Die Erniedrigung hat er nie vergessen. Theodor Schiemann war ein Einblick in das Bittgesuch und die »Beichte« nicht erlaubt. Er wußte nur, daß die »Beichte« in Petersburger Archiven ruhte.

Erst nach der Eroberung der politischen Macht durch die Bolschewiki gelang es, die Archive der berüchtigten III. Abteilung zu öffnen. In einem Geheimschrank der III. Abteilung fand man das Schriftstück, über das im Jahre 1919 L. K. Iljinski einen Aufsatz veröffentlichte. Ein gewissenhaftes Studium überzeugte den Bakunin-Forscher W. Polonski von der ungenauen Wiedergabe des Textes in der ersten Publikation. Polonski entschloß sich zu einem neuen Druck der »Beichte« im 1. Band seiner Materialien zu Bakunins Leben. Nach diesem Text wurde unsere Übersetzung besorgt.

Das Manuskript zählte 96 Seiten und repräsentierte sich in 5 Heften großen Formates auf unliniiertem, nun vergilbtem Papier. Beide Seiten waren mit kleiner Schrift eng beschrieben. Bakunin hatte nur wenig verbessert. Am Rande des ersten Blattes stand ein Vermerk, das Manuskript sei dem Zaren am 13. September 1851 übergeben worden. Den Vermerk hatte Graf Orlow unterzeichnet, dem die Beichte vom Kommandanten der Festung übergeben war. Am Rande befanden sich Marginalien des Zaren. Eine Bemerkung des Generals Dubelt im Manuskript bestätigt die Authentizität dieser Randglossen.

* Briefwechsel, a. a. O., S. 37.

Die »Beichte« ist Bakunins abgeschlossenste Arbeit geworden. Nie zuvor, nie wieder später in der Freiheit ist es Bakunin gelungen, eine formal abgeschlossene Arbeit vorzulegen. Wie Bakunins Leben ein tragischer Torso gewesen ist, wie er vom Unglück verfolgt wurde und Mißerfolge auf Mißerfolge erlebte, wie seine Existenz zusammenbrach, so sind auch alle literarischen Pläne in Ansätzen haften geblieben. Und nur die Arbeit, von der Bakunin nicht sprach, über die er nicht verfügen konnte und die er vernichtet hätte, wenn es in seiner Hand gestanden, bildet ein einheitliches Ganzes. Aber sie bildet nur rein äußerlich ein Ganzes. Sie ist in Wahrheit die undurchsichtigste, schillerndste Arbeit des rätselhaften Menschen, den das Geheimnis des Romantikers umspenstert. Diese »Beichte« ist eine Autobiographie, aber tatsächlich eine Mischung von »Dichtung und Wahrheit«, sie zeugt von der verhängnisvollen Zwiespältigkeit eines Deklassierten. Es gibt in der ganzen historisch-politischen Literatur kein Werk, das sich mit dieser Schrift vergleichen ließe. Eher ließe sich noch eine Parallele zu den »Beichten« der erlösten Sünder in den Werken Tolstois und Dostojewskis finden. Aber der wesentlichste Zug der Beichte Bakunins ist letzten Endes ihre *Unaufrichtigkeit*. Sie war reines Mittel zum Zweck. Ein »machiavellistisches Meisterstück« nennt sie Polonski. Und sie ist kein dichterisches Dokument, sondern eine politische Arbeit, für einen sehr bestimmten realen Zweck verfaßt. Der religiös-mystische Charakter der Dichterbeichten fehlt ihr gänzlich. Und die Theorie vom »voraussetzungslosen Menschen« würde hier zur Farce werden. Auch von Dostojewski ist uns eine »Beichte« an Alexander II. überliefert*. Dosto-

* Mitgeteilt von Karl Nötzel in seiner Dostojewski-Biographie. Leipzig 1925, S. 326–328.

jewski beichtet ganz aufrichtig, erniedrigt sich zum loyalsten Diener seines Herrn. Er war dem Zaren und seinem System nicht gefährlich. Der Weg Bakunins ist krumm. Aber schließlich hat dieser Weg doch zum Sturz des Zarismus geführt, während die Opposition Dostojewskis im religiösen Aberglauben zerschmolz, an der sich die reaktionäre Opposition nicht nur territorial Emigrierter aufzurichten trachtet. Man muß die »Beichte« als historische Quelle benutzen – aber nur mit bedingungsloser Skepsis, man kann sie als rein psychologisches Dokument betrachten und wird in Verwirrung geraten, man wird in ihr ein diplomatisch-politisches Meisterstück des Revolutionärs sehen und sich gleichwohl von den Methoden abgestoßen fühlen, zu denen dieser politische Gefangene greift. Und dennoch scheint es, als umstricke uns die einzigartige Gestalt dieses politischen Abenteurers, der sein Leben für die Freiheit geopfert hat. Vielleicht war Bakunin wirklich nur ein großer politischer Vagabund, vielleicht – aber wer fühlt nicht bei einer Betrachtung seines Lebens und rastlosen Wirkens erschüttert die Unzulänglichkeit des Lebens selbst? Bakunin stößt uns ab, Bakunin wirkt zuweilen unmöglich, aber dann wieder packt uns diese rastlose Tätigkeit, dies stete Bereitsein, für die edelste Sache einzutreten, die es auf der Welt gibt: für die Befreiung des Arbeitenden. Wo in der Mitte des vergangenen Jahrhunderts der Aufruhr hochflammte, tauchte die revolutionäre Figur des schwarzhaarigen Riesen auf. Er scheint wie der Ahasver der Revolution. Wir billigen heute weder seine Methoden noch seine Anschauungen einer neuen Gesellschaftsordnung, aber wir sind aufs tiefste ergriffen von seinem Tätigkeitsdrang, seiner elementaren Vitalität, seinem unbezwingbaren Willen zur aktiven Beeinflus-

sung der Massenbewegung. Deshalb erscheint er groß. Er war ein Genie nicht trotz – sondern wegen seiner Erfolglosigkeit.
Und nur, wenn man Bakunins ungehemmten stürmischen Drang zur Tätigkeit verspürt hat, wird man begreifen, wie er in seiner »Beichte« dazu kam, sich so tief vor dem Götzen zu erniedrigen, den er eben noch in den Abgrund stürzen wollte.
Undurchsichtig, wie die grauenhaften Mauern der Festung, lag das Leben vor den Gefangenen. Doch trat der Graf Orlow in die Zelle des Gefesselten. Wie mag es auf ihn eingestürmt sein! Er konnte dem Zaren, dem verhaßtesten Mann aller Freiheitskämpfer Europas schreiben! Nie wieder hat wohl Nikolaus so laut die Stimme der Wahrheit vernommen wie in jenen Zeilen, die Bakunin über die Zustände, die Verrottung des zaristischen Rußland schrieb. Dagegen waren Gogols Beamtensatiren leichte Tändeleien. Bakunin wollte auf den Zaren wirken, er wollte ihn tatsächlich belehren. Es zeugt von Bakunins romantischer Auffassung der Machtumwälzung im Staate. Und wenn er dem Zaren die Wahrheit wie ein gefesselter Marquis Posa ins Gesicht geschrien hatte, mußte er beim Anblick der Mauern wieder zusammenbrechen und durfte nicht sein nächstes, sein eigentliches Ziel vergessen: die persönliche Freiheit. Sie wollte Bakunin wiedererlangen. Ihretwillen zahlte er jeden Preis. Die überschwenglichen Loyalitätsbeteuerungen sind nur Mittel zum Zweck. Aus derselben Zeit stammt ein anderes seltsames Schriftstück: ein Kassiber Bakunins, den er bei einer Zusammenkunft mit seinen Angehörigen in der Festung der Schwester Tatjana zustecken konnte. Aus einem Buche hatte Bakunin ein Blatt herausgerissen und mit fiebernder Hand, in »perlenden« Schriftzügen

ein Bekenntnis in französischer Sprache geschrieben. Dies leidenschaftliche Geständnis seiner wahren Stimmung blieb so unbekannt wie die »Beichte«. Man fand das Schriftstück im Familienarchiv der Bakunins; es wurde von Kornilow in einer Sammlung Bakuninscher Briefe veröffentlicht. Der Kassiber lautete:

»*Meine teuren Freunde, ich kenne die schreckliche Gefahr, der ich Euch durch diesen Brief aussetze. Und trotzdem schreibe ich ihn. Daraus könnt Ihr schließen, wie groß für mich der Zwang ist, mich vor Euch auszusprechen und wenigstens noch einmal – zweifellos zum letzten Male in meinem Leben, frei und ohne Hemmung alles zu sagen, was ich fühle und denke. Zum ersten, aber auch zum letzten Male, zwinge ich Euch, dieses Risiko auf Euch zu nehmen. Dieser Brief ist mein äußerster und letzter Versuch, mich mit dem Leben in Verbindung zu setzen. Ist meine Lage einmal geklärt, dann werde ich wissen, ob ich noch warten und hoffen muß, daß ich noch einmal nützlich sein werde, wie es meinen Überzeugungen, die ich bisher hatte, entspricht, meinen Überzeugungen, die ich noch habe und die stets die meinen bleiben werden – oder ob ich sterben muß.*

Macht mir nicht den Vorwurf der Ungeduld oder der Schwäche – es wäre ungerecht. Fragt lieber meinen prächtigen Kapitän – er ist jetzt Major –, er wird Euch wiederholen, was er mir oft gesagt hat: daß er selten einen so verständigen und so männlichen Gefangenen gesehen habe wie mich. Ich bin stets guter Stimmung, ich lache stets – und dabei möchte ich zwanzigmal am Tage sterben, so schwer ist mir das Leben geworden. Ich fühle, wie meine Kräfte erlahmen. Meine Seele ist noch stark, aber mein Körper wird schwach. Die Bewegungslosigkeit, die erzwungene Untätigkeit, die fehlende Luft und besonders die grausame innere Qual, die nur ein Gefangener und Einsamer wie ich ganz verstehen könnte und die mich nicht zur Ruhe kommen läßt – alles das hat in mir die Keime eines chronischen Leidens entwickelt, das ich, als Nicht-Arzt, nicht näher bestimmen kann, das sich aber jeden Tag aufs unangenehmste bemerkbar macht. Meiner Ansicht nach sind es Hämorrhoiden, in Verbindung mit anderen Krankheitserscheinungen, über die ich mir nicht klar bin. Die Kopfschmerzen verlassen mich überhaupt nicht mehr. Mein Blut tost und preßt sich durch Kopf und Brust, so daß ich stundenlang nach Atem ringe, fast ständig dröhnt es in meinem Ohre, wie kochendes Wasser. Zweimal am Tage überfällt mich ständig ein Hitzeschauer: einmal vormittags und dann wieder abends. Den ganzen übrigen Tag quält mich ein inneres Unwohlsein, das meinen Körper verzehrt, den Kopf umnebelt und mich langsam ganz hinschwinden läßt. Übrigens seht Ihr mich ja. Du wirst mich sehr verändert finden, Tatjana, selbst seit unserer letzten Begegnung. Nur ein einziges Mal hatte ich Gelegenheit, mich im Spiegel zu sehen – ich fand mich furchtbar entstellt. Was das betrifft, beunruhigt es mich wenig. Ich habe schon längst dem entsagt, was Greise wie ich Eitelkeit und was junge Menschen – mit tausendmal mehr Recht – das eigentliche Wesen des Lebens nennen. Mir ist nur ein einziges Interesse geblieben, ein einziger Gegenstand, an dem ich hänge, an den ich glaube – Ihr habt ihn genannt –, und wenn ich nicht für ihn leben kann, dann will ich überhaupt nicht leben. Mein körperlicher Verfall kümmert mich wenig, auch meine Krankheit nicht, wenn sie nur schneller mit mir ein Ende machen wollte. Ich könnte mir nichts Besseres wünschen, als rasch dahinzugehen, aber langsam, wie ein Idiot mich zu Grabe schleifen – damit kann ich mich nicht zufriedengeben. Meine moralische Verfassung hält sich noch; mein Kopf ist ungeachtet der ständigen Schmerzen klar. Mein Wille – ich hoffe, daß er nie zerbricht; mein Herz scheint steinern zu sein und ist es in der Tat. – Aber gebt mir die Möglichkeit zu handeln. Mir scheint, nie hätte ich so viele Gedanken gehabt, nie einen so flammenden Drang nach Bewegung und Tätigkeit verspürt. Ich bin aber noch nicht ganz tot; und gerade dieses Leben der Seele, die, in sich selbst gesammelt, tiefer, machtvoller geworden ist und daher vielleicht noch mehr verlangt, sich zu offenbaren, wird für mich zur unerschöpflichen Quelle von Leiden, die ich nicht einmal versuche zu beschreiben. Ihr werdet nie verstehen, was es heißt, sich lebendig begraben zu fühlen, sich Tag und Nacht in jeder Minute zu sagen: ich bin ein Sklave, ich bin vernichtet, ich bin bei lebendigem Leibe hilflos geworden. In seiner Zelle den Widerhall jenes großen Kampfes zu hören, in dem die größten Weltfragen entschieden werden – und dabei festgeschmiedet, zum Schweigen verurteilt sein! Reich an Gedanken, von denen wenigstens ein Teil nützlich sein könnte, und außerstande, auch nur einen einzigen zu verwirklichen! Liebe im Herzen zu spüren, ja Liebe, trotz der Mauern ringsum, und nicht imstande sein, sie für irgend etwas oder für irgend jemanden zu verschwenden. Und schließlich sich voll Selbstverleugnung, ja Heroismus zu fühlen, um einer tausendfach heiligen Idee zu dienen – und zu sehen, wie all das Streben an den vier nackten Mauern, meinen einzigen Zeugen, meinen einzigen Vertrauten, zerbricht. Das ist mein Leben! Und das alles ist noch nichts im Vergleich mit einem anderen, noch schrecklicheren Gedanken. Das ist die Verblödung, die die unausbleibliche Folge eines derartigen Daseins bildet. Sperrt das größte Genie allein in einen solchen Kerker, wie man mich eingesperrt hat, und binnen weniger Jahre würdet Ihr sehen, wie selbst Napoleon stumpfsinnig und Jesus Christus schlecht würde. Ich aber, der ich nicht so groß wie Napoleon und nicht so unendlich gütig wie Christus bin, brauche viel weniger Zeit, um gänzlich stumpf zu werden. Eine angenehme Perspektive, nicht wahr? Noch bin ich – und ich glaube, ich lüge mir nichts vor, im Besitze meiner sämtlichen geistigen und moralischen Kräfte, aber ich weiß, daß ich es nicht mehr lange durchhalten kann. Meine physischen Kräfte sind bereits sehr erschüttert; nunmehr sind meine moralischen Kräfte an der Reihe. Ich hoffe,

Ihr begreift, wie ein Mensch, der nur einige Selbstachtung besitzt, den schrecklichsten Tod dieser langsamen und schmählichen Agonie vorziehen muß. Ach, meine teuren Freunde, glaubt mir, jeder Tod ist besser als diese Isolierung, die von den amerikanischen Philanthropen so sehr gerühmt wird. Weshalb ich so lange gewartet habe? Ja, wer könnte das sagen! Wißt Ihr nicht, wie fest die Hoffnung im Herzen eines Menschen sitzt? Welche? – fragt Ihr mich? – Die Hoffnung aufs neue zu beginnen, wo ich aufhören mußte, weshalb man mich hierher geführt hat, nur mit größerer Zähigkeit, vielleicht mit größerer Umsicht. Denn das Gefängnis hat wenigstens das eine Gute für mich, daß es mir Muße gab und mich an das Nachdenken gewöhnte. Es hat gleichsam meinen Verstand gestärkt, aber meine früheren Überzeugungen in keiner Weise verändert. Es hat sie vielmehr glühender, entschlossener, bedingungsloser werden lassen, und von jetzt an ist alles, was mir im Leben geblieben ist, in dem einzigen Wort: Freiheit! umschlossen.«
Die Freiheit ... »Sie ist keine schöne Frau, aber sie hat wunderbare Augen«, sagt der Armand Carrel im Drama Moritz Heimanns. Ihretwegen war kein Preis zu gering. Und deshalb sind wir gewiß, daß Bakunins Demütigung geheuchelt war. Der Zar hat ihm nicht geglaubt. Denn er verlangte nicht nur Demut, er verlangte Geständnisse, Tatsachen, konkrete Angaben. Dem Zaren lag vor allem daran, ganz bestimmte Aufschlüsse über revolutionäre Umtriebe in Rußland zu erhalten; besonders kam es auf Bakunins Beziehungen zur polnischen Bewegung an. Bakunin verriet nichts. Bakunin hat überhaupt niemanden bloßgestellt, der sich nicht in Sicherheit befand. Und die Eingekerkerten hat er zu entlasten versucht, trotzdem sie, wie die Brüder Straka, auf ihn keine Rücksicht genommen hatten. So erfuhr der Zar nichts, was er nicht schon gewußt hätte. Bakunin verhöhnte ihn sogar: »Sie wissen dies vielleicht

sogar besser als ich.« Und wer widerlegt uns, daß es Bakunin nicht verächtlich um die Mundwinkel gezuckt hätte, wenn er den HERRSCHER ansprach!
Man hatte geglaubt, einen leichten Sieg zu erringen, und wurde enttäuscht. So endete dieser Kampf mit der wütenden Resolution: »Bleib sitzen, wo du sitzest!«
An sich war eine solche »Beichte« nichts Merkwürdiges. Der unglückliche Pestel, der Führer der Dekabristen, war der erste gewesen, der Nikolaus gebeichtet hatte. Der Zar war nicht nur weltliches, sondern auch geistliches Oberhaupt, dann bestand aber damals noch zwischen Zar und Aristokratie ein besonders enges Verhältnis. Die Adligen wandten sich nicht nur in »Beichten« an den Zaren, wenn sie in Ketten lagen. Das vertraute Verhältnis zwischen Bojaren und Zaren, die Traditionen altertümlichen Gefolgsmannentums waren noch lebendig. Es ist für Bakunin charakteristisch, daß er als sozialer Revolutionär im Kerker zu den Gebräuchen zurückkehrt, die alte Formen gestatten. Bakunin war einsam. Er hatte mit seiner Familie gebrochen, den Rückkehrbefehl nach Rußland verweigert, er hatte dann im Jahrzehnt seiner europäischen Wander- und Revolutionsjahre nie den Anschluß an eine Klasse oder Nation gefunden. Bakunin taucht auf. Immer wieder taucht er auf. Merkwürdig, daß man ihn nicht in Chartisten-Meetings findet. Der bloße Zufall hat sein Erscheinen im Lager der ungarischen Revolutionäre verhindert. Einmal scheint Bakunin mit aller Kraft und letzter Hingabe sich einer Sache widmen zu wollen – den Lostrennungsversuchen der slawischen Nationalitäten von der habsburgischen Herrschaft. Der Slawenkongreß in Prag im Mai 1848 wurde ein Höhepunkt in Bakunins Leben. Aber die Tschechen rückten von ihm ab. Sie rücken noch heute von ihm ab.

Wie berauschend wirkt Bakunins Enthusiasmus beim Ausbruch der Februarrevolution in Paris! Aber Caussidière ruft aus: »Er ist ein nützlicher Mensch am ersten Tage der Revolution. Am zweiten müßte man ihn erschießen.« Sie geben ihm Geld – schieben ihn ab.
In Dresden kämpft Bakunin lange mit sich selbst: Bleibe oder fliehe ich? Er weiß, mißlingt der Aufstand, ist er verloren. Er bleibt und wird verstrickt, wie Leviné im April 1919 zu München. Leviné wird standrechtlich erschossen. Bakunin bezahlt sein Ausharren mit zehnjährigem Kerker.
Und der Fluch heftet sich an seine Fersen. Noch nach 50 Jahren schmäht Stephan Born den Kameraden auf den Dresdner Barrikaden.
Ausgestoßen, geschmäht, beleidigt, verfolgt, nachtwandelt er wie ein Schlemihl durch die Weltgeschichte, von letzter Tragik umwittert. Ein Bruder aller Verdammten, ein wahrhaft erschütternder Mensch, den man nicht vergessen kann, wenn in einer stillen Stunde Gestalt und Geklüft seines beschatteten Daseins vorüberzieht. Die Trauer der Größe umfängt ihn. Herzen schreibt: »Michael hat den Satan im Leibe.« Aber ist es nicht der Satan Miltons?
Die »Beichte«, die als Rettungsversuch gedacht und geschrieben war, wurde eine gefährliche Waffe in der Hand der zaristischen Regierung. Wer wußte und begriff, unter welchen Umständen Bakunin dazu gekommen war, jene »Beichte« zu verfassen! Rückte man durch geschickte Redaktion die Stellen der »Beichte« ins Licht, in denen sich Bakunin vor dem Zaren erniedrigte, und gab man den Knienden dem Anblick der Revolutionäre preis, war er des Gelächters und Abscheus sicher. Bakunin fürchtete die Publikation. Zur Zeit des polnischen Aufstandes 1863 war Bakunin in

Stockholm und betrieb aufs eifrigste die Schürung der polnischen Bewegung. Damals stellte man eine Broschüre fertig unter dem Titel »Bakunin in eigener Beleuchtung. Stockholm 1863«. Sie sollte Bakunin »entlarven«, enthielt die »Beichte«, Bittgesuche und eine Reihe anderer Dokumente. Die III. Abteilung hatte die Broschüre vorbereitet, druckfertig wurde sie vom schwedischen Innenminister Manderström gemacht. Man wollte Bakunin zwingen, Schweden zu verlassen. Weshalb die Broschüre nicht publiziert wurde, wissen wir nicht. In der III. Abteilung hat sich kein Hinweis gefunden. Fest steht nur, daß Bakunin Hals über Kopf Schweden verließ, die Verbindung zu den Polen abbrach und in einen peinlichen Konflikt mit Herzen geriet. Alles verliert sich im Dunkel ... Hat man ihm das Manuskript der Broschüre in Stockholm drohend gezeigt? Wir wissen es nicht und sind auf bloße Vermutungen angewiesen.

Sieben Jahre später – mitten im Deutsch-Französischen Krieg – nach dem Sturz Napoleons, brechen in Marseille und Lyon Aufstände aus. Beide Male ist Bakunin beteiligt. Beide Aufstände mißlingen. Damals berät man aufs neue den Druck, um Bakunin moralisch zu töten. Das Material wird neu redigiert, um weitere Daten bereichert. Wieder unterbleibt die Publikation. Aber wieder zieht sich Bakunin scheu und jäh zurück. Zwei Jahre später – mitten in italienischen Unruhen – *soll* zum dritten Male das Gespenst aufgetaucht sein. Zum dritten und letzten Male.

Es lag ein Fluch auf seinem Leben. Von ihm selbst heraufbeschworen. Die »Beichte« ist die wahre Schuld seines Lebens, und wie in einer Schicksalstragödie gespenstert der bleiche Schatten an jedem Wendepunkt.

Dann wollte er seinen Garten bebauen – im Frieden leben wie der Candide Voltaires. Aber da nahte der finanzielle Bankerott, man betrog und belog ihn, verließ ihn, dann kamen Krankheit und Not, dann nahte der Tod.

Friedlos ging er aus dieser Welt.

Nulla crux, nulla corona.

Wertvoll erscheint die Beichte als psychologisches Dokument; wertvoll ist sie trotz allem auch als eine bewegte kritische Darstellung der europäischen Bewegung des Jahres 1848. Mag die Betrachtung auch noch so subjektiv sein, mag Bakunin selbst immer nur in loser Verbindung mit den eigentlichen bewegenden Kräften der Zeit stehen. Er ist fast immer nur in den Strudel der Ereignisse hineingerissen worden, ohne ihnen die entscheidende Richtung zu weisen. Einzig die slawische Bewegung hat ihn so voll und ganz erfüllt und hingerissen, daß er ihr Vorkämpfer wurde. Uns scheint, als ob von Bakunins Tätigkeit in Prag für die Erringung der nationalen Selbständigkeit der slawischen Völker in der habsburgischen Monarchie eine gerade Linie in unsere Tage führte. Hier sind Zusammenhänge, welche die Geschichte bestätigt hat. Der Kampf Bakunins für die Zertrümmerung Österreich-Ungarns hat im Jahre 1918 seinen Abschluß gefunden. Es spricht für Bakunin, wenn er über die bloße nationale Erhebung der Slawen hinaus soziale Forderungen aufstellte, an deren Erfüllung heute keine der augenblicklichen Regierungen der befreiten Völker denkt. Und wenn wir lesen, daß Bakunin nach der Beseitigung des Zarismus für Rußland keine Demokratie, sondern eine sozialistische Diktatur verlangt, so gewahren wir auch hier die Fäden, die sich durch ein Jahrhundert hindurchziehen. So läßt sich trotz allem auch Bakunins

Wirken in den historischen Prozeß eingliedern. Er hatte eine Sendung: die Befreiung der Slawen. Gewiß ist sie sogar relativ erfüllt, wenn wir von den schwer faßbaren, unbestimmten sozialen Forderungen Bakunins absehen, die er selbst später schärfer, einseitiger, programmatischer in seiner eigentlichen anarchistischen Periode formuliert hat. Damals war Bakunin noch ein Anhänger der Demokratie, ein sozialer Republikaner, mit einem feinen Gehör für das Grollen der proletarischen Bewegung ausgestattet. Er erkannte nicht wie Karl Marx scharf und kritisch die Zeichen der Zeit; aber im Gefühl wurden sie ihm schon bewußt, auch wenn er sie nicht zu deuten verstand. Daher seine Romantik, aber daher auch die ganze Tragik seines erfolglosen Lebens, die Tragik des »Dichters der Revolution«.

Wir verdanken W. Polonski nicht nur die Autorisation dieser ersten deutschen Ausgabe der »Beichte«, wir sind ihm auch für eine Reihe von Aufschlüssen über Bakunins Verhältnis zur »Beichte« verbunden; unsere Darstellung beruht in wesentlichen Punkten auf Polonskis Hinweisen*. Außerdem überließ er uns das Jugendbildnis Bakunins und die Aufnahmen der Peter-Pauls-Festung.

Das Sächsische Staatsarchiv in Dresden hat uns das gesamte Material zur Verfügung gestellt, das über den »Fall Bakunin« vorhanden ist; mit seiner freundlichen Erlaubnis können wir eine Reihe von Aufnahmen der Dresdner Akten bringen.

Ferner sind wir Herrn Ernst Ranft in Dresden für mannigfache Hilfeleistungen zu Dank verpflichtet.

Charlottenburg, am 10. Dezember 1925

Kurt Kersten

* Vgl. W. Polonski, M. Bakunin. Aus der Geschichte der russischen Intelligenz. 1. Band, Moskau 1925, 2. Aufl.

Michael Bakunin und seine »Beichte«

Von Wiatscheslaw Polonski

I

Die »Beichte« gehört zu den erschütterndsten Dokumenten, die wir über Revolutionäre besitzen. Uns interessiert jetzt nicht ihre moralische Bewertung. Für uns ist die »Beichte« eine wertvolle Quelle, die uns ein bis dahin unbekanntes Bild des Seelenlebens Bakunins in einer uns an Einzelheiten wenig bekannten Periode eröffnet. Bakunin verließ Rußland, um Philosophie zu studieren, träumte von der Professorenwürde, sprach bis zur Abreise keinerlei radikale Ansichten aus und tauchte an der Oberfläche des erregten europäischen Meeres in Gestalt eines zügellosen Revolutionärs auf. Als Bakunin im Gefängnis die Beichte schrieb, dachte er wenig an andere Dinge. In der Tat: wie in einer Beichte schüttete er vor seinem hohen Beichtvater sein Herz aus und gab sich dabei Mühe, nichts Wichtiges auszulassen, und rollte gleichsam vor sich selbst einen langen Fadenknäuel seiner Erlebnisse auf. Über freie Zeit verfügte er genug, sein Gedächtnis war frisch, die Ader des Literaten – eines talentvollen dazu – schlug kräftig, und das Ergebnis war ein exaktes, wenn auch nicht ganz harmonisches Labyrinth seines Geisteslebens, seiner Leidenschaften und Enttäuschungen. Ja – ein Labyrinth, wie es kein geschickter Forscher aufgebaut haben könnte.

II

Wir wollen nicht den Versuch machen, den Seelenzustand Bakunins zu ergründen, als sich hinter ihm die Tür der Gefängniszelle schloß. Wir können uns aber immerhin die Hoffnungslosigkeit dieses Zustandes vorstellen. Zwei Todesurteile hatten über seinem Haupt geschwebt. Auf Begnadigung hatte er natürlich nicht gerechnet. Die unbarmherzige Rachsucht des Zaren Nikolaus war ihm bekannt. Die rohe Denkart des Despoten hatte sich im Dekabristenprozeß enthüllt. Und die anklägerischen Worte, die Bakunin über die Köpfe seiner Zuhörer hinweg in Paris im November 1847 an Nikolaus richtete, die wenig schmeichelhaften Ausdrücke, mit denen er ihn in dem Aufruf an die Slawen bedachte, der Haß, mit dem er von der zaristischen Macht sprach, und die leidenschaftlichen Aufrufe zum Aufstand – alles dies ging wahrscheinlich durch Bakunins Kopf und gab ihm die Gewißheit, daß ihm der Tod bevorstand, und er mit dem Leben unweigerlich abrechnen mußte. Nicht ohne Grund sprach er in dem Brief an Herzen von der Unabänderlichkeit seiner »verzweifelten Lage«. Außerdem war Bakunin gerade in dem Augenblick aus dem Leben herausgerissen, als seine Hoffnungen auf den Sieg der Revolution zu wanken begannen. Das Schlimmste, was er sich denken konnte, wovor er am meisten Angst hatte, was am erschreckendsten schien – die Rückkehr nach Rußland, war zur Tatsache geworden. Er kehrte in die Heimat als Gefangener zurück, gefesselt an Händen und Füßen, als besiegter Feind ohne Hoffnung auf die Zukunft. Im Grunde hätte ihm nach den in sächsischen und österreichischen Gefängnissen verbrachten zwei Jahren, vor allem aber nach der $^1/_2$jährigen Haft in Olmütz, jede Veränderung wünschenswert erscheinen können. Aber die Todesstille des Alexejewschen Ravelins, welches das Leben vieler Leidender, viele unterdrückte Verzweiflungs- und Hoffnungsschreie in sich barg, seine kalten und dunklen Mauern konnten den Gefangenen schwerlich aufrichten. »Es ist Zeit, mit dem Verhör Bakunins zu beginnen«, befahl Dubelt. Die Arbeiten P. E. Stschegolews über »Nikolai als Untersuchungsrichter der Dekabristen« zeichnen ihn als ein Vorbild seines Berufs, kunstvoll verstand er mit seinen Gefangenen zu spielen. Nikolai kannte keine besondere Verhörmethode, sie hing vielmehr von der Schuld und dem Charakter des Angeklagten ab. Weichheit oder Drohung, physischer Einfluß oder Zartheit – wurden je nach den Umständen aufgeboten. Und wenn der Gefangene Geständnisse preisgegeben und man alles von ihm erfahren hatte, was man brauchte, hielt man die wichtigste Aufgabe für erledigt. Welche Methode wandte man nun bei Michael Bakunin an? Der sächsische Vertreter in Petersburg, Graf Vitzthum von Eckstaedt, behauptete in seinen Aufzeichnungen, daß nach den Angaben des Chefs der Geheimpolizei, er selbst Bakunin verhört hätte. Schriftstücke darüber sind in der III. Abteilung nicht vorhanden. Auch kann man nicht annehmen, daß sie an einer besonderen Stelle verborgen sind, denn unter den Dokumenten befanden sich keine Hinweise auf irgendwelche Protokolle oder ähnliche Schriftstücke. Am wahrscheinlichsten ist es, daß Graf Orlow dem sächsischen Gesandten von seinem Gespräche mit Bakunin erzählt hat, die er als »Verhöre« bezeichnete. Daraus kann man schließen, daß Bakunin in formellem Sinne nicht zum Verhör gezwungen ist. Bei ihm wurde eine »originelle« Methode angewandt. Volle zwei Monate nach der Ankunft störte man den Gefangenen nicht. Er blieb sich selbst überlassen. Er durfte denken, was er wollte, er durfte sich an alles erinnern und geduldig auf die Entscheidung des Schicksals warten. War es nur ein Zufall, daß man dem Verbrecher diese Ruhepause ließ? Oder hatte man ihn vielleicht aus Zeitmangel vergessen trotz des bestimmten Entschlusses von Nikolai? Kaum. Der Verbrecher schien zu bedeutend. Denn in seinen Händen konnten die Fäden der polnischen Verschwörung spielen. Und diese Fäden besaßen stets Nikolais Interesse. Eben, weil man von dem Gefangenen außergewöhnliche Offenbarungen erwartete und der Kampf mit ihm sich besonders schwer gestaltete, behandelte man ihn ungewöhnlich höflich und gentlemanlike. Denn hier hatte man es doch mit einem Stern erster Größe der europäischen Revolution zu tun. Man mußte sich ihm vorsichtig und taktvoll nähern. So verfuhr man auch. Zwei Monate nach der Einkerkerung Bakunins öffnete sich die Tür der Gefängniszelle. Angesicht in Angesicht stand dem Gefangenen der Graf Orlow gegenüber, der Chef der Gendarmerie und Leiter der III. Abteilung, die rechte Hand Nikolais bei Aushebung von Verschwörernestern. Der Gendarm war freundlich und erschien mit einem Auftrag delikater Art.

III

Beim ersten Blick macht die »Beichte« mit ihren erniedrigenden Bitten um die Verzeihung des siegreichen Feindes einen widerlichen Eindruck. Ihre ganze Redseligkeit mit häufigen Abschweifungen ins Politische, mit ihrer negativen Charakteristik der europäischen Revolutionäre, mit den an Nikolai gerichteten Schmeicheleien, alles dieses scheint nur dem Ziele zuzustreben, die Begnadigung um jeden Preis zu erlangen. Aber in der »Beichte« stehen Seiten, die davon zeugen, daß Bakunin seiner Leidenschaft noch nicht entsagt hat. Die der Französischen Revolution gewidmeten Zeilen atmen einen immer noch nicht verloschenen Enthusiasmus. Konnten Nikolai solche Worte gefallen? Kaum.

Unmöglich kann Bakunin dies nicht eingesehen haben. Aber mit diesen Worten begnügt sich Bakunin nicht. Er schwächte keineswegs die Schärfe der Charakteristik über seine revolutionäre Arbeit. Er sprach, fest den Blick auf Nikolai gerichtet, darüber, daß sein Hauptziel die Vereinigung der Slawen als Sprungbrett für eine ausgedehnte revolutionäre Propaganda in Rußland gewesen wäre. Diesen Mut soll man übrigens nicht überschätzen. Nikolai liebte es nicht und war es auch nicht gewohnt, die Wahrheit zu hören. Zudem konnte Bakunin seine Schuld auch nicht verkleinern; Nikolai war, alles in allem, kein gutmütiger Dummkopf, den man um den Finger wickeln konnte. Dem Zaren waren die Tätigkeit Bakunins im Westen, seine Reden, Aufsätze und Aufrufe bekannt. Etwas vor Nikolai zu verbergen oder zu beschönigen, hieße also sich selbst einen schlechten Dienst erweisen. Der Gefangene war zu klug, um dies nicht zu begreifen. Aber er ging weiter. Er erzählte nicht nur, was Nikolai auch ohne seine Geständnisse wissen konnte. Er sagte Nikolai Dinge, welche nicht mit den Interessen des Zieles in Einklang standen, das er sich gesetzt hatte. Vor allem denken wir an jene Seiten der »Beichte«, auf denen er Rußland, russische Angelegenheiten und die innere Politik Nikolais berührt. Man kann mit Sicherheit sagen, daß weder vor noch nach der Beichte Bakunins der Tyrann jemals wieder solche Wahrheiten gehört hat. Trotzdem sind diese äußerst deutlichen Seiten mit einer Geschicklichkeit und Schlauheit geschrieben, die eines Machiavelli würdig sind. Auf ihnen findet sich kein Wort, das direkt gegen Nikolai gerichtet ist. Nikolai scheint gleichsam abseits zu stehen, als befände er sich über allem Bösen, als wäre er unschuldig und im gewissen Sinne sogar ein Opfer. Es sieht aus, als ob der hochherzige und gerechte Zar nichts von dem Unrecht wüßte, das in seinem Reiche geschieht, da er vom Volke durch die Mauer des selbstsüchtigen Beamtentums getrennt ist. Aber sollte er es erfahren – o! –, den Schuldigen würde es schlecht ergehen! »Euer Zar ist oft furchtbar und Eure Bestrafung streng, wenn Euch Nachrichten von irgendeinem Unrecht erreichen«, spricht Bakunin zu dem Zaren. Das ist sehr diplomatisch gesagt. Aber immerhin sind diese Seiten wirklich fest und mutig. Wie kann man sie also mit Bakunins Verurteilung seiner Vergangenheit in Einklang bringen? Er nennt diese »Vergangenheit« eine »Krankheit«, und gleich im Anschluß an die eben angeführten Seiten meint er, mit gutem Gewissen könne er nicht sagen, daß in ihm nicht noch viele, viele Spuren der alten Krankheit geblieben wären. Eine ziemlich ausweichende Antwort auf die an sich selbst gestellte Frage: »Wie denkst du jetzt?« In der »Beichte« kann man Beweise von Reue wie von Unbußfertigkeit finden. Recht hatten deshalb diejenigen Beamten Nikolais, die Bakunin für einen wirklich reumütigen Büßer hielten, recht hatte aber auch Alexander II., der in der »Beichte« nichts von »repentir« sah. Alles in allem hat Bakunin sein Werk richtig »Dichtung und Wahrheit« genannt. Es war »Erfindung«, wenn Bakunin gleich auf den ersten Seiten Nikolai zu überzeugen suchte, er hoffte auf nichts mehr. Er wünschte fast nichts mehr, aber etwas wünscht er augenscheinlich doch? Die letzte Bitte, mit der die »Beichte« schloß, offenbart diesen Wunsch. Er wollte die Einsamkeit nicht, er wollte lieber Zuchthausarbeit als die Einkerkerung in der Festung.

IV

Wenn man vor A. Kornilows Publikationen der meisten Dolumente aus dem Archiv von Pjarmuchino noch darüber hatte streiten können, ob sich Bakunin verstellte oder nicht, ob er Nikolai hinters Licht führen wollte oder ob er mit reinem Gewissen beichtete, so ist jetzt, wo wir über die früher unbekannten Briefe Bakunins aus der Festung verfügen – kein Streit mehr möglich – Bakunin verstellte sich, Bakunin unternahm das Wagnis mit einer erstaunlichen Kunst, mit einer ungeheueren Ausdauer, mit einem ungewöhnlichen Mut. Seine Geständnisse und Selbsterniedrigungen und die Schmeicheleien waren nichts als Lüge, mit deren Hilfe er sich die Freiheit erkaufen wollte. Man mußte Nikolai belügen – und Bakunin – belog ihn. Man mußte sich kleinmütig stellen, und Bakunin tat es. Man mußte sich vor dem Zaren erniedrigen, er erniedrigte sich. Man mußte seine Vergangenheit verurteilen – er verurteilte, verfluchte sie, schlug ein Kreuz über sie – alles das, um später im Falle des Erfolges seinen früheren Kampf fortzusetzen und seinen alten Beruf wiederaufzunehmen. Gleich, um welchen Preis, auf welchem Wege, mit welchen Mitteln, das Ziel mußte erreicht werden. Ein Beweis ist jener französische Brief an die Schwester Tatjana. Nach der »Beichte« erscheint dieses Dokument als das Bemerkenswerteste. Wenn die »Beichte« das Ergebnis einer vielseitig durchdachten Vorstellung Bakunins war, so können diese leidenschaftlichen Zeilen, eilig auf einen Fetzen Papier hingeworfen, unter Gefahr heimlich der Schwester zugesteckt, keinen Zweifel erwecken. Um so weniger als Bakunin seine Treue zu seiner früheren Überzeugung betonte und darauf hinwies, daß er »von der Hoffnung bald wieder jenes anzufangen, wodurch er hierhergekommen sei«, lebe; in seinen Verwandten konnte aber ein solches Geständnis Befürchtungen wecken, denn sie teilten doch seine revolutionären Leidenschaften nicht, sie fürchteten seine zerstörenden Pläne. Aber vom Freiheitstraum beseelt, ließ er auch hier alle Bedenken fallen. Denn wäre dieser Zettel in die Hände der III. Abteilung gefallen, so gab Bakunin nicht nur seine Familie einer großen Gefahr preis, er verurteilte sich selbst für alle Zeiten. »Redet keine leeren Worte«, schrieb er im Jahre 1843 warnend aus dem Ausland an seine Brüder und Schwestern, »lernt von euren Feinden, listig zu sein, und schlagt sie mit ihren eigenen Waffen.« Dieser Waffen wollte er sich selbst nie bedienen. Wie alles, was er tat, nahm sein Selbstschutz übertriebene Formen an, die dem Ziele schadeten, das er sich gesetzt hatte.

V

In der Geschichte des revolutionären Kampfes stellt die »Beichte« Bakunins ein in seiner Art einzigartiges Dokument dar. Vom Standpunkt der revolutionären Moral kann ihr Charakter nicht gerechtfertigt werden. Bakunin ging aufs Ganze, gleich einem blinden Tier, zerstörte und zertrümmerte alles, was ihm hinderlich schien. Da er darauf rechnete, um den Preis seiner Geständnisse die Freiheit zu erkaufen, dachte er in jenen Tagen, da er die »Beichte« schrieb, nicht daran, welche furchtbare Waffe er seinen Feinden in die Hände gab. Und nur einem glücklichen Zufall ist es zu verdanken, daß Bakunin später durch diese Waffe nicht vernichtet worden ist. Durch ihre Veröffentlichung wäre Bakunin politisch getötet worden: die revolutionären Kreise würden ihm jene Aussagen in der »Beichte« nie verziehen haben. Da Bakunin nicht sofort seinen Freunden nach der Ankunft im Westen den wahren Inhalt der

»Beichte« angegeben und sich so vor den Angriffen seiner Feinde nicht geschützt hatte, würde er nicht haben beweisen können, daß er die »Beichte« nur in der einzigen Absicht schrieb, den Zaren zu belügen und die Freiheit zu erlangen, um den Kampf fortzusetzen. Ihm würden auch jene Seiten der Beichte nicht geholfen haben, die über seine ungekühlten revolutionären Leidenschaften sprachen und das System Nikolais so scharf kritisierten. Man würde sie als ein Zeichen einer verachtungswürdigen Feigheit, als einen niedrigen Verrat an der revolutionären Überzeugung angesehen haben. Der Autor der »Beichte« wäre von den Revolutionären aus der Liste der Lebenden gestrichen worden. Aber durch einen glücklichen Zufall ist die »Beichte« nicht veröffentlicht worden, und der tödliche Schlag hat Bakunins Herz nicht getroffen. Die ganze Tätigkeit Bakunins nach der Flucht entsühnte diese »Beichte«. Die an die Schwester gerichteten Worte enthüllten seine wirkliche Gesinnung. Die »Beichte« erfordert deshalb keine historische Rechtfertigung. Das schließt aber nicht aus, daß ihre psychologischen Besonderheiten, die Niedrigkeit ihres berechnenden Tones, die Bereitwilligkeit Bakunins, »das Glas bis auf den Grund zu leeren«, nachdem er eine Reihe von Erniedrigungen durchgemacht hatte, das Ungewöhnliche und Verurteilenswerte seines Betragens in der Festung, daß alles dieses eine Erklärung fordert. Aber wir haben es hier nicht mit einem moralischen, sondern mit einem psychologischen Problem zu tun. Dabei darf man nicht die Eigenart der Epoche vergessen. Es wäre falsch, sie mit dem Maßstab unserer Zeit zu messen. Bakunin war ein Adliger, der in seiner Jugend nicht wenig adlige Gewohnheiten gehabt hatte, der seine Bildung in einer Umgebung empfing, von deren patriotischen Ansichten er sich erst während seiner Auslandsreisen befreite. Einen psychologischen Bruch zwischen dem Zaren und den ersten Vertretern des Adels gab es in der ersten Hälfte des 19. Jahrhunderts nicht. Deshalb glich das Verhalten des gebildeten Adels dem Zaren gegenüber in jener Zeit keineswegs dem Verhalten der gebildeten Kreise der zweiten Hälfte desselben Jahrhunderts, den Vertretern anderer, sozialer, nicht adliger Gruppen. Dem Zaren oder dem Chef der Gendarmerie einen Brief zu schreiben, war in den 30er, 40er Jahren nicht so verpönt wie später. Die Geschichte des russischen revolutionären Kampfes kennt zahlreiche Beispiele von Revolutionären, die mit eiserner Beharrlichkeit jahrzehntelang eine einsame Einkerkerung ertrugen, die Grausamkeiten der Folterkammern durchkosteten, unermüdlich mit dem Gefängnisaufseher kämpften und oft in diesem ungleichen Kampfe zugrunde gingen. Wie Bakunin, wollten sie die Tat, die durch die Haft nur abgebrochen war. Aber von der revolutionären Moral ihrer Zeit behindert, lehnten sie alle Kompromisse und Verhandlungen mit den Machthabern als schändliche Feigheit, als Verrat ab. Hatten sie auch jenseits der Mauern Freunde und Anhänger verlassen müssen, so blieben sie dennoch mit der Gesellschaft eng verbunden, die hinter ihrem Rücken stand und von ihnen Unbeugsamkeit forderte. Und wenn es galt, zwischen einem Kompromiß und dem revolutionären Gewissen und dem eigenen Untergang zu wählen, so zogen sie den Untergang vor, da alle glaubten, daß ihr Untergang der Gesellschaft Nutzen bringen werde. Dies enge Band mit der Gesellschaft und der Gedanke an die Gesellschaft verlieh ihnen auch den Mut, einer langjährigen Gefängnishaft entgegenzusehen. Diesen Mut konnte aber Bakunin einfach deshalb nicht haben, weil er hinter sich seine Gesellschaft gar nicht sah, die seine Tat fortsetzen würde, seinen Mut aufrechterhalten und ihn vor dem schlüpfrigen Weg zurückhalten würde, den er gewählt hatte, um dem Gefängnis zu entkommen. Deshalb erscheint das Bedürfnis, sich weder Mut noch Charakter rauben zu lassen, wie Bakunin an Herzen schrieb, recht oberflächlich. Auch hinter Bakunin stand selbstverständlich eine Gesellschaft. Aber diese Gesellschaft war ein romantischer Allgemeinplatz. Die »Menschheit« und später das Slawentum waren nicht fähig, gerade ihrer Allgemeinheit wegen, ihm in dem Augenblick eine unbedingte Richtschnur zu geben, als sein eigener Untergang, sein persönliches Bedürfnis nach revolutionärer Tätigkeit auf dem Spiele stand. Der Individualist und Egoist, angesichts der Möglichkeit einer unbeschränkten Einkerkerung, der Aussicht auf eine ewige Ruhe, erwartete von nirgends Hilfe und glaubte nicht an diese Hilfe. Er war allein auf dem Schlachtfelde. Zweimal hatte er dem Tode ins Auge gesehen, ohne zu zittern, er würde auch das dritte Mal das Schafott bestiegen haben, aber er wich vor Furchtbarerem zurück als vor dem Tod. In Rußland drohte er ihm nicht, das wußte er. Ihn schreckten die ungeheuerliche Perspektive der langsamen Verwesung des Intellekts, die geistige Fäulnis, der Wahnsinn. Nicht die Angst vor dem Tode, sondern die »schmachvolle« und »langsame Agonie« ließ sein Herz sich zusammenkrampfen. Ganz von dieser Angst ist jener Zettel erfüllt, den er heimlich seiner Schwester Tatjana zugesteckt hatte, diese Angst klingt noch in dem Brief an Herzen nach, den Bakunin nach dem Verlassen der Gefängniszelle geschrieben hat. Er konnte sich nicht mit der Unvermeidlichkeit abfinden, »das Leben ohne Ziel, ohne Hoffnung, ohne Interesse weiterzuschleppen«, das ging über seine Kraft, das war ein unmögliches Hinsiechen. Das Verlangen nach Tätigkeit, die grenzenlose Verzweiflung, daß sie vielleicht für immer aufgehört hätte, daß die große Berufung, die er in der Brust fühlte, unausgeführt bleiben würde, und schließlich die Furcht vor dem langsamen Erlöschen des Intellekts, veranlaßten Bakunin, um jeden Preis das Gefängnis zu verlassen. In der klugen Erwägung, daß Nikolai vieles bekannt und Verbergen nicht nur nutzlos, sondern sogar schädlich wäre, rief Bakunin, indem er geschickt lavierte und seinen offenherzigen Mut unterstrich, bei Nikolai etwas Ähnliches wie Mitleid für seine schweren Verfehlungen wach. Er nutzte dabei seine Einsamkeit, seine Hoffnungslosigkeit und die Gerüchte über seine Spionage meisterhaft aus – so entwarf er ein Bild von Leidenschaften, umweht von einer jugendlichen Romantik, die im Feuer der Erlebnisse mit einer bitteren Enttäuschung enden mußte.

VI

»Wahrheit und Dichtung« sind auf diesem Bild so verschlungen, daß es oft keine Möglichkeit gibt, eine Linie zwischen ihnen zu unterscheiden. Geschehnisse und Erlebnisse, die tatsächlich stattgefunden haben, wechseln mit solchen, die von der Phantasie geboren sind. Das zeugt von der großen Kunst, mit der die »Beichte« geschrieben ist. Unter den Werken Bakunins ist sie wohl die talentvollste. Das Bedürfnis zu handeln, zwang den Jüngling, sich in die Familienangelegenheiten der Schwester, Freunde und Bekannten zu mischen, trieb ihn zur Wissenschaft, trieb ihn ins Ausland, und erst als er sich davon überzeugt hatte, daß die Wissenschaft ihm nicht die Befriedigung geben würde, die er suchte – und zwar suchte Bakunin keine theoretische Wahrheit, sondern den Ausgangspunkt für seine ungeheuerlichen Kräfte – da wurde er, zur eigenen Überraschung, in das europäische Leben hineingerissen. Steins Werk über die französischen Sozialisten machte auf ihn einen starken Eindruck; er hörte mit Interesse den Reden Weitlings zu, er machte die Be-Bekanntschaft deutscher und französischer Sozialisten und Kommunisten, harmonierte jedoch mit keinem, gesellte sich keiner Richtung, keiner Gruppe an und blieb bis zum Jahre 1847 einsam, befangen von politischen und sozialen Stimmungen eines Menschen, den man so treffend den »hemmungslosen Demokraten« genannt hat. In der Tat – er war auch nichts anderes als der »hemmungslose Demokrat« mit einer bis zum äußersten geschürten revolutionären Leidenschaft, aber ohne demokratische Verbindungen, ohne ein politisches und soziales Programm, für das er weder Kenntnisse noch innere Disziplin, noch klare Ziele hinreichend mitbrachte. Das Bedürfnis zu handeln, der tiefe Glaube an seine Berufung für eine große Befreiungstat, die Bereitwilligkeit sich in das erste beste revolutionäre Unternehmen hineinzustürzen, machten aus ihm einen Dichter der Revolution, aber keinen Politiker. Er trieb sich in Europa herum, ohne Mittel, ohne Beruf, er hatte sich mit keiner Klasse, mit keiner Gruppe der Bevölkerung verbunden und erschien so im wahrsten Sinne des Wortes als der deklassierte Intellektuelle, d. h. ohne Verbindungen und ohne die Ideologie irgendeiner Klasse, ohne irgendeinen bestimmten eigenen Platz im wachsenden Chaos der sozialen und politischen Zusammenstöße. In Europa verfiel er in Schwermut, teils, weil er nichts zu tun hatte, teils, weil er einsam war. Auf der Suche nach dem Ausgangspunkt fuhr er von Paris nach Brüssel, von Brüssel nach

Dresden, von Dresden nach Prag, dann nach Posen, wieder nach Brüssel, Paris, Prag usw. usw. Zudem wurde er noch von internationalen Gendarmen gejagt. So überfiel ihn die Sehnsucht nach Rußland, und so erschien ihm das Slawentum der Leuchtturm, auf den er seinen Kurs halten müßte. Fremd unter den Franzosen, voller Haß gegen die Deutschen, fühlte er sich nur auf dem Prager Kongreß zu Hause, der einzigen Stätte, wo man ihn schätzte und ihm aufmerksam zuhörte. Seitdem ist das Slawentum für ihn auf lange Zeit hinaus die verwandte Gesellschaft, das Ziel seines Strebens, das Objekt seiner Tätigkeit geblieben. Aber sosehr diese Tätigkeit konkrete Formen hätte annehmen müssen. so nahm sie in demselben Maße utopische Formen an, und seine revolutionären Pläne in Böhmen, sein Plan der Eroberung der Macht in Prag, der Vernichtung der zaristischen Macht in Rußland – alles dieses ist charakteristischer für die Geschichte der revolutionären Romantik als für den revolutionären Kampf.

Er schmiedete Pläne einer polnischen Revolution, aber dabei besaß er nur eine dunkle Vorstellung von den Polen. Als er nach Prag zog, um die slawische Bewegung zu leiten, wußte er über das tschechische Volk nur etwas aus Büchern. Als er in Europa im Namen des viele Millionen zählenden russischen Volkes auftrat und die Europäer zu überzeugen suchte, daß in Rußland das Feuer der Revolution glimme, ja schon im nächsten Augenblick aufflammen müsse – kannte er Rußland weniger als irgendein anderes Land Europas, d. h. er kannte es überhaupt nicht. »Interesselos«, wie er über sich selbst in der »Beichte« schreibt, intelligent, repräsentiert Bakunin den Typus des politischen Romantikers, der es fertigbringt, von der Bourgeoisieregierung taktlos Geld zu nehmen und den Verdacht auf sich zu lenken, er sei einer ihrer Agenten. Dieselbe »Taktlosigkeit« offenbarte sich überreichlich während der Unterredung mit Nikolai. Der Zar wurde nicht nur von Neugierde getrieben, als er Bakunin vorschlug, ihm wie seinem Beichtvater zu beichten. Er rechnete darauf, aus den Geständnissen des Gefangenen wichtige Nachrichten über die Polen zu schöpfen. Mit anderen Worten: er forderte Verrat, Namen, Tatsachen und die ehrerbietig flehenden Worte Bakunins: »ich flehe Sie an, Herrscher, fordern Sie nicht von mir, daß ich fremde Sünde beichte«, riefen nur eine unzufriedene Randbemerkung Nikolais hervor. Und diese Bemerkung veranlaßte wahrscheinlich später Alexander II., dem Fürsten Gortschakow zu erklären, er vermöchte in der »Beichte« keinerlei Reue zu erkennen. Der Zar war der Ansicht, daß jede Beichte mit Verrat verbunden sein mußte. In vielen Punkten war Nikolai derselben Ansicht wie Bakunin. »Wohin man sich auch in Westeuropa wendet«, schreibt Bakunin, »überall sieht man Hinfälligkeit, Schwäche, Unglauben und Verderbnis, alle gaukeln einander etwas vor, und keiner glaubt einem Niederstehenden!« »Eine treffende Wahrheit«, vermerkt Nikolai mitfühlend. »Herr, ich will keinen Versuch machen, meine unentschuldbaren Verfehlungen zu beschönigen« – schreibt der Gefangene – »ich werde Ihnen auch nicht von meiner späten Reue sprechen. Reue ist in meiner Situation so nutzlos, wie die Reue des Sünders nach dem Tode« – auch diese Worte rühren das väterliche Herz Nikolais: »Unrichtig, die Reue eines jeden Sünders kann Rettung bringen, aber nur wenn sie aus reinem Herzen kommt.« Und als nun erst Bakunin, nach der Darlegung seiner »frechen« Absichten gegen Rußland mit tränender Stimme erklärte, wie »schwer es ihm in jeder Beziehung

sei«, am schwersten aber seinem Herzen, da er vor dem Zaren stünde »als der zuchtlose, verirrte und verlorene Sohn vor dem beleidigten und zornigen Vater« – da war Nikolai endgültig gerührt. Der beleidigte »Vater« antwortete gütig, wenn auch in falscher Orthographie, auf die ehrfürchtigen Tränen seines Sohnes: »Seine Furcht ist grundlos; Persönliches gegen mich verzeihe ich stets aus tiefstem Herzen!«
Sichtlich erregt las Nikolai die »Beichte«. Hier offenbarte sich ein hervorragendes literarisches Talent, das den Leser zu rühren, ihm Tränen in die Augen zu locken verstand, vor allem solchen Augen wie denen eines Nikolai – das gelingt nicht jedem. Und diese Tränen – allerdings nennt man sie Krokodilstränen – blinkten hin und wieder in den zaristischen Augen. Der höchste Grad der Rührung wurde erreicht, als Bakunin von seinen Absichten gegen Rußland sprach, vor der Größe seiner Verbrechen erschrak und fast zum hundertsten Male seinem »Beichtvater« sagte: »Ich sehe in der Tiefe meines Herzens ein, daß ich am meisten Verbrecher gegen Euch, Herr, Verbrecher gegen Rußland bin und daß meine Verbrechen die härteste Strafe verdienen.« »Verzeihe ihm Gott«, schrieb die gerührte Hand des hochherzigen Despoten, der nichtsdestoweniger dies schuldige Haupt in einen steinernen Sack ohne Hoffnung auf Freiheit einmauern ließ. Die Seele des Henkers war also nicht ohne einen Schuß Sentimentalität.

VII

Was hatte nun Nikolai bei Bakunin erreicht? Und Bakunin bei Nikolai? Denn beide, die sich in einer so ungewöhnlichen Umgebung getroffen hatten, wollten doch irgend etwas voneinander. Nikolai hatte Tatsachen, Namen, Fäden der polnischen Verschwörung gefordert. Bakunin wollte die Einsamkeit nicht und hatte deshalb gebeten, zur Zuchthausarbeit verurteilt zu werden. Das Gespräch des gefangenen Revolutionärs mit dem Zaren war schließlich alles in allem ein Kampf gewesen, aus dem nur einer als Sieger hervorgehen konnte. Bakunin war der Sieg nicht gelungen. Allerdings hatte Nikolai diejenigen Nachrichten, die er von Bakunin begehrte, nicht erhalten. Mit einer gewaltigen Kunst und Überzeugungskraft hatte Bakunin Nikolai gezeigt, daß der Versuch, von ihm irgendwelche Nachrichten über eine polnische Verschwörung zu erlangen, ein völlig nutzloses Unterfangen wäre. Die Polen mieden ihn, die Polen trauten ihm nicht. Der Grund dafür war das Gerücht von seinem Verrat. Bakunin, der sehr ausführlich von diesem Gerücht und von der Wirkung, die es bei den polnischen Emigranten hervorgerufen hatte, sprach, benutzte dies Gerücht als Schutzmittel. Nikolai glaubte schließlich daran, daß Bakunin an der »polnischen Verschwörung« unbeteiligt gewesen war. Deshalb ließ man ihn auch in Ruhe, ohne ihn weiter auszufragen, was Bakunin auch mit Genugtuung in dem Briefe an Herzen feststellt. Das Hauptziel Nikolais war nicht erreicht, es war vielmehr einfach fortgefallen. Hier war es zwecklos, zu forschen. Bakunin war ungefährlich, befand sich hinter sieben Schlössern. Der Gefangene hatte gebeichtet, und der Zar empfand, wenn er auch seiner Reue keinen Glauben geschenkt hatte, einige Befriedigung: der Gefangene hatte vor ihm auf den Knien gelegen. Sonst würde er ihm keine Ruhe gegeben haben. Wenn auch nur ein Schatten von Verdacht geblieben wäre, hätten die Folterungen bis zu seiner Erschöpfung gedauert. Es lag nicht im Charakter Nikolais, seine Absichten nicht auszuführen. Aber dann blieb noch die Bitte Bakunins: »Herrscher, bestrafen Sie mich nicht für die deutschen Sünden mit der deutschen Strafe, lassen Sie mich nicht in ewiger Kerkerhaft verfaulen.« Diese Bitte hat Nikolai beachten müssen, denn sie war in der »Beichte« zu sehr betont worden. Aber er wählte für den Gefangenen gerade jene Strafe, vor der sich jener am meisten gefürchtet hatte. Bakunin war es nicht gelungen, Nikolai umzustimmen. Ja, überdies – er hatte ja Nikolai gezeigt, welche Strafe er für seine Sünden als die härteste ansah. Gerade diese Strafe wählte nun auch der hochherzige Beichtvater. »Er ist ein gutherziger Junge« – soll nach Herzen der Zar während der Lektüre der Beichte gesagt haben – »aber er ist ein gefährlicher Mensch.« Und den »gutherzigen Jungen« begrub man lebendig. Hätte Nikolai noch 10 bis 15 Jahre gelebt, so wäre Bakunin im Gefängnis gestorben – darüber kann kein Zweifel bestehen.

DIE BEICHTE

DIE BEICHTE

Von Seiner Kaiserlichen Majestät
höchsteigenhändig mit Bleistift darüber geschrieben:
»Ich empfehle Dir, es zu lesen, sehr interessant und lehrreich.«
27. September 1851
Generalleutnant Dubelt[1]

Eure Kaiserliche Majestät!
Allergnädigster Herrscher!

Während des Transportes von Österreich nach Rußland – ich kannte die Strenge der russischen Gesetze, kannte IHREN unüberwindlichen Haß gegen alles, was nur an Ungehorsam erinnert, gar nicht zu reden von der offenen Empörung gegen den Willen EURER KAISERLICHEN MAJESTÄT, ich war mir ebenso der ganzen Schwere meiner Verbrechen bewußt und hatte weder die Hoffnung, noch hegte ich die Absicht, sie vor Gericht zu verheimlichen oder abzuschwächen – sagte ich mir: mir bleibt nur eines übrig: *bis zu Ende zu dulden*, und ich flehte zu Gott, mir Kraft zu schenken, um den bitteren Kelch, den ich mir selbst bereitet hatte, mit Würde und ohne elende Schwäche zu leeren.

Ich wußte, daß ich, da ich vor einigen Jahren durch den Urteilsspruch des Senats und auf Befehl EURER KAISERLICHEN MAJESTÄT des Adelsranges verlustig erklärt war, gesetzlich der Körperstrafe unterworfen werden konnte; so erwartete ich das Schlimmste. Ich hoffte einzig auf den Tod, den raschen Erlöser von allen Leiden und Drangsalen.

Ich finde keine Worte, HERRSCHER, um meinen Gefühlen Ausdruck zu verleihen, wie überrascht, wie tief gerührt ich durch die edelmütige, menschliche und schonende Behandlung war, die mir sofort beim Überschreiten der russischen Grenze zuteil wurde. Ich hatte einen anderen Empfang[2] erwartet. Was ich sah und hörte, alles, was ich auf der ganzen Reise vom Königreich Polen bis zur Peter-Pauls-Festung erlebte, widersprach so sehr meinen angstvollen Erwartungen, stand in einem solchen Gegensatz zu allem, was ich selbst auf die Gerüchte von der Grausamkeit der russischen Regierung gedacht, gesprochen und geschrieben hatte, daß ich zum ersten Male an der Wahrheit meiner früheren Vorstellungen zu zweifeln begann und mich verwundert fragte: Habe ich keine Verleumdungen verbreitet?

Ein zwei Monate langer Aufenthalt in der Peter-Pauls-Festung hat mich endgültig von der völligen Haltlosigkeit vieler alter Vorurteile überzeugt.

Glauben SIE übrigens nicht, HERRSCHER, daß mich diese menschenfreundliche Behandlung ermutigt, irgendeine trügerische oder aberwitzige Hoffnung zu hegen. Ich begreife sehr wohl, daß die Strenge der Gesetze die Menschlichkeit nicht ausschließt, wie umgekehrt die Menschlichkeit die strenge Erfüllung der Gesetze nicht ausschließt. Ich kenne die Größe meiner Verbrechen! Da ich das Recht zu hoffen verloren habe, erhoffe ich nichts.

Um IHNEN, HERRSCHER, die Wahrheit zu sagen, ich bin in den letzten Jahren so sehr gealtert und leide unter einem solchen seelischen Druck, daß ich sogar fast nichts wünsche.

Graf Orlow hat mir im Namen EURER KAISERLICHEN MAJESTÄT erklärt, daß SIE, HERRSCHER, wünschen, ich solle IHNEN eine vollständige Beichte aller meiner Verfehlungen niederschreiben. HERRSCHER! Ich habe diese Gnade nicht verdient und erröte, wenn ich mich alles

dessen erinnere, wessen ich mich erkühnte, über die unerbittliche Strenge EURER KAISERLICHEN MAJESTÄT zu sagen und zu schreiben.
Wie soll ich schreiben? Was soll ich dem furchtbaren russischen Zaren, dem schrecklichen Wächter und Hüter der Gesetze sagen? Meine Beichte an SIE, meinen HERRSCHER, wäre in wenigen Worten enthalten: HERRSCHER! Ich bin voll und ganz schuldig vor EURER KAISERLICHEN MAJESTÄT und vor den Gesetzen des Vaterlandes. SIE kennen meine Verbrechen, und alles, was IHNEN bekannt ist, genügt, um mich nach dem Gesetz zur schwersten in Rußland bestehenden Strafe zu verurteilen. Ich stand in offener Empörung gegen SIE, HERRSCHER, und gegen IHRE Regierung; ich unterfing mich, IHNEN wie einem Feinde Widerstand zu leisten, ich schrieb und erregte die Gemüter gegen SIE, wo und wie ich nur konnte. Was hätte ich noch zu sagen? Lassen SIE mich, HERRSCHER, verurteilen und bestrafen! IHR Gericht und IHR Urteil werden gesetzlich und gerecht sein. Was könnte ich meinem HERRSCHER mehr schreiben?
Aber Graf Orlow hat mir im Namen EURER KAISERLICHEN MAJESTÄT ein Wort gesagt, das mich bis in die Tiefe meiner Seele erschüttert hat. »Schreiben Sie«, sagte er mir, »schreiben Sie an den Zaren, als sprächen Sie zu Ihrem geistlichen Vater.«
Ja, HERRSCHER, ich werde IHNEN wie einem geistlichen Vater, von dem der Mensch nicht für diese, sondern für die andere Welt Verzeihung erhofft, beichten; ich bitte Gott, daß er mir einfache, aufrichtige, zu Herzen gehende Worte eingebe ohne Falschheit und Schmeichelei, Worte, die würdig sind, ans Herz EURER KAISERLICHEN MAJESTÄT zu dringen.
Ich bitte SIE nur um zwei Dinge! Zweifeln SIE nicht an

Anm. Nik. I.: Mit diesen Worten macht er schon jedes Vertrauen zunichte; wenn er die ganze Schwere seiner Sünden fühlt, kann nur eine vollständige Beichte, aber nicht eine bedingte als Beichte gewertet werden!

der Wahrheit meiner Worte; ich schwöre IHNEN, daß keine Lüge, auch nicht der tausendste Teil einer Lüge aus meiner Feder fließen wird. Und zweitens bitte ich SIE, HERRSCHER, *verlangen* SIE *nicht von mir, daß ich fremde Sünden beichte. Offenbart man doch auch in der Beichte nicht die Sünden anderer, sondern nur die eigenen.* Aus dem völligen Schiffbruch, den ich erlitten habe, konnte ich nur ein einziges Gut retten: die Ehre und das Bewußtsein, daß ich um meiner eigenen Rettung oder der Erleichterung meines Schicksals willen nirgends, weder in Sachsen noch in Österreich, zum Verräter geworden bin. Das Bewußtsein, daß ich das Vertrauen irgendeines Menschen mißbraucht oder auch nur ein in meiner Gegenwart unvorsichtigerweise geäußertes Wort verbreitet hätte, würde mir schlimmere Qualen bereiten als selbst die Folter. Und auch in IHREN eigenen Augen, HERRSCHER, möchte ich lieber als ein politischer Verbrecher erscheinen, der die härteste Strafe verdient, denn als ein Schuft.

Und so beginne ich meine Beichte.

Der Vollständigkeit wegen muß ich einige Worte über meine erste Jugend sagen.

Ich besuchte drei Jahre die Artillerieschule[3] und wurde gegen Ende des vierten Kurses mit neunzehn Jahren in die unterste Offiziersklasse versetzt. Ich verliebte mich, verlor den Kopf, vernachlässigte meine Arbeiten und bestand das Examen sehr schlecht, vielmehr richtiger: ich bestand es überhaupt nicht und wurde nach Litauen versetzt, unter der Bedingung, man solle mich in den nächsten drei Jahren bei Beförderungen übergehen und mir bis zur Erreichung des Leutnantspatentes weder Urlaub noch Abschied gewähren. – So war meine militärische Karriere von Anfang an verpfuscht – durch eigene Schuld und trotz

der wirklich väterlichen Fürsorge, die mir Michael Michailowitsch Kowanki, der damalige Kommandeur der Artillerieschule, entgegenbrachte.
Ich diente ein Jahr in Litauen[4] und setzte dann mit großer Mühe und ganz gegen den Wunsch meines Vaters meinen Abschied durch. Nach Quittierung des Militärdienstes lernte ich Deutsch und ergab mich mit Feuereifer dem Studium der deutschen Philosophie[5], von der ich Erleuchtung und Rettung erwartete. Mit einer üppigen Phantasie und, wie die Franzosen sagen: d'une grande dose d'exaltation, begabt, verzeihen SIE, HERRSCHER, ich finde den russischen Ausdruck nicht, habe ich meinem alten Vater großen Kummer bereitet, jetzt bereue ich von Herzen, wenn auch zu spät! – Nur eines kann ich zu meiner Rechtfertigung sagen: meine damaligen Dummheiten wie meine späteren Sünden und Verbrechen entsprangen nie niedrigen, eigensüchtigen Beweggründen; vielmehr fast nur falschen Vorstellungen, noch häufiger aber einem starken und nie befriedigten Drang nach Wissen, Leben und Tätigkeit.
1840[6], ich war nun siebenundzwanzig Jahre alt, überredete ich mit großer Mühe meinen Vater, mir die Reise ins Ausland zu gestatten, um an der Berliner Universität Vorlesungen zu hören.
In Berlin studierte ich anderthalb Jahre. Im ersten Jahr meines Aufenthaltes im Auslande, auch noch zu Beginn des zweiten, stand ich, wie zuvor in Rußland, allen politischen Fragen fremd gegenüber; von der Höhe der philosophischen Abstraktion sah ich verächtlich auf die Politik herab; meine Gleichgültigkeit war so groß, daß ich nicht einmal Zeitungen in die Hand nehmen wollte. Ich beschäftigte mich wissenschaftlich, vor allem mit der deutschen Metaphysik,

deren Studium ich mich beinahe bis zur Betäubung ergab; ich dachte Tag und Nacht nur an die Hegelschen Kategorien. – Im übrigen aber heilte mich Deutschland selbst von der philosophischen Krankheit, an der es litt; als ich mit den metaphysischen Fragen näher vertraut wurde, überzeugte ich mich ziemlich rasch von der Nichtigkeit und Eitelkeit der ganzen Metaphysik: ich suchte Leben in ihr, aber sie ist langweilig, wirkt tödlich, ich suchte Taten, sie aber ist die absolute Untätigkeit. Nicht wenig zu dieser Entdeckung trug auch meine persönliche Bekanntschaft mit den deutschen Professoren bei, was könnte es Kläglicheres und Lächerlicheres geben als den deutschen Professor, ja als den Deutschen überhaupt[7]! Wer das deutsche Leben auch nur flüchtig kennt, kann die deutsche Wissenschaft nicht lieben; die deutsche Philosophie ist ein reines Produkt des deutschen Lebens und nimmt unter den echten Wissenschaften den gleichen Platz ein, wie die Deutschen selbst unter den Völkern. Sie wurde mir endlich widerwärtig, und ich wandte ihr ganz den Rücken. So wurde ich von der deutschen Metaphysik geheilt, aber nicht von dem Drang nach Neuem, vom Verlangen und der Hoffnung, in Westeuropa einen dankbaren Gegenstand für meine Interessen und ein weites Wirkungsfeld zu finden. Der unselige Gedanke, nicht nach Rußland zurückzukehren, zuckte bereits in meinem Gehirn auf: ich gab die Philosophie preis und ergab mich der Politik.

In diesem Übergangsstadium siedelte ich von Berlin nach Dresden über; ich begann politische Zeitschriften zu lesen. Mit der Thronbesteigung des jetzt herrschenden preußischen Königs[8] hatte in Deutschland eine neue Ära begonnen: der König hatte durch seine Reden, Versprechungen und Reformen nicht nur Preußen, sondern auch alle anderen deutschen Länder in Bewegung gebracht, so daß ihn Dr. Ruge[9] nicht mit Unrecht den ersten deutschen Revolutionär genannt hat – verzeihen SIE, HERRSCHER, daß ich so kühn über ein gekröntes Haupt zu reden wage. – Damals erschienen in Deutschland viele Broschüren, Zeitschriften und politische Gedichte, die ich sämtlich mit Feuereifer las. In dieser Zeit hörte ich auch zum ersten Male etwas vom Kommunismus; es erschien nämlich das Buch Dr. Steins[10]: »Die Sozialisten in Frankreich«, das auf mich fast einen ebenso großen und tief eingreifenden Eindruck machte wie früher das Buch von Dr. Strauß: »Das Leben Jesu«. Es eröffnete sich mir eine neue Welt, auf die ich mich mit der Gier eines Verdurstenden stürzte. Es schien mir, als hörte ich eine neue Verheißung, die Offenbarung einer neuen Religion der Erhabenheit und Würde, des Glückes und der Befreiung des ganzen Menschengeschlechtes. Ich begann die Werke der französischen Demokraten und Sozialisten zu lesen und verschlang alles, was ich mir in Dresden verschaffen konnte. – Bald lernte ich auch Dr. Arnold Ruge kennen, der damals die »Deutschen Jahrbücher«[11] herausgab; diese Zeitschrift erlebte gerade denselben Übergang von der Philosophie zur Politik. Ich schrieb für die »Jahrbücher«, unter dem Pseudonym Jules Elyzard, einen philosophisch-revolutionären Artikel: »Die Reaktion in Deutschland«. Aber ein unglücklicher Stern stand von Anfang an über meiner Tätigkeit – die Zeitschrift wurde sofort nach Erscheinen dieses Artikels verboten. Dies geschah Ende 1842[12]. Damals kam der politische Dichter Georg Herwegh[13] aus der Schweiz nach Dresden. Ganz Deutschland trug ihn auf Händen, selbst der preußische König, der ihn bald darauf außer Landes verwies, empfing ihn achtungsvoll. Ich übergehe die politischen Anschauungen Herweghs, von denen ich vor EW. KAISERLICHEN MAJESTÄT nicht zu sprechen wage, aber ich muß gestehen, daß er ein reiner und wahrhaft edler Mensch ist und eine große Seele besitzt – bei einem Deutschen eine Seltenheit –, er ist ein Sucher der Wahrheit und strebt nicht nach eigenem Gewinn und Nutzen. Ich lernte ihn kennen, wir wurden Freunde, und bis zuletzt blieb ich mit ihm in freundschaftlicher Verbindung.

Der oben erwähnte Artikel in den »Deutschen Jahrbüchern«, die Bekanntschaft mit Ruge und seinem Kreise, namentlich aber meine Freundschaft mit Herwegh, der sich offen Republikaner nannte – ich muß hier einschalten, daß diese Freundschaft noch nicht politischer Natur war, obgleich sie auf der Ähnlichkeit unserer Gedanken, Forderungen und Absichten beruhte, sie war nicht politischer Natur, weil sie kein positives Ziel verfolgte –, alle diese Momente lenkten die Aufmerksamkeit der Russischen Botschaft in Dresden auf mich. Es kam mir zu Ohren, daß man schon von meiner unvermeidlichen Rückbeorderung nach Rußland sprach. Aber die Rückkehr nach Rußland schien mir der Tod! In Westeuropa hatte sich mir ein unendlicher Horizont eröffnet, ich spürte Leben, Wunder, weiten Spielraum; in Rußland herrschten für mich nur Dunkel, Herzenskälte, Knechtschaft und Untätigkeit – so beschloß ich, mich vom Vaterlande loszureißen. Alle meine kommenden Vergehen, mein ganzes Unglück rühren von diesem leichtsinnigen Schritt her.

Herwegh mußte Deutschland verlassen. Ich begleitete ihn in die Schweiz. Wäre er nach Amerika gefahren, würde ich ihm gefolgt sein. Im Januar 1843 ließ ich mich in Zürich nieder.

Kaum war ich in Dresden etwas von meiner philosophischen Krankheit geheilt, als in der Schweiz meine politischen Verirrungen begannen. Aber da die politische Erkrankung schwerer, schädlicher und tiefer in der Seele wurzelt als die philosophische, forderte auch ihre Heilung mehr Zeit und bitterere Erfahrungen; *sie führte mich in diese wenig beneidenswerte Lage, in der ich mich jetzt befinde, ja, und auch jetzt noch weiß ich selbst nicht, ob ich gesundet bin.* Ich wage nicht, die Aufmerksamkeit EW. KAISERLICHEN MAJESTÄT mit einer Beschreibung der inneren Schweizer Politik in Anspruch zu nehmen; meiner Ansicht nach läßt sie sich in zwei Worte zusammenfassen: schmutziger Klatsch. Ein großer Teil der Schweizer Zeitschriften befindet sich in den Händen übersiedelter Deutscher – ich spreche ausschließlich von der deutschen Schweiz –, den Deutschen fehlt es an jedem öffentlichen Takt so sehr, daß eine jede Polemik unter ihren Händen in dem schmutzigen Gezänk endet, in dem sich kleinliche und erbärmliche Menschen nicht genug tun können. In Zürich lernte ich die Bekannten und Freunde Herweghs kennen, die mir übrigens so wenig gefielen, daß ich es während meines ganzen Aufenthaltes in dieser Stadt vermied, mit ihnen zusammenzutreffen; ich stand nur mit Herwegh in enger Verbindung.

Anm. Nik. I.: NB.

Damals herrschte der Staatsrat Bluntschli[14], Führer der konservativen Partei, in Zürich. Seine Zeitung »Der Schweizerische Beobachter« führte einen erbitterten Schimpffeldzug gegen das Organ der demokratischen Partei, den »Schweizerischen Republikaner«, der von Julius Fröbel[15], einem Bekannten, ja Freunde Herweghs, herausgegeben wurde. Ich wage nicht, von jenem Streite eingehender zu sprechen; es haftet zu viel Schmutz daran. Es war kein rein politischer Streit, wie er zuweilen auch in anderen Staaten zwischen feindlichen Parteien vorkommt; religiöse Scharlatane, Propheten, Messiase, aber auch Freitischkavaliere, Halunken und selbst liederliche Frauenzimmer hatten ihre Hand im Spiele und saßen später mit Herrn Bluntschli bei dem öffentlichen Prozeß, mit dem dies skandalöse Gezänk endete, auf einer Bank, teils als Angeklagte, teils als Zeugen. Bluntschli und seine Freunde, die Gebrüder Romer, von denen sich der eine als Messias, der andere als Prophet bezeichnete, wurden samt ihren Damen verurteilt und bloßgestellt. Die Demokraten triumphierten, obschon auch sie nicht eben fleckenlos in dieser schmutzigen Affäre dastanden. Um sich an ihnen zu rächen, wahrscheinlich aber auch, um dem Verlangen der preußischen Regierung nachzukommen, wies Bluntschli den völlig unschuldigen Herwegh aus dem Kanton Zürich aus.

Ich kümmerte mich nicht um diesen Klatsch und sah nur selten jemanden außer Herwegh. Ich kannte weder Herrn Bluntschli noch seine Freunde. Ich las, studierte und überlegte, wie ich mir auf ehrliche Weise meinen Lebensunterhalt verdienen könnte, denn von meiner Familie erhielt ich kein Geld mehr. Aber Bluntschli hatte wahrscheinlich von meinen freundschaftlichen Beziehungen zu Herwegh gehört – was erführe man in einer kleinen Stadt nicht –, vielleicht wollte er sich auch bei der russischen Regierung einen guten Namen machen[16], jedenfalls – er versuchte mich einzuschüchtern; bald bot sich die Gelegenheit:

Herwegh, der sich bereits im Kanton Aargau befand, gab dem Schneider und Kommunisten Weitling[17] ein Empfehlungsschreiben an mich; auf der Reise von Lausanne nach Zürich hatte er Herwegh aufgesucht. Herwegh nun, der wußte, wie sehr ich mich damals für soziale Fragen interessierte, wies ihn an mich. Ich freute mich, auf diese Weise unmittelbar etwas über den Kommunismus[18] zu hören, der eben die allgemeine Aufmerksamkeit auf sich zu lenken begann. Weitling gefiel mir. Er war ungebildet, aber ich fand bei ihm viel natürlichen Scharfsinn, eine rasche Auffassungsgabe, starke Energie, vor allem aber wilden Fanatismus, edlen Stolz und den Glauben an die Befreiung und Zukunft der unterdrückten Masse. Übrigens bewahrte er sich diese Eigenschaften nicht lange, sondern verlor sie bald in der Gesellschaft der kommunistischen Literaten. Damals aber sagte mir seine Art außerordentlich zu. Ich war des abgeschmackten Geschwätzes der kleinlichen deutschen Literaten und Professoren so überdrüssig, daß ich froh war, einen frischen, einfachen und ungebildeten, aber energischen und gläubigen Menschen zu treffen. Ich bat ihn, mich zu besuchen; er kam ziemlich oft zu mir, setzte mir seine Theorie auseinander und erzählte mir viel von den französischen Kommunisten, vom Leben der Arbeiter überhaupt, von ihrer Mühsal, von ihren Hoffnungen und Unterhaltungen, aber auch von den eben im Entstehen begriffenen deutschen kommunistischen Gesellschaften. Seine Theorie bekämpfte ich, die Tatsachen hingegen hörte ich mit großem Interesse an; damit waren aber auch meine Beziehungen zu Weitling erschöpft. Weder mit ihm noch mit den übrigen Kommunisten hatte ich je irgendeine weitere Verbindung, ich bin auch selbst nie Kommunist gewesen.

Ich verweile hier, HERRSCHER, um etwas näher auf diese Frage einzugehen, da ich weiß, daß ich mehrere Male von der Regierung verdächtigt wurde, mit den Kommunisten gemeinsame Sache gemacht zu haben, zunächst einmal von Herrn Bluntschli, später wohl aber auch von anderen. Ich will mich ein für allemal von diesen ungerechten Beschuldigungen reinigen. Auf mir lasten schon so viele, so viele schwere Sünden – weshalb soll ich noch Sünden auf mich nehmen, die ich wirklich nicht begangen habe! – Ich habe im Laufe der Jahre zahlreiche französische, deutsche, belgische und englische Sozialisten und Kommunisten kennengelernt, ich las ihre Werke, studierte ihre Theorien, gehörte aber niemals einer Sekte oder einer Gesellschaft an und war bei ihren Unternehmungen, ihrer Propaganda und Aktionen absolut unbeteiligt. Ich verfolgte die Bewegung des Sozialismus, namentlich des Kommunismus, mit ständigem Interesse, da ich in ihr das natürliche, notwendige und unabwendbare Resultat der wirtschaftlichen und politischen Entwicklung Westeuropas sah*. Ich sah in ihm eine junge, elementare Kraft, die sich selbst noch nicht kannte und berufen war, die westlichen Staaten entweder zu erneuern oder völlig zu zerstören. Die Gesellschaftsordnung, der Gesellschaftsaufbau sind im Westen verfault und halten sich nur noch dank krampfhafter Anstrengungen. So allein erklären sich auch die unglaubliche Schwäche und der panische Schrecken, der 1848 sämtliche Staaten im Westen, England ausgenommen, ergriff. Aber auch England steht in Kürze anscheinend das gleiche Schicksal bevor. Wohin man sich auch in Westeuropa wendet, überall sieht man Hinfälligkeit, Schwäche, Unglauben und Verderbnis, eine Verderbnis, die aus dem Unglauben stammt; angefangen in den obersten Gesellschaftsschichten, hat keine Person, hat keine privilegierte Klasse den Glauben an ihre Berufung und ihr Recht; alle gaukeln einander etwas vor, und keiner

Anm. Nik. I.: Eine treffende Wahrheit.

* Ich spreche ausschließlich von Westeuropa, denn weder im Osten noch auf einem slawischen Territorium – vielleicht Böhmen und z. T. Mähren und Schlesien ausgenommen – hat der Kommunismus Platz noch Sinn. – (Anm. B.)

glaubt einem niederer Stehenden: die Privilegien, die Klassen und die Machthaber halten sich nur noch durch den Egoismus und die Gewohnheit – ein schwaches Hindernis gegen den wachsenden Sturm! Bildung wurde gleichbedeutend mit der Verderbnis des Verstandes und des Herzens, gleichbedeutend mit Ohnmacht! Und in dieser allgemeinen Fäulnis hat sich nur das grobe, ungebildete, unterdrückte Volk Frische und Kraft bewahrt – allerdings nicht so sehr in Deutschland wie in Frankreich. Ferner dienen alle Beweisgründe und Argumente, die ehemals der Aristokratie gegen die Monarchie, später dem Mittelstande gegen die Monarchie und die Aristokratie gedient haben, nunmehr den Volksmassen gegen die Monarchie, die Aristokratie und das Kleinbürgertum, und zwar mit fast noch größerer Wucht. – Darin besteht, meiner Ansicht nach, das Wesen und die Stärke des Kommunismus, abgesehen von der wachsenden Verarmung der Arbeiterklasse als der natürlichen Folge der Vermehrung des Proletariats, einer Vermehrung, die ihrerseits wieder durch die Industrie, wie sie im Westen besteht, bedingt ist. Der Kommunismus hatte und hat seinen Ausgangspunkt mindestens ebensosehr oben als unten; unten in den Volksmassen wächst und lebt er als unklare, aber energische Forderung, als Instinkt der Empörung; in den oberen Klassen erscheint er als Instinkt des drohenden und verdienten Unheils, als unbestimmte und hilflose Angst infolge der eigenen Schwäche und des schlechten Gewissens. Diese Angst und das ewige Geschrei gegen den Kommunismus haben zu seiner Verbreitung fast mehr beigetragen als die Propaganda gegen die Kommunisten selbst*. Ich glaube, daß dieser

Anm. Nik. I.: Richtig.

* Bluntschlis Broschüre[19] z. B., die er 1843 anläßlich des Prozesses gegen Weitling im Namen der Züricher Regierung herausgab, war zusammen mit dem erwähnten Buche von Stein eine Hauptursache für die Verbreitung des Kommunismus in Deutschland. – (Anm. B.)

unbestimmte, unsichtbare, nicht greifbare, aber doch überall gegenwärtige Kommunismus, der unter verschiedenen Formen, aber ausnahmslos in allem lebt, tausendmal gefährlicher ist als der exakte, in ein System gebrachte, der nur in den wenigen geheimen oder öffentlichen kommunistischen Gesellschaften gepredigt wird. Die Ohnmacht dieser Gesellschaften hat sich 1848 in England, Frankreich, Belgien, vor allem aber in Deutschland offenbart; im übrigen gehört sehr wenig dazu, das Alberne, Widerspruchsvolle und Unmögliche in jeder bisher bekannten sozialen Theorie nachzuweisen, denn keine von ihnen könnte auch nur drei Tage praktisch bestehen.
Verzeihen SIE, HERRSCHER, diese kurze Darlegung, aber meine Verbrechen stehen in einem so engen Zusammenhange mit meinen sündigen Gedanken, daß ich die einen nicht beichten kann, ohne die anderen zu erwähnen. Ich mußte nachweisen, weshalb ich keiner sozialistischen oder kommunistischen Sekte angehören konnte, da man mich zu Unrecht beschuldigt hat. Ich begriff die Existenz dieser Sekten, aber ich liebte ihre Theorien nicht, und da ich diese Theorien doch nicht anerkannte, konnte ich auch nicht ein Werkzeug ihrer Propaganda sein, zuletzt aber schätzte ich meine Unabhängigkeit zu hoch, als daß ich ein Sklave und blindes Werkzeug irgendeiner geheimen Gesellschaft, deren Ansichten ich nicht einmal teilte, hätte werden wollen. – Damals, d. h. im Jahre 1843, wurde der Kommunismus in der Schweiz von einer kleinen Anzahl deutscher Arbeiter propagiert; in Lausanne und Genf existierten sie öffentlich als Lesekränzchen, Gesang- und Wirtschaftsvereine, in Zürich waren es fünf oder sechs Schneider und Schuster. Unter den Schweizern gab es keine Kommunisten: die Natur des Schweizers wider-

strebt jedem Kommunismus, und der deutsche Kommunismus lag damals noch in den Windeln. Aber um sich in den Augen der europäischen Regierungen wichtig zu machen, zum Teil aber auch in der eitlen Hoffnung, die Züricher Radikalen zu kompromittieren, entwarf Bluntschli ein entsetzliches Schreckbild. Wie er selbst zugegeben hat, war ihm die Ankunft Weitlings in Zürich bekannt; er duldete seine Anwesenheit zwei oder drei Monate lang und ließ ihn dann verhaften in der Annahme, unter seinen Papieren wichtige Dokumente zu finden, um die Züricher Radikalen in Verlegenheit zu bringen. Aber man fand nichts als einen albernen Briefwechsel und Klatschereien* – gegen mich sprachen zwei oder drei Briefe Weitlings, in denen er mich mit einigen unbedeutenden Worten erwähnt und einem seiner Freunde mitteilt, er habe einen Russen kennengelernt. Er nennt dabei meinen Familiennamen, während er mich an einer anderen Stelle als »den Russen« bezeichnet mit dem Zusatz: »der Russe ist ein guter« oder »ist ein prächtiger Kerl« u. dgl..Und darauf begründeten sich die Anschuldigungen des Herrn Bluntschli gegen mich. Andere Gründe hatte er nicht und konnte er auch nicht haben, da sich meine Bekanntschaft mit Weitling einzig auf das Interesse meinerseits und auf seine Gesprächigkeit beschränkte. Außer Weitling habe ich in Zürich keinen einzigen

* Zum Beweis, daß alle Anschuldigungen, Schlußfolgerungen und Argumente des Herrn Bluntschli und sein ganzes darauf errichtetes Gebäude unsinnig und verlogen waren, führe ich nur folgendes an: Weitling wurde vom Obersten Gerichtshof zu ein oder zwei Jahren Gefängnis verurteilt, aber nicht wegen Kommunismus, sondern eines dummen Buches halber, das er unlängst in Zürich hatte drucken lassen†. Gleich nach der Verurteilung setzte Bluntschli den Weitling nicht etwa ins Gefängnis, sondern lieferte ihn der preußischen Regierung aus, die ihn nach einigen Monaten Untersuchungshaft freiließ. (Anm. B.)

† Das erwähnte »dumme Buch« ist Weitlings »Evangelium eines armen Sünders«. Bakunin befindet sich hier jedoch im Irrtum. Weitling war nicht wegen des Buches selbst der Gotteslästerei beschuldigt, sondern nur wegen einer ausführlichen Ankündigung des damals noch nicht gedruckten »Evangeliums«. – (Anm. Polonskis.)

Kommunisten gekannt. Als ich nun hörte – ich weiß nicht, ob das Gerücht zutreffend war oder nicht –, daß Bluntschli auch mich verhaften lassen wollte, verließ ich Zürich. Ich lebte einige Monate in völliger Einsamkeit und im Kampfe mit der Armut in dem Städtchen Nyon am Genfer See und dann in Bern. Im Januar oder Februar 1844 erfuhr ich hier von Herrn Struve, dem Sekretär der [russischen] Gesandtschaft in der Schweiz, daß sie von Bluntschli[20] eine Anzeige gegen mich erhalten, deshalb nach Petersburg geschrieben hätten und von dort Anweisungen erwarteten. In dieser Anzeige begnügte sich Bluntschli nicht, wie mir Herr Struve sagte, mit der Beschuldigung des Kommunismus, sondern versicherte noch fälschlicherweise, ich hätte gegen die russische Regierung ein Buch über Rußland geschrieben oder schreiben wollen.

Für die Anschuldigung des Kommunismus war wenigstens ein Schein von Berechtigung vorhanden: meine Bekanntschaft mit Weitling; für die zweite Beschuldigung gab es aber überhaupt keine Begründung, sie bewies mir nur zu deutlich Bluntschlis Böswilligkeit, denn ich hatte damals nicht nur nicht die Absicht, etwas über Rußland zu schreiben oder in Druck zu geben, sondern bemühte mich sogar, nicht an Rußland zu denken, weil mich schon die bloße Erinnerung quälte; mein ganzes Sinnen war nur auf Westeuropa gerichtet. Was Polen betrifft, so kann ich sagen, daß ich damals selbst seine Existenz vergessen hatte: in Berlin hatte ich die Bekanntschaft mit den Polen vermieden und traf einige zuweilen in der Universität; in Dresden und in der Schweiz sah ich keinen einzigen Polen. Bis zum Jahre 1844, HERRSCHER, waren meine Verfehlungen seelische, geistige, keineswegs tatsächliche: ich aß nicht eine, sondern viele Früchte von dem verbotenen Baum der Erkenntnis des Guten und des Bösen – eine große Sünde, die Quelle und der Anfang aller folgenden Verbrechen, aber ich hatte mich damals noch nicht durch irgendeine Tat, durch irgendeinen Plan festgelegt. In Gedanken und in der Theorie war ich ein überzeugter, ja fanatischer Demokrat, aber im Leben war ich unerfahren, naiv und unschuldig, fast noch ein Kind. – Meine Weigerung, dem gebieterischen Ruf der Regierung zu gehorchen und nach Rußland zurückzukehren, war mein erstes positives Verbrechen.

Diese Ereignisse bewogen mich, die Schweiz zu verlassen, ich begab mich in Gesellschaft meines Freundes Reichel[21] nach Belgien.

Ich muß über ihn einige Worte sagen, da sein Name in den Anklageakten ziemlich häufig erwähnt wird: Adolf Reichel, preußischer Untertan, Komponist und Pianist, hatte gar nichts mit Politik zu schaffen, und wenn er von ihr hörte, geschah es höchstens durch mich. Ich lernte ihn in Dresden kennen und traf ihn später in der Schweiz wieder, wo ich mit ihm Freundschaft schloß. Er blieb mein einziger, stets aufrichtiger Freund. Wir waren bis zum Jahre 1848 eng verbunden, ich lebte sogar zuweilen auf seine Kosten. Als ich gezwungen wurde, der Schweiz den Rücken zu kehren, wollte er mich nicht allein lassen und begleitete mich nach Belgien.

In Brüssel lernte ich Lelevel[22] kennen. Hier beschäftigte ich mich zum ersten Male mit dem Problem Rußland und Polen; ich war damals bereits überzeugter Demokrat, aber erst jetzt betrachtete ich auch diese Länder vom demokratischen Standpunkt, wenn auch noch sehr verschwommen; das Nationalgefühl, das in mir durch die Berührung mit der polnischen Nationalität aus langem Schlummer wieder erwacht war, geriet in

Widerspruch zu meinen demokratischen Ansichten und Thesen.
Lelevel traf ich häufig und holte mir bei ihm Aufschlüsse über die polnische Revolution, über ihre Absichten und Pläne im Falle des Sieges, über ihre Hoffnungen für die Zukunft. Wiederholt geriet ich in Streit mit ihm, vor allem über Kleinrußland und Weißrußland, die seiner Auffassung nach zu Polen gehören sollten, während ich der Ansicht war, daß vor allem Kleinrußland Polen als ehemaligen Unterdrücker hassen müsse. Übrigens kannte und sah ich von allen damals in Brüssel anwesenden Polen nur Lelevel, auch meine Beziehungen zu ihm überschritten nie den Rahmen einer einfachen Bekanntschaft. Richtig ist allerdings, daß ich das Manifest an die Russen, das seine Ausweisung aus Paris veranlaßt hatte, ins Russische übersetzt habe. Aber auch diese Tätigkeit hatte keine Folgen: die Übersetzung blieb ungedruckt unter meinen Papieren im Tisch liegen.
Nach einigen in Brüssel verbrachten Monaten reiste ich mit Reichel nach Paris, der Stadt, von der ich jetzt, wie einst von Berlin und dann von der Schweiz, Rettung und Erleuchtung erhoffte.
Es war im Juli 1844.
Paris wirkte zuerst wie ein Strahl kalten Wassers auf mich. Nirgends habe ich mich so vereinsamt, fremd und desorientiert gefühlt – verzeihen SIE, HERRSCHER, diesen letzten Ausdruck – als in Paris. Mein Umgang bestand in der ersten Zeit nur aus deutschen Demokraten[23], die entweder verbannt oder freiwillig nach Paris gekommen waren, um eine demokratische französisch-deutsche Zeitschrift zu gründen mit dem Ziel, die geistigen und politischen Interessen der beiden Völker in Einklang und Zusammenhang zu bringen.

Aber da deutsche Literaten untereinander ohne Streit, Gezänk und Klatsch nicht leben können, so fiel das ganze, mit großem Lärm begonnene Unternehmen ins Wasser, es blieb bei einem unglücklichen, erbärmlichen Wochenblatt, dem »Vorwärts«, der auch nicht lange lebte und bald in seinem eigenen Schmutze verkam. Auch die Deutschen selbst wurden zu meiner großen Erleichterung aus Paris ausgewiesen.
In dieser Zeit, d.h. Ende Herbst 1844, hörte ich zum ersten Male von dem Urteil, das mich und Iwan Golowin des Adelsranges beraubte und zu Zwangsarbeit verurteilte[24]. Ich hörte es nicht offiziell, sondern durch einen Bekannten, ich glaube, Golowin selbst schrieb über diesen Vorfall auch einen Artikel in der »Gazette des tribunaux«, in dem er ausführte, daß in unserer Person die angeblichen Rechte der russischen Aristokratie beschimpft und mit Füßen getreten worden seien. Als Entgegnung und Widerlegung schrieb ich in der demokratischen Zeitschrift »Réforme«[25] einen anderen Artikel in der Form eines Briefes an den Redakteur. Dieser Brief – zum ersten Male äußerte ich mich im Druck über Rußland – war mein zweites positives Verbrechen. Er erschien gegen Ende 1844 in der genannten Zeitschrift und befindet sich zweifellos unter den Anklageakten in den Händen der Regierung.
Seit meiner Abreise aus Brüssel hatte ich keinen einzigen Polen mehr gesehen. Mein Artikel in der »Réforme« wurde der Anlaß zu einigen neuen polnischen Bekanntschaften. Zunächst lud mich Fürst Adam Czartoryski durch einen seiner Anhänger ein. Ich war einmal bei ihm und habe ihn später nie wiedergesehen. Darauf erhielt ich aus London ein komplimentenreiches Begrüßungsschreiben von polnischen Demokraten, die mich zu der Trauerfeier einluden, die sie alljährlich zum

Andenken Rylejews, Pestels und der andern Dekabristen veranstalteten. Ich antwortete mit gleichen Komplimenten, dankte für ihre brüderliche Sympathie und fuhr nicht nach London, da ich mir über mein Verhältnis als Demokrat, aber immerhin als Russe, zur polnischen Emigration, ja zum westlichen Publikum überhaupt, noch nicht im klaren war. Ich fürchtete mich noch vor den lauten, leeren und fruchtlosen Phrasen, die ich nie sehr geliebt habe. So endeten diesmal meine Beziehungen zu den Polen, und bis zum Frühjahr 1846 sah ich keinen einzigen außer Alois Biernatzki[26] – der in der polnischen Revolution den Posten eines Finanzministers bekleidet hatte –, einen gütigen, ehrenwerten Greis, den ich bei Nikolai Iwanowitsch Turgenjew[27] kennengelernt hatte und der abseits von allen politischen Emigrantenparteien ausschließlich seiner polnischen Schule lebte. Ebenso sah ich hin und wieder Mickewicz[28], in dem ich den großen slawischen Dichter verehrte, den ich aber in seiner jetzigen Gestalt als halb betrogenen, halb betrügerischen Apostel und Propheten einer neuen albernen Religion und eines neuen Messias bedauerte. Mickewicz bemühte sich, mich zu bekehren, da es seiner Meinung nach genug war, wenn ein Pole, ein Russe, ein Tscheche, ein Franzose und ein Jude einwilligten, gemeinschaftlich im Geiste Tewjanskis[29] zu leben und zu handeln, um die Welt umzuwälzen und zu retten. Polen hatte er genug geworben, auch Tschechen standen zur Verfügung, ebenso Juden und Franzosen, nur ein Russe fehlte. Er wollte mich anwerben, aber ich konnte mich nicht entschließen.
Unter den Franzosen besaß ich folgende Bekannte. Von der Konstitutionellen Partei: Chambolle[30], Redakteur des »Siècle«, Merruceau[31], Chefredakteur[32] vom

»Constitutionnel«, Emile Girardin[33], Redakteur der »Presse«, Durieux[34], Redakteur des »Courier Français«, Léon Faucher[35], Frédéric Bastiat[36] und Wolowski[37] usw. Von der Partei der politischen Republikaner: Béranger[38], Lamennais[39], François[40], Etienne[41] und Emanuel Arago[42], Marrast[43] und Bastide[44], Redakteur des »National«; von der Demokratischen Partei: der verstorbene Cavaignac[45], der Bruder des Generals, Flocon[46] und Louis Blanc[47], Redakteure der »Réforme«, Victor Considérant[48], Fourierist und Redakteur der »Démocratie Pacifique«, Pascal Dupart[49], Redakteur der »Revue Indépendante«, Félix Pyat[50], Victor Schölcher[51], Michelet[52] und Quinet[53], Proudhon[54], Utopist, ungeachtet dessen zweifellos einer der bedeutendsten zeitgenössischen Franzosen, schließlich George Sand[55] und noch einige weniger bekannte Persönlichkeiten. – Die einen sah ich seltener, die anderen häufiger, ohne mit einem einzigen Menschen engere Beziehungen unterhalten zu haben. Gleich zu Beginn meines Aufenthaltes in Paris besuchte ich einige Male die französischen »Ouvriers«: die Gesellschaft der Sozialisten und Kommunisten, ohne übrigens einen anderen Beweggrund oder Zweck als den der Neugier. Ich stellte jedoch bald meine Besuche ein, erstens, um nicht die Aufmerksamkeit der französischen Regierung auf mich zu lenken und mir nicht unnötige Verfolgungen zuzuziehen, vor allem aber sah ich in diesen Besuchen nicht den geringsten Gewinn. – Am häufigsten war ich – von Reichel abgesehen, mit dem ich unverändert zusammenlebte – bei meinem alten Freunde Herwegh, der gleichfalls nach Paris übersiedelt war und damals fast ausschließlich Naturwissenschaft studierte. Dazu kam noch Nikolai Iwanowitsch Turgenjew, der ganz seiner Familie lebte, abseits von jeder politischen Bewegung, ja man kann sagen von der ganzen Gesellschaft, und der, wenigstens soweit ich es beobachten konnte, nichts sehnlicher wünschte als Verzeihung und die Erlaubnis zur Rückkehr nach Rußland, um seine letzten Jahre in der Heimat zu verleben, deren er mit Liebe und nicht selten mit Tränen gedenkt. Bei ihm sah ich hin und wieder den Italiener Graf Mammiani[56], der später in Rom päpstlicher Minister wurde, endlich den neapolitanischen General Pépé[57].

Anm. Nik. I.: NB. Ebenso traf ich auch in und wieder russische Besucher[58] in Paris, aber ich bitte SIE, HERRSCHER, *fordern* SIE *von mir keine Namen.* Ich versichere SIE – erinnern SIE sich, HERRSCHER, ich habe zu Beginn meines Briefes geschworen, daß keine Lüge, auch nicht der tausendste Teil einer Lüge die Reinheit meiner Herzensbeichte beflecken wird – ebenso schwöre ich IHNEN jetzt, daß ich mit keinem einzigen Russen, weder damals noch später in irgendwelchen politischen Beziehungen gestanden habe. Die russischen Besucher und ich lebten in ganz verschiedenen Sphären: sie waren wohlhabend, sorgenlos, gaben einander Feste, Frühstücks und Soupers, zechten und schwärmten und gingen auf die Bals avec grisettes et lorettes – eine Lebensweise, zu der ich weder viel Lust, noch weniger die Mittel besaß. Ich lebte in Armut und in einem ständigen Kampfe mit den äußeren Umständen, wie mit meinem eigenen inneren, nie gestillten Verlangen nach Leben und Tätigkeit und teilte weder die Vergnügungen der anderen noch ihre *Anm. Nik. I.: NB.* Plagen und Interessen. *Ich sage nicht, daß ich nie versucht hätte – namentlich seit dem Jahre 1846 –, manche von ihnen zu meinen Gedanken zu bekehren und zu dem, was ich als ein gutes Werk pries. Aber ich hatte kein einziges Mal Erfolg: man hörte mich lächelnd an und nannte mich einen Sonderling, so daß ich nach einigen vergeblichen Versuchen gänzlich auf ihre Bekehrung verzichtete. Die ganze Schuld einzelner bestand darin, daß sie mich hin und wieder, als sie meine Not sahen, unterstützten, aber auch das geschah sehr selten.*

Ich lebte meist zu Hause und beschäftigte mich entweder mit Übersetzungen aus dem Deutschen, um meinen Unterhalt zu bestreiten, oder studierte Geschichte, Statistik, politische Ökonomie, sozialökonomische Systeme, theoretische Politik, aber auch Mathematik und Naturwissenschaften. Hier muß ich zu meiner eigenen Ehre bemerken: Pariser wie deutsche Bücherhändler versuchten mich oft zu überreden über Rußland zu schreiben, und schlugen mir recht günstige Bedingungen vor, aber ich weigerte mich stets, Rußland zum Gegenstand eines literarischen Geschäftes zu machen. Ich habe niemals für Geld über Rußland geschrieben und nie anders qu'á mon corps défendant, d.h. ungern, fast gegen meinen Willen und stets unter meinem eigenen Namen. Außer dem obenerwähnten Artikel in der »Réforme«, einem zweiten Artikel im »Constitutionnel«[59] und jener unseligen Rede, die meine Ausweisung aus Paris veranlaßte, habe ich über Rußland kein Wort in Druck gegeben. Ich spreche hier nicht von der Zeit nach dem Februar 1848, wo ich bereits eine bestimmte politische Tätigkeit entfaltete. Übrigens beschränken sich meine Publikationen auch hier auf zwei Aufrufe und einige Zeitungsartikel.

Das Leben in Paris, HERRSCHER, fiel mir schwer, sehr schwer. Nicht so sehr der Armut wegen, die ich mit einem gewissen Gleichmut trug; aber als ich endlich aus dem Taumel und den phantastischen Hoffnungen des Jünglings erwachte, sah ich mich plötzlich auf einem fremden Ufer: umgeben von Herzenskälte, ohne Verwandte, ohne Familie, ohne Wirkungskreis, untätig und ohne jede Hoffnung auf eine bessere Zukunft. Von der Heimat war ich abgeschnitten, durch meinen Leichtsinn hatte ich mir jede Rückkehr versperrt, und obendrein verstand ich mich weder mit den Deutschen noch mit den Franzosen. Im Gegenteil, je länger ich im Auslande lebte, desto stärker fühlte ich mich als Russe, nie würde ich aufhören, Russe zu sein. Zum Leben in Rußland aber konnte ich nur auf revolutionärem, verbrecherischem Wege zurückkehren, zu dem ich damals noch kein großes Vertrauen hatte, ja, an den ich, um die Wahrheit zu sagen, nur kraft einer krankhaft gesteigerten übermenschlichen Anstrengung glaubte; gewaltsam versuchte ich meine innere Stimme zu betäuben, die mir unaufhörlich zuflüsterte, meine Hoffnungen und Unternehmungen wären albern. Mir war manchmal so schwer zumute, daß ich mehr als einmal abends auf der Brücke, über die mein Heimweg führte, stehenblieb und mich fragte, ob ich nicht besser täte, mich in die Seine zu stürzen und in ihr meine freudlose, nutzlose Existenz zu enden.

Und dann lastete damals auf der ganzen Welt eine schwere Lethargie. Nach der kurzen Erregung, die in Deutschland die Thronbesteigung des jetzt regierenden preußischen Königs hervorgerufen hatte, und nach der flüchtigen Bewegung in ganz Europa während des kurzlebigen Ministeriums Thiers, wenige Monate später, schien die Welt einzuschlafen und schlief so fest, daß niemand, auch die radikalsten Demokraten nicht, an ein baldiges Wiedererwachen glaubte. Damals sah noch niemand voraus, daß diese Stille die Ruhe vor dem Sturme war. Auch die Franzosen verschoben alle ihre Hoffnungen auf die Todesstunde Louis-Philippes. Zwar äußerte Marrast schon gegen Ende 1844 einmal mir gegenüber: »Die Revolution ist unvermeidlich, aber man kann nicht voraussagen, wann und wie sich die französische Revolution entladen wird; Frankreich gleicht einem Dampfkessel, der jeden Augenblick explodieren kann, niemand vermag jedoch den Augenblick der Explosion vorauszusehen.« Aber auch Marrast und seine Freunde, wie die Demokraten überhaupt, ließen noch den Kopf hängen und waren sehr gedrückt. Die konservative Partei triumphierte und versprach sich ein Leben ohne Ende. Das Publikum interessierte sich nur aus Langeweile für das skandalöse Wahlrecht, die Jesuitenaffären und die Freihandelsbewegung in England.

Gegen Mitte des Jahres 1845 zeigten sich für den, der die deutsche Bewegung verfolgte, die ersten schwachen Wellen auf dem politischen Ozean: in Deutschland tauchten zwei neue religiöse Sekten auf: die Lichtfreunde und die Deutsch-Katholiken. In Frankreich lachten manche über sie, während andere, und ich glaube mit Recht, in ihnen Zeichen der Zeit sahen, die den Sturm verkündeten. Die an und für sich bedeutungslosen Sekten wurden dadurch wichtig, daß sie die gegenwärtigen Begriffe und Forderungen in die religiöse, d.h. in die Sprache des Volkes übersetzten. Auf die gebildeten Klassen konnten sie keinen großen Einfluß ausüben, dafür wirkten sie auf die Phantasie der Massen, die stets mehr zum religiösen Fanatismus neigen. Zudem war der Deutsch-Katholizismus mit einem rein politischen Ziele von der demokratischen Partei in Preußisch-Schlesien erfunden und in die Welt gesetzt worden; er war aktiver als seine protestantische Schwester, die ihrerseits ehrlicher war. Unter seinen Aposteln und Propheten gab es viele schmutzige Scharlatane, aber auch viele begabte Menschen, und man kann sagen, daß der Deutsch-Katholizismus in der Form des angeblich von der urchristlichen Kirche

übernommenen Gemeinschaftsmahles offen den Kommunismus predigte.
Aber das Interesse, das durch das Auftauchen dieser Sekten erwacht war, verflog bei der Kunde, der König Friedrich Wilhelm IV. habe seinem Staate eine Verfassung verliehen. Deutschland geriet wieder in Bewegung, auch Frankreich erhob sich gleichsam aus seinem schweren Schlafe. Darauf folgten rasch aufeinander und wie Donnerschläge zunächst die polnische Bewegung, dann die Schweizer und italienischen Ereignisse und schließlich die Revolution 1848. Ich verweile beim polnischen Aufstand, da er auch eine Episode in meinem eigenen Leben darstellt.
Bis zum Jahre 1846 stand ich allen politischen Unternehmungen fern. Die polnischen Demokraten kannte ich nicht; die deutschen haben damals anscheinend nicht das geringste unternommen; die französischen, mit denen ich bekannt war, ließen mir gegenüber nichts verlauten. Da sie mit den polnischen Demokraten seit jüngster Zeit in enger Verbindung standen, waren sie zweifellos über Vorbereitungen eines polnischen Aufstandes unterrichtet. Aber die Franzosen können ein Geheimnis bewahren, und da sich meine Beziehungen zu ihnen auf eine rein äußerliche Bekanntschaft beschränkten, erfuhr ich von ihnen nichts. So kam es, daß die Versuche in Posen und im Königreich Polen, der Krakauer Aufstand und die Ereignisse in Galizien mich mindestens ebenso überraschten wie alle Welt. Der Eindruck, den sie in Paris hervorriefen, war unglaublich: zwei, drei Tage lang lebte die Bevölkerung auf der Straße. Unbekannte sprachen mit Unbekannten, alle verlangten nach Neuigkeiten und warteten mit fiebernder Ungeduld auf Nachrichten aus Polen. Dies plötzliche Erwachen, die Wellen dieser allgemeinen Bewe-

gung der Leidenschaften und Gemüter ergriffen auch mich. Ich erwachte gleichsam selbst und beschloß, mich um jeden Preis meiner Untätigkeit zu entreißen und aktiven Anteil an den Ereignissen zu nehmen.

Deshalb mußte ich die Aufmerksamkeit der Polen, die mich schon vergessen hatten, von neuem auf mich lenken, und so schrieb ich einen Artikel über Polen und die weißrussischen Uniierten, von denen damals in allen westeuropäischen Zeitungen die Rede war. Der Artikel erschien zu Beginn des Frühjahrs 1846 im »Constitutionnel«[60] und befindet sich zweifellos in den Händen der Regierung. Als ich ihn Merruceau übergab, sagte er mir: »Mag die Welt an allen vier Ecken aufflammen, wenn wir nur aus dieser unerträglichen Situation herauskommen.« – Ich erinnerte ihn im Februar 1848 an diese Worte, die er aber schon damals bereute. Wie alle übrigen Liberalen von der dynastischen Opposition erschrak er vor der furchtbaren und zugleich ungewöhnlichen Revolution, die sie selber heraufbeschworen hatten.

Bis zum Jahre 1846 sündigte ich nicht mit Vorsatz, sondern eher leichtsinnig, ich war doch noch so jung. An Jahren bereits ein Mann, blieb ich noch lange ein unerfahrener Jüngling. Seit dieser Zeit aber begann ich mit Bewußtsein zu sündigen, absichtlich und mit einem mehr oder minder bestimmten Ziel. HERRSCHER, ich werde mich nicht bemühen, meine unentschuldbaren Verbrechen zu entschuldigen, ich werde IHNEN auch nicht von meiner späten Reue sprechen: *Reue in meiner Situation ist so nutzlos wie die Reue des Sünders nach dem Tode* – ich werde einfach die Tatsachen berichten, ohne etwas zu verheimlichen oder zu verkleinern.

Anm. Nik. I.: Unrichtig, die Reue eines jeden Sünders kann Rettung bringen, aber nur wenn sie aus reinem Herzen kommt.

Bald nach Erscheinen des obenerwähnten Artikels verzog ich nach Versailles, und zwar aus eigenem Antrieb –

ohne von jemandem aufgefordert zu sein –, um die dort anwesenden Mitglieder der Zentrale der Polnischen Demokratischen Gesellschaft kennenzulernen, mich ihnen, wenn möglich, zu nähern und sie zu einer gemeinsamen Sache zu bereden. Ich wollte ihnen eine Gesamtaktion in allen slawischen Randprovinzen vorschlagen, im Königreich Polen, in Litauen und Podolien, da ich annahm, sie verfügten in diesen Provinzen ausreichend über Verbindungen, um eine aktive und erfolgreiche Propaganda entfalten zu können. Das Ziel sollte die russische Revolution und die republikanische Föderation sämtlicher slawischer Länder sein, die Schaffung einer einigen und unteilbaren slawischen Republik, föderativ nur in administrativer, zentralistisch in politischer Hinsicht.

Mein Versuch blieb erfolglos. Ich traf die polnischen Demokraten einige Male, aber ich konnte mich mit ihnen nicht einigen: erstens waren wir uns nicht einig in unseren nationalen Begriffen und Empfindungen; sie schienen mir eng, beschränkt, exklusiv, sahen nichts außer Polen und begriffen den Umschwung nicht, der in Polen selbst seit seiner völligen Unterwerfung vor sich gegangen war; – zum Teil aber auch wohl, weil sie mir nicht recht trauten und sich wahrscheinlich auch keinen großen Gewinn von meiner Mitwirkung versprachen. So kam es, daß wir uns nach einigen vergeblichen Besprechungen in Versailles überhaupt nicht mehr sahen, und mein seiner Absicht nach verbrecherisches Tun hatte in diesem Falle keine verbrecherischen Folgen.

Die Zeit von Ende Sommer 1846 bis zum November 1847 verbrachte ich wieder in völliger Untätigkeit, arbeitete wie früher wissenschaftlich, verfolgte mit fiebernder Aufmerksamkeit die wachsende Bewegung in Europa und brannte vor Ungeduld, an ihr teilzunehmen, aber ich unternahm noch nichts Positives. Die polnischen Demokraten sah ich nicht mehr, jedoch traf ich zahlreiche junge Polen, die 1846 geflüchtet waren und sich fast alle dem Mystizismus Mickewicz' ergeben hatten. Im November war ich krank und saß mit rasiertem Schädel zu Hause, als zwei dieser jungen Leute zu mir kamen und mir vorschlugen, auf der Feier zur Erinnerung der Revolution im Jahre 1831, die alljährlich von Franzosen und Polen veranstaltet wird, eine Rede zu halten. Ich griff diesen Gedanken mit Freuden auf, bestellte mir eine Perücke, arbeitete die Rede binnen drei Tagen aus und hielt sie am 29. November 1847 vor einer zahlreichen Versammlung[61]. – HERRSCHER, SIE werden vielleicht diese unselige Rede kennen, die den Auftakt meiner unglücklichen und verbrecherischen Abenteuer bildet. Ihretwegen wurde ich auf Verlangen der russischen Botschaft aus Paris ausgewiesen und siedelte nach Brüssel über. *Anm. Nik. I.: NB.*

Dort empfing mich Lelevel mit einer neuen Feier, auf der ich eine zweite Rede hielt, die ich auch hätte drucken lassen, wenn nicht die Februarrevolution dazwischengekommen wäre. In dieser Rede, die eine Art Erweiterung und Fortsetzung der ersten darstellte, sprach ich viel über Rußland, seine Entwicklung und den alten Gegensatz zwischen Rußland und Polen. Weiter sprach ich von der großen Zukunft der Slawen, die berufen wären, die verfaulende westliche Welt zu erneuern. Dann gab ich einen Überblick über die Lage in Europa und prophezeite die nahe europäische Revolution als einen furchtbaren Sturm, der vor allem den unabwendbaren Zusammenbruch Österreichs besiegeln werde, und schloß mit den Worten: »préparons nous, et quand l'heure aura sonné que chacun de nous fasse son devoir«. Übrigens bin ich auch damals, abgesehen von gegenseitigen Komplimenten und mehr oder weniger sympathisierenden Phrasen, trotz meines lebhaften Verlangens den Polen nicht nähergekommen. Ich vermochte mit keinem von ihnen vertraut zu werden. Unsere Naturen, Auffassungen und Sympathien widersprachen einander zu sehr, als daß ein wirklicher Zusammenschluß zwischen uns möglich gewesen wäre. Dazu kam, daß die Polen mich gerade damals mit dem größten Mißtrauen zu betrachten begannen: zu meiner Verwunderung und nicht geringen Kränkung verbreitete sich nämlich zum ersten Male das Gerücht, ich wäre ein geheimer Agent der russischen Regierung. Polen haben mir später erzählt, die Russische Gesandtschaft in Paris habe auf die Frage des Ministers Guizot über mich geantwortet: »C'est un homme qui ne manque pas de talent, nous l'employons, mais aujourd'hui il est allé trop loin«, und Guizot habe davon dem Fürsten Czartoryski[62] Mitteilung gemacht. Ich hörte auch, der Minister Duchâtel habe an die belgische Regierung geschrieben, ich sei kein politischer Emigrant, sondern einfach ein Dieb, der in Rußland eine große Summe gestohlen habe, geflohen und wegen Diebstahls und Flucht zu Zwangsarbeit verurteilt wäre. – Alle diese Gerüchte in Verbindung mit den oben angeführten Ursachen machten jede Gemeinschaft zwischen Polen und mir unmöglich.

In Brüssel wurde ich in die Gesellschaft der Vereinigten Deutschen und Belgischen Kommunisten und Radikalen eingeführt, die auch mit den englischen Chartisten und den französischen Demokraten in Beziehung stand. Die Gesellschaft war übrigens nicht geheim, ihre Sitzungen fanden öffentlich statt. Wahrscheinlich kam es außerdem auch zu geheimen Zusammenkünften, an denen ich jedoch nicht teilnahm. Auch die öffentlichen Sitzungen besuchte ich nur zweimal und hörte dann auf hinzugehen, da mir Ton und Manieren nicht gefielen. Ihr anspruchsvolles Auftreten war mir unerträglich, so daß ich mir sogar ihre Unzufriedenheit[63], man kann sagen, den Haß der deutschen Kommunisten zuzog, die nun am lautesten über meine angebliche Verräterei zu schreien begannen. – Ich lebte eigentlich mehr in einem aristokratischen Kreise. Ich lernte den General Scrznecki[64] kennen und durch ihn den ehemaligen Minister Graf Mérodé[65] und den französischen Grafen Montalembert[66], seinen Schwiegersohn; d.h. ich lebte im Zentrum der jesuitischen Propaganda. Man versuchte, mich zum katholischen Glauben zu bekehren, und da für meine Seelenrettung gemeinsam mit den Jesuiten auch Damen tätig waren, fühlte ich mich in ihrer Gesellschaft sehr wohl. Ich schrieb damals für den »Constitutionnel« Artikel über Belgien und die belgischen Jesuiten, ohne jedoch den beschleunigten Gang der politischen Ereignisse in Italien und Frankreich außer acht zu lassen.

Endlich brach die Februarrevolution aus[67]. Kaum hatte ich von den Vorgängen in Paris etwas erfahren, als ich mir für jeden Fall den Paß eines Bekannten lieh und nach Frankreich zurückkehrte. Der Paß war jedoch überflüssig, denn das erste Wort, das uns an der Grenze begrüßte, war: »la République est proclamée à Paris«. Mich überlief ein Schauer, als ich diese Nachricht hörte. Ich kam zu Fuß nach Valenciennes, da die Bahnverbindung unterbrochen war. Überall standen Menschen beisammen. Begeisterte Rufe, rote Fahnen auf allen Straßen und Plätzen und auf allen öffentlichen Gebäuden. Ich mußte noch einen Umweg machen, da die

Bahnverbindung an vielen Stellen unterbrochen war; am 26. Februar gelangte ich endlich nach Paris, am dritten Tag nach der Proklamierung der Republik. Auf der Reise war mir froh zumute.

Aber wie soll ich IHNEN, HERRSCHER, den Eindruck schildern, den Paris auf mich machte! Die ungeheure Stadt, das Zentrum der europäischen Aufklärung, war mit einem Male zum wilden Kaukasus geworden: an jeder Straße, beinahe überall, waren Barrikaden berghoch aufgetürmt und reichten bis zu den Dächern hinauf, und zwischen ihren Steinen und dem zerbrochenen Hausgerät bewegten sich Arbeiter in ihren malerischen Blusen, vom Pulverdampf geschwärzt und von Kopf bis zu Fuß bewaffnet. – Das Bild erinnerte an die Lesginkakämpfer in ihren Schluchten. Keine Equipage auf den Straßen und Boulevards; aus den Fenstern blickten angstvoll dicke Epiciers mit vor Schreck dummgewordenen Gesichtern; verschwunden waren alle die jungen und alten Gecken, alle die verhaßten Salonlöwen mit ihren Stöckchen und Lorgnetten, und an ihre Stelle waren meine edelmütigen Ouvriers getreten, die sich triumphierend, in lärmenden Gruppen, unter den roten Fahnen, mit Gesang an ihrem Siege berauschten! Und in dieser grenzenlosen Hingerissenheit, bei dieser unsinnigen Trunkenheit waren alle harmlos, mitleidig, menschlich, ehrlich, bescheiden, achtungsvoll, liebenswürdig, witzig, eine Erscheinung, die nur in Frankreich, ja auch in Frankreich einzig nur in Paris möglich ist!

Anm. Nik. I.: NB.

Ich lebte dann über eine Woche zusammen mit Arbeitern in einer Kaserne, zwei Schritt vom Luxembourg-Palais. Hier war früher die Kaserne der Munizipalgarde gewesen, jetzt aber war sie mit vielen anderen zur purpurroten republikanischen Festung geworden, zur

Kaserne der Garde Caussidières. Ich lebte dort auf eine Einladung eines bekannten Demokraten hin, der eine Abteilung von 500 Arbeitern kommandierte. Auf diese Weise hatte ich Gelegenheit, die Arbeiter von morgens bis abends zu sehen und zu studieren. – HERRSCHER, ich versichere SIE, bei keiner Klasse, niemals und nirgends, habe ich so viel edelmütige Selbstaufopferung gefunden, so viel wirklich rührende Ehrlichkeit, so viel Herzenszartheit im Verkehr und so viel liebenswürdigen Frohmut gepaart mit so viel Heroismus, als bei diesen einfachen ungebildeten Menschen, die stets tausendmal besser waren und sein werden als alle ihre Führer! Besonders überraschend an ihnen war der tiefe Instinkt für Disziplin. In ihren Kasernen gab es weder ein Reglement noch Gesetze, noch Zwang, aber gebe Gott, daß ein ausgemusterter Soldat so viel Gehorsam, eine solche Einfühlungsgabe in die Wünsche seiner Vorgesetzten und einen solchen Ordnungssinn mitbrächte wie diese freien Menschen. Sie forderten Befehle, forderten Vorgesetzte und fügten sich mit Pedanterie und Begeisterung, sie hungerten bei ihrem schweren Dienst tagelang, waren nie mißgestimmt, sondern stets heiter und liebenswürdig. – Ein der französischen Arbeiter überhaupt würdiger Führer, der sie verstanden und geliebt hätte, würde mit ihnen Wunder verrichtet haben.

HERRSCHER, ich bin außerstande, IHNEN einen genauen Bericht über den Monat abzulegen, den ich in Paris verbrachte, weil ich die ganze Zeit über in einem geistigen Rauschzustande gelebt habe. Nicht nur ich allein, alle waren trunken: die einen vor sinnloser Angst, die anderen vor sinnloser Freude, vor sinnlosen Hoffnungen. Ich stand frühmorgens um fünf Uhr auf, wenn ich mich um zwei Uhr niedergelegt hatte. Ich war den ganzen

Tag auf den Beinen und nahm wohl an sämtlichen Versammlungen, Zusammenkünften, Klubsitzungen, Vergnügungen und Demonstrationen teil; um es kurz zu sagen, ich sog mit allen meinen Sinnen, mit allen Poren die berauschende Atmosphäre der Revolution ein. Es war ein Fest ohne Anfang und Ende; ich sah alle und niemanden, weil sich alles in der zahllosen feiernden Menge verlor; ich sprach mit allen und entsinne mich nicht mehr, was ich, was man mir sagte, denn bei jedem Schritt drangen neue Eindrücke, neue Abenteuer, neue Nachrichten auf einen ein. Unaufhörlich kamen Nachrichten aus dem übrigen Europa, die nicht wenig dazu beitrugen, den allgemeinen Taumel zu erhalten und zu bestärken: »On se bat à Berlin; le roi a pris la fuite, après avoir prononcé un discours! – On s'est battu à Vienne, Metternich s'est enfui, la République y est proclamée! Toute l'Allemagne se soulève. Les Italiens ont triomphé à Milan, à Venise; les Autrichiens ont subi une honteuse défaite! – La République y est proclamée; toute l'Europe devient République. Vive la République!«
Es schien, als vollziehe sich eine Umwälzung in der ganzen Welt. Das Unwahrscheinliche wurde gewöhnlich; das Unmögliche möglich; das Mögliche und Gewöhnliche aber war sinnlos geworden. Mit einem Wort: die Gemüter befanden sich in einem Zustande, so daß, wenn jemand gesagt hätte: »Le bon Dieu vient d'être chassé du ciel, la république y est proclamée!«, würden alle es geglaubt haben, und niemand wäre erstaunt gewesen. Aber nicht nur die Demokraten lebten in dieser Trunkenheit; im Gegenteil, die Demokraten wurden zuerst wieder nüchtern, da sie ans Werk gehen und ihre Macht, die ihnen wie durch ein unerwartetes Wunder in den Schoß gefallen war, befestigen mußten. Die Konservative Partei und die dynastische Opposition,

die über Nacht konservativer als die Konservativen geworden war, d.h. Leute vom alten Schlage, sie alle glaubten noch mehr als sämtliche Demokraten an alle möglichen Wunder und Unwahrscheinlichkeiten. Sie glaubten schon nicht mehr, daß zwei mal zwei vier gäbe, und selbst Thiers erklärte: »Il ne nous reste plus qu'une chose, c'est de nous faire oublier.« Einzig so erklärt sich die Schnelligkeit und Einmütigkeit, mit der alle Provinzstädte und alle Klassen in Frankreich die Republik anerkannten.

Aber es ist wohl an der Zeit, daß ich zu meiner eigenen Geschichte zurückkehre. Als diese Trunkenheit zwei oder drei Wochen gedauert hatte, war ich wenigstens so nüchtern geworden, daß ich mich fragte: Was soll ich nun tun? Meiner harrte weder in Paris noch in Frankreich eine Aufgabe, mein Platz war an der russischen Grenze. Dorthin strebte jetzt auch die polnische Emigration, um den Krieg gegen Rußland vorzubereiten! Dort mußte auch ich jetzt sein, um auf die Russen und Polen zu gleicher Zeit einzuwirken, damit der Krieg, den man vorbereitete, nicht zu einem Kriege Europas gegen Rußland würde: »pour refouler ce peuple barbare dans les deserts de l'Asie«, wie man sich hin und wieder ausdrückte. Dann aber durfte es nicht zu einem Krieg der germanisierten Polen gegen das russische Volk kommen, sondern zu einem slawischen Krieg, dem Krieg der vereinigten freien Slawen gegen den Russischen Kaiser[68].

HERRSCHER! Ich verliere kein Wort über das Verbrecherische und die Donquichotterie meines Unterfangens; ich verweile hier nur, um meine damalige Situation, meine Mittel und Verbindungen klarer darzustellen. Ich halte es für notwendig, mich über diese Punkte eingehend auszulassen, da ich weiß, daß meine

Abreise aus Paris Gegenstand zahlreicher falscher Beschuldigungen und Verdächtigungen wurde.
Erstens weiß ich, daß mich viele als Agenten Ledru-Rollins[69] bezeichnet haben. HERRSCHER! In dieser Beichte habe ich vor IHNEN nichts, keine einzige Sünde, kein einziges Verbrechen verheimlicht; ich habe IHNEN meine ganze Seele enthüllt; SIE haben meine Verirrungen gesehen, SIE haben gesehen, wie ich von Tollheit zu Tollheit fiel, von der Verirrung zur Sünde, von der Sünde zum Vergehen, vom Vergehen zum Verbrechen. Aber, HERRSCHER, schenken SIE mir Glauben, wenn ich IHNEN sage, bei all meiner Tollheit, bei dem Verbrecherischen meiner Absichten und Unternehmungen, hatte ich mir doch zuviel Stolz, Selbständigkeit, Gefühl für Würde und endlich Liebe zur Heimat bewahrt, als daß ich eingewilligt hätte, zum verächtlichen Agenten gegen sie zu werden, zum blinden und schmutzigen Werkzeug irgendeiner Partei oder eines Menschen! Ich habe in meinen Aussagen schon wiederholt ausgeführt, daß ich Ledru-Rollin nur ganz flüchtig gekannt habe, daß ich ihn in meinem Leben nur ein einziges Mal gesehen und mit ihm vielleicht ein Dutzend unbedeutender Worte gewechselt habe. Ich wiederhole dieses Bekenntnis nochmals, weil es die Wahrheit ist. Viel enger war meine Bekanntschaft mit Louis Blanc und Flocon; Albert[70] lernte ich erst nach meiner Rückkehr aus Belgien kennen. Im Laufe des Monats, den ich in Paris verbrachte, speiste ich dreimal bei Louis Blanc und war einmal in Flocons Wohnung; ebenso aß ich mehrere Male bei Caussidière[71], dem revolutionären Polizeipräfekten, bei dem ich einige Male Albert traf. Andere Mitglieder der Provisorischen Regierung habe ich in dieser Zeit nicht gesehen. Nur ein einziger Umstand konnte zum Anlaß der oben-

erwähnten Beschuldigung werden, von dem jedoch meine Ankläger anscheinend keine Kenntnis besaßen: Als ich mich entschloß, an die russische Grenze zu fahren, und kein Geld zu dieser Reise hatte, versuchte ich lange, es bei Freunden oder Bekannten aufzutreiben, aber vergeblich. Ich gab meinem Herzen einen Stoß und entschloß mich, meine Zuflucht zu den demokratischen Mitgliedern der Provisorischen Regierung zu nehmen. Ich schickte also folgendes kurze Billett in vier Exemplaren an Flocon, Louis Blanc, Albert und Ledru-Rollin: »Von der gestürzten Regierung aus Frankreich ausgewiesen, bin ich nach der Februarrevolution zurückgekehrt und beabsichtige jetzt, an die russische Grenze, in das Großherzogtum Posen, zu fahren, um dort gemeinsam mit den polnischen Patrioten zu arbeiten. Ich benötige Geld und bitte die demokratischen Mitglieder der Provisorischen Regierung, mir 2000 Franken zu geben, *nicht als geschenkte Unterstützung, auf die ich keinen Anspruch habe und nach der ich nicht Verlangen hege, sondern als Darlehen.* Ich verspreche, die Summe so bald als möglich zurückzuzahlen.« Flocon rief mich nach Empfang dieses Billetts zu sich und sagte mir, daß er und seine Freunde in der Provisorischen Regierung bereit wären, mir diese unbedeutende Summe vorzustrecken, auf Verlangen auch noch mehr, aber er müsse vorher mit der Polnischen Zentralisation sprechen, denn da sie mit ihr in Verbindung ständen, wären sie verpflichtet, in allen Angelegenheiten, die Polen beträfen, sich mit ihr ins Vernehmen zu setzen. Welcher Art nun diese Besprechungen waren und was die polnischen Demokraten Flocon über mich gesagt haben, weiß ich nicht. Ich weiß nur, daß er mir am nächsten Tage eine bedeutend höhere Summe anbot. Ich nahm jedoch nur 2000 Franken.

Beim Abschied bat er mich, ich möchte ihm für seine Zeitschrift »Réforme« aus Deutschland und Polen schreiben. – Ich schrieb ihm zweimal: gleich zu Beginn aus Köln, später aus Cöthen, gegen Ende des Jahres 1848, als ich ihm meinen »Aufruf an die Slawen« sandte. Von ihm habe ich weder Briefe noch Aufträge erhalten und stand auch sonst mit ihm weder in direkten noch indirekten Beziehungen. – Das Geld habe ich nicht zurückgegeben, weil ich mich in Deutschland ständig in Not befand[72].

Anm. Nik. I.: NB.

Zweitens hat man mich beschuldigt oder besser gesagt verdächtigt – denn zur Beschuldigung fehlten alle positiven Unterlagen, verdächtigt sage ich, ich hätte bei meiner Abreise aus Paris enge Beziehungen zu den polnischen Demokraten unterhalten und gemeinsam mit ihnen, in ihrem Auftrage und nach einem vorher aufgestellten Plane gehandelt. Diese Verdächtigung war sehr natürlich, aber sie entbehrt jeder Grundlage. – In den Emigrantenkolonien muß man zwei Zirkel unterscheiden: den lärmenden Haufen und die geheimen Gesellschaften, die stets aus einigen wenigen unternehmenden Leuten bestehen, die den Haufen unsichtbar leiten und die Pläne in geheimen Sitzungen vorbereiten. – Ich kannte damals eine Menge polnischer Emigranten, die auch mich wieder kannten, die mich sogar besser kannten, als ich jeden einzelnen kennen konnte, denn sie waren zahllos, während ich der einzige Russe unter ihnen war. Ich hörte, was sie sprachen: ihre Gaskognaden, ihre Phantastereien und Hoffnungen, ich hörte mit einem Worte alles das, was jeder, der wollte, auch hätte hören können. Dagegen nahm ich an den Sitzungen nicht teil und war in die Geheimnisse der wirklichen Verschwörer nicht eingeweiht. In Paris bestanden damals nur zwei ernst zu nehmende polnische Gesellschaften: die Gesellschaft Czartoryskis und die Gesellschaft der Demokraten. Mit der ersteren hatte ich nie Beziehungen, Czartoryski selbst habe ich nur ein einziges Mal gesehen. 1846 wollte ich mit der Demokratischen Zentralisation in Verbindung treten, aber mein Versuch blieb erfolglos, und in Paris traf ich nach der Februarrevolution keines ihrer Mitglieder. So kam es, daß ich damals viel weniger vom Vorhaben der polnischen Demokraten wußte als von den belgischen, italienischen und namentlich den deutschen Unternehmungen. Von den Italienern kannte ich Mammiani und den General Pépé, die beide keiner Gesellschaft angehörten. Von den Belgiern kannte ich einige Führer und hörte auch von ihren Absichten, ohne mich jedoch in ihre Angelegenheiten einzumischen. Gründlicher und besser war ich mit den deutschen Angelegenheiten vertraut, da ich mit Herwegh in freundschaftlichen Beziehungen stand, der an ihnen aktiv Anteil nahm. Ich erlebte den Aufbruch von Herweghs unglücklichem Zug nach Baden, ich kannte seine Mittel, seine Helfer, seine Ausrüstung, die Versprechungen der Provisorischen Regierung, die Zahl der Arbeiter, die sich in sein Regiment eingeschrieben hatten; ich war über seine Verbindungen mit den badischen Demokraten unterrichtet. Ich war deshalb so gut eingeweiht, weil ich Herweghs Freund war, aber ich hatte mich ihm in keiner Weise verpflichtet, so wenig er mir verpflichtet war.

Um ein vollständiges Bild meiner damaligen Lage zu geben und jeden Schatten einer Lüge zu verscheuchen, muß ich jetzt noch einige Bemerkungen über die Russen machen. Wenn ich sie meine Bekannten nenne, kompromittiere ich sie dadurch mehr, als sie sich selber in Paris kompromittiert haben. Iwan Golowin, Nikolai

Sasonow[73], Alexander Herzen und vielleicht noch Nikolai Iwanowitsch Turgenjew waren die einzigen Russen, von denen man mit einigem Grund annehmen konnte, ich hätte mit ihnen in politischen Beziehungen gestanden. Golowin habe ich weder geliebt noch geachtet, ihn mir vielmehr stets weit vom Leibe gehalten; nach der Februarrevolution habe ich ihn wohl überhaupt nicht mehr getroffen. Nikolai Sasonow ist klug, gebildet, begabt, aber eitel und maßlos in sich selbst verliebt. Er verhielt sich mir gegenüber zuerst feindlich, da er mich nicht vom Eigenwert der russischen Aristokratie zu überzeugen vermochte, als deren hervorragenden Vertreter er sich betrachtete. Später nannte er mich seinen Freund; ich glaubte zwar nicht an seine Freundschaft, aber ich sah ihn ziemlich häufig, da mir seine kluge und liebenswürdige Unterhaltung sympathisch war. Nach meiner Rückkehr aus Belgien traf ich ihn wiederholt bei Herwegh. Er blähte sich mir gegenüber auf; wie ich später hörte, war er der erste, der das Gerücht von meiner angeblichen Abhängigkeit von Ledru-Rollin verbreitete! Viel mehr lag mir an Alexander Herzen. Er ist gütig, edelmütig, lebhaft, geistreich, etwas schwatzhaft und ein Epikuräer. Ich traf ihn im Sommer 1847 in Paris. Damals dachte er noch nicht daran zu emigrieren und lachte mehr als alle anderen über meine politische Tendenz; er selber befaßte sich mit allen möglichen Fragen, vor allem mit Literatur. Ende Sommer 1847 fuhr er nach Italien und kehrte im Sommer 1848, zwei, drei Monate nach meiner Abreise, nach Paris zurück, so daß wir uns verfehlten. Später haben wir uns weder gesehen noch geschrieben. Nur einmal schickte er mir durch Reichel Geld. Über N. I. Turgenjew kann ich nur sagen, daß er sich damals mehr als je von der ganzen Welt zurückzog und als

wohlhabender »Rentier« über die Revolution reichlich erschrocken war. Ich sah ihn flüchtig, ganz vorübergehend.
Mit einem Wort, HERRSCHER, ich habe das volle Recht zu sagen, daß ich ohne jeden Anhang lebte, plante und handelte, unabhängig von jedem fremden Impuls und Einfluß: mein Wahnwitz, meine Sünden und Verbrechen gehörten und gehören ausschließlich mir. Ich habe vieles, vieles verschuldet, aber nie habe ich mich zum fremden Agenten, zum Sklaven eines fremden Denkens erniedrigt.
Schließlich hat man gegen mich noch eine schmutzige Beschuldigung erhoben:
Man hat mich beschuldigt, ich hätte gemeinsam mit zwei Polen, deren Namen ich vergessen habe, beabsichtigt, mich gegen das Leben EW. KAISERLICHEN MAJESTÄT zu verschwören. – Ich werde auf die Einzelheiten dieser Verleumdung nicht eingehen. Ich habe in meinen Aussagen vor dem Gericht im Auslande* darüber genaue Rechenschaft gegeben und schäme mich, viel über diese Affäre zu sprechen. Nur eines sage ich, HERRSCHER: Ich bin ein Verbrecher vor IHNEN und vor dem Gesetz, ich kenne die Größe meiner Verbrechen, aber ich weiß, daß meine Seele niemals einer Freveltat oder einer Schuftigkeit fähig war. Mein politischer Fanatismus, der mehr meiner Phantasie als meinem Herzen entsprang, hatte gleichfalls seine genau bestimmten Grenzen; Brutus, Ravaillac und Alibo waren nie meine Helden. Zudem, HERRSCHER, kannte meine Seele gegen SIE selbst nie auch nur eine Spur von Haß. Als ich noch Junker auf der Artillerieschule war, habe ich, wie alle meine Kameraden, SIE leidenschaftlich geliebt. Wenn SIE ins Lager kamen, versetzte dies eine

* Vgl. Anhang S. 221.

Wort: »Der Kaiser kommt« alle in beispiellose Begeisterung; alle eilten IHNEN entgegen. In IHRER Gegenwart kannten wir keine Furcht; im Gegenteil, neben IHNEN und unter IHREM Schutze suchten wir Zuflucht vor unseren Vorgesetzten; sie wagten nicht, uns in die Kaiserliche Nähe zu folgen. Ich entsinne mich, es war zur Zeit der Cholera: SIE schienen bedrückt, HERRSCHER, wir umgaben SIE schweigend, blickten mit ehrfürchtigem Schauer auf SIE, und jeder fühlte tief in der Seele IHR großes Leid, wenn er auch seine Ursache nicht ergründen konnte; wie glücklich war der, an den SIE ein Wort richteten. Später, nach vielen Jahren, als ich im Auslande zum verwegenen Demokraten geworden war, hielt ich mich verpflichtet, den KAISER NIKOLAI zu hassen. Aber mein Haß stammte aus meinen Ideen und meinem Gehirn, nicht aus meinem Herzen: ich haßte die abstrakte politische Person, die Verkörperung der Selbstherrschaft in Rußland, den Bedrücker Polens, aber nicht die LEBENDIGE KAISERLICHE PERSON, die mich einst erschütterte und deren Bild sich meinem jungen Herzen tief eingrub. Die Eindrücke der Jugend verwischen sich nicht leicht, HERRSCHER! Auch als mein politischer Fanatismus in seinem Zenite stand, hielt mein Wahnwitz noch ein bestimmtes Maß. Meine Angriffe gegen SIE überschritten nie die politische Sphäre: ich unterfing mich, SIE einen grausamen, eisernen, unbarmherzigen Despoten zu nennen, ich predigte Haß und Empörung gegen IHRE Herrschaft. Aber nie hätte ich gewagt, gewollt und vermocht, meine gotteslästerliche Sprache gegen IHRE PERSON, HERRSCHER, zu richten. Ich finde die Worte nicht, um mich deutlich auszudrücken, aber ich spüre tief den Unterschied. Nie habe ich ein Wort gesagt oder geschrieben, wie ein schuftiger Lakai, der seinen Herrn schmäht, lästert und verleumdet, weil er weiß, daß sein Gebieter es entweder nicht hört oder zu weit entfernt ist, um ihm den Stock zu zeigen. Und endlich, HERRSCHER, selbst in der letzten Zeit habe ich SIE trotz aller demokratischen Anschauungen, ja gleichsam gegen meinen Willen tief, tief verehrt! Nicht ich nur allein, viele andere, Polen und Europäer überhaupt, hatten wie ich erkannt, daß SIE als EINZIGER unter allen jetzt herrschenden Häuptern sich den Glauben an IHRE KAISERLICHE BERUFUNG bewahrt haben. Mit diesen Empfindungen, mit diesen Gedanken konnte ich trotz meines politischen Wahnwitzes, kein Zarenmörder werden, und glauben SIE, HERRSCHER, jene Beschuldigung gegen mich ist nichts als eine schmutzige Verleumdung.

Ich kehre nunmehr zu meinem Berichte zurück. – Ich empfing von Flocon das Geld und begab mich wegen meines Passes zu Caussidière, von dem ich mir nicht einen, sondern für alle Fälle zwei Pässe geben ließ, den einen auf meinen, den andern auf einen fingierten Namen, da ich meine Anwesenheit in Deutschland und im Großherzogtum Posen möglichst geheimhalten wollte. Dann speiste ich noch einmal bei Herwegh, erhielt von ihm Briefe und Aufträge an die badischen Demokraten, setzte mich in die Diligence und fuhr nach Straßburg. Wenn mich dort im Wagen jemand nach dem Ziel meiner Reise gefragt und ich ihm geantwortet hätte, würde sich etwa folgendes Gespräch entsponnen haben:

»Weshalb bist du unterwegs?« – »Rebellion.« – »Gegen wen?« – »Gegen den Kaiser NIKOLAI!« – »Und wie?« – »Das weiß ich selbst noch nicht genau.« – »Und wohin fährst du jetzt?« – »Ins Großherzogtum Posen.« – »Weshalb gerade dorthin?« – »Weil ich gehört habe,

in Posen herrsche jetzt Bewegung und Leben, und von dort sei es leichter, das Königreich Polen zu bearbeiten, als von Galizien aus.« – »Über welche Mittel verfügst du?« – »Über 2000 Franken.« – »Und welche Mittel sind in Aussicht?« – »Keine bestimmten, aber ich werde sie wohl bekommen.« – »Hast du Verbindungen und Bekannte im Großherzogtum Posen?« – »Außer einigen jungen Leuten, die ich in der Berliner Universität ziemlich oft getroffen habe, kenne ich dort niemanden.« – »Hast du Empfehlungsbriefe?« – »Keinen einzigen.« – »Also, du willst allein und ohne Mittel gegen den russischen Zaren kämpfen?« – »Mit mir ist die Revolution, und im Großherzogtum Posen hoffe ich meine Isolierung durchbrechen zu können.« – »Alle Deutschen hetzen jetzt gegen Rußland, wiegeln die Polen auf und schicken sich an, gemeinsam mit ihnen gegen das russische Zarentum zu kämpfen. Und du als Russe willst dich ihnen anschließen?« – »Gott bewahre! Wenn sich die Deutschen erfrechen, auch nur einen Fuß auf slawischen Boden zu setzen, werde ich ihr unversöhnlicher Feind; aber gerade deshalb gehe ich ja nach Posen, um mit allen Kräften die widernatürliche Vereinigung zwischen Polen und Deutschen zu hintertreiben.« – »Aber die Polen allein sind doch nicht imstande, gegen die russische Macht zu kämpfen?« – »Allein nicht, aber im Verein mit den übrigen Slawen, namentlich wenn es mir gelingt, die Russen im Königreich Polen zu gewinnen.« – »Worauf gründen sich deine Hoffnungen, stehst du in Verbindung mit Russen?« – »Nein, ich vertraue jedoch auf die Propaganda und den gewaltigen Geist der Revolution, der jetzt von der ganzen Welt Besitz ergriffen hat!«
Abgesehen von der Größe des Verbrechens, muß es IHNEN, HERRSCHER, sehr lächerlich erscheinen, wie ich

zum Kampfe antrat – allein, namenlos, ohnmächtig gegen SIE, den GROSSEN ZAREN des GROSSEN ZARENREICHES! Jetzt sehe ich klar meinen Wahnwitz ein, und ich würde selber lachen, wenn mir zum Lachen zumute wäre, und unwillkürlich fällt mir eine Fabel von Iwan Andrejewitsch Krylow ein … – Aber damals war ich nicht sehend, wollte nichts denken und ging verblendet in mein offenes Verderben. Und wenn etwas nicht das Verbrecherische, sondern das Läppische meines Aufbruches entschuldigen kann, dann wohl nur der Umstand, daß ich aus dem trunkenen Paris kam und selbst trunken war, wie alle und alles um mich herum.
In Frankfurt, wo ich in den ersten Apriltagen ankam, traf ich viele Deutsche, die aus ganz Deutschland anläßlich der Parlamentseröffnung zusammengekommen waren. Ich lernte fast sämtliche Demokraten kennen, entledigte mich meiner Briefe und der Aufträge Herweghs und begann zu beobachten. Ich versuchte in dem deutschen Chaos, diesem babylonischen Wirrwarr einen Sinn zu entdecken, wenigstens den Keim zur Einheit. In Frankfurt verbrachte ich etwa eine Woche, weilte dann in Mainz, Mannheim und Heidelberg, wurde Zeuge zahlreicher bewaffneter und unbewaffneter Volksversammlungen, besuchte die deutschen Klubs, kannte die Hauptführer des badischen Aufstandes persönlich und war über alle ihre Unternehmungen auf dem laufenden, ohne jedoch an einem einzigen aktiv Anteil zu nehmen, obgleich ich mit ihnen sympathisierte und ihnen jeden Erfolg wünschte. In allem, was mich und meine eigenen Pläne anging, blieb ich auch weiter völlig isoliert.
Auf der Weiterreise nach Berlin verbrachte ich einige Tage in Köln[74], wo ich meine Sachen aus Brüssel erwartete. Je mehr ich mich dem Norden näherte, um so

kälter wurde es in meiner Seele. In Köln ergriff mich eine unaussprechliche Trauer, gleichsam eine Ahnung des kommenden Verhängnisses! Aber nichts konnte mich abhalten. Am Tage nach meiner Ankunft in Berlin wurde ich verhaftet. Zuerst hielt man mich für Herwegh, aber dann wurde ich in Strafe genommen, weil ich mit zwei Pässen reiste. Übrigens hielt man mich nur einen Tag fest und entließ mich, nachdem ich mein Wort gegeben hatte, nicht in das Großherzogtum Posen zu reisen und auch nicht in Berlin zu bleiben, sondern nach Breslau zu fahren. Der Polizeipräsident Minutoli behielt den auf meinen Namen lautenden Paß zurück. Den auf den Namen eines nicht existierenden Leonhard Neglinski ausgestellten Paß händigte er mir jedoch wieder aus; er selbst gab mir noch einen andern auf den Namen Wolf oder Hoffman (der Name ist mir entfallen) lautenden Paß; wahrscheinlich wollte er nicht, daß ich aus der Übung käme, mit zwei Pässen zu reisen. So hatte ich von Berlin[75] außer dem Polizeipräsidium, eigentlich nichts gesehen, und kam in Breslau Ende April oder in den ersten Maitagen an.

Ich lebte fast einen Monat ununterbrochen in Breslau, d. h. bis zum »Slawischen Kongreß« Ende Mai. Zuerst versuchte ich, die Breslauer Demokraten kennenzulernen, dann fahndete ich nach Polen, um mich ihnen anzuschließen. Das erste war leicht, das zweite erwies sich jedoch nicht nur als schwierig, sondern als ganz unmöglich. In Breslau waren damals zahlreiche Polen aus Galizien, Krakau, dem Großherzogtum Posen und schließlich Emigranten aus Paris und London zusammengekommen. Es war eine Art polnischer Kongreß, der jedoch, soweit ich weiß, keine wesentlichen Resultate zeitigte. Ich nahm an den Sitzungen nicht teil, hörte aber, daß es dort viel Lärm gab und zu sehr heftigen Zwistigkeiten und Meinungsverschiedenheiten zwischen den Parteien kam, so daß alle Polen schließlich auseinandergingen, ohne etwas Wesentliches erreicht zu haben. Meine Lage war gleich von Anfang an schwierig und sonderbar: alle kannten mich, waren sehr liebenswürdig zu mir, sagten mir tausend Komplimente, aber ich fühlte mich unter ihnen fremd. Je schmeichelhafter ihre Worte waren, um so kälter wurde es mir ums Herz. Ich konnte mich nicht mit ihnen und sie wieder nicht mit mir verständigen. Außerdem machte gerade damals das Gerücht von meiner angeblichen Verräterei aufs neue und intensiver als das erste Mal die Runde. Hauptsächlich glaubten und verbreiteten die Emigranten diese Redereien, namentlich die Mitglieder der Demokratischen Gesellschaft[76]. Später, viel später, haben sie sich dann entschuldigt und luden die ganze Schuld auf den alten Schwätzer Graf Ledochowski[77], der angeblich von Lamartine[78] gewarnt worden war, worauf er wiederum rasch alle polnischen Demokraten warnte. – Die Polen wurden mir gegenüber sichtlich kühler, ich verlor die Geduld und hielt mich abseits, so daß ich bis zum Prager Kongreß in keine Beziehungen zu ihnen trat und nur wenige von ihnen ohne politische Absicht traf[79].

Häufiger traf ich aber mit Deutschen zusammen, deren demokratische Klubs ich besuchte und unter denen ich damals so populär war, daß es einzig und allein meinen Bemühungen zu verdanken war, daß in Breslau Arnold Ruge, mein alter Freund, in die Frankfurter Nationalversammlung gewählt wurde. Die Deutschen sind ein lächerliches, aber gutmütiges Volk; ich bin mit ihnen fast immer gut ausgekommen, eine Ausnahme machten nur die kommunistischen Literaten[80]. Die Deutschen spielten damals mit Politik und hörten auf mich wie auf ein Orakel[81]. Verschwörungen oder ernsthafte Unternehmungen gab es bei ihnen nicht, dafür viel Lärm, Singen, Biertrinken und Prahlereien: alles agitierte und sprach öffentlich auf der Straße; es gab weder Gesetze noch Behörden; vollkommene Freiheit herrschte überall, und jeden Abend gab es, wie zur Belustigung, einen kleinen Aufruhr. Ihre Klubs waren nichts als Übungen im Schönreden oder, besser gesagt, im Leeres-Stroh-Dreschen.

Den ganzen Mai über verharrte ich in völliger Untätigkeit. Ich langweilte und grämte mich und wartete auf die gegebene Stunde. Wenn ich so gedrückt war, so trugen auch die damaligen politischen Verhältnisse viel bei: der unglückliche Aufstand im Großherzogtum Posen; so schmachvoll er für die preußischen Truppen auch war, die Ausweisung der polnischen Emigranten aus Krakau und bald darauf auch aus Preußen, der vollkommene Schiffbruch der badischen Demokraten und schließlich die erste Niederlage der Demokraten in Paris waren deutliche Symptome des Verebbens der Revolution. Die Deutschen sahen und begriffen das nicht, aber ich begriff es wohl und zweifelte zum ersten Male am Erfolg[82]. Zuletzt begann man von einem »Slawischen Kongreß« zu sprechen, ich beschloß, nach Prag zu fahren, wo ich den archimedischen Hebelpunkt zur Tat zu finden hoffte.

Bis zu dieser Zeit besaß ich außer Polen und Russen keine slawischen Bekannten, ich hatte auch noch nie österreichisches Gebiet betreten. Ich kannte die Slawen nur nach Berichten einzelner Augenzeugen und aus Büchern. In Paris hatte ich auch von dem Klub gehört, den Cyprica Robert, der Nachfolger Mickewicz', auf dem Lehrstuhl für slawische Literatur, gegründet hatte, aber ich besuchte den Klub nicht, da ich mich nicht mit

Slawen einlassen wollte, deren Führer ein Franzose war. Mein Umgang mit Slawen war daher für mich ein neues Experiment, ich versprach mir viel von dem Prager Kongreß[83, 84], da ich vor allem hoffte, mit Hilfe der übrigen Slawen die engen Schranken der polnischen nationalen Eigenliebe zu überwinden.
Meine Erwartungen wurden zwar nicht ganz erfüllt, aber doch auch nicht ganz enttäuscht. Die Slawen sind in politischer Beziehung Kinder, aber ich fand unter ihnen eine unvermutete Frische und unvergleichlich mehr natürlichen Verstand und Energie als bei den Deutschen. Es war rührend, ihnen zuzusehen, wenn sie sich begrüßten, rührend war ihre kindliche, aber tief aufrichtige Begeisterung. Man hatte den Eindruck, als begegneten sich Glieder ein und derselben Familie, die ein grausames Schicksal über die ganze Welt verstreut hatte, nach langer schmerzlicher Trennung zum ersten Male wieder: sie weinten, lachten und umarmten sich – und in ihren Tränen, in ihrer Freude, in ihrer herzlichen Begrüßung war keine Phrase, keine Lüge, keine hochtrabender Überschwang; alles war einfach, aufrichtig, heilig. In Paris hatte mich die demokratische Exaltation, der Heroismus der Arbeiter mitgerissen; hier war es die Wärme und Aufrichtigkeit des einfachen, aber tiefen slawischen Empfindens. In mir selbst erwachte das slawische Herz, so daß ich in der ersten Zeit fast ganz die demokratischen Sympathien vergaß, die mich mit Westeuropa verbanden. Die Polen schauten auf die anderen Slawen von der Höhe ihrer politischen Bedeutung herab und hielten sich leise lächelnd ein wenig beiseite. Ich mengte mich unter sie und teilte ihr Leben und ihre Freude von ganzer Seele und ganzem Herzen; deshalb war ich auch bei ihnen beliebt und genoß fast allgemeines Vertrauen.

Das Gefühl, das in den Herzen der Slawen überwiegt, ist der Haß gegen die Deutschen. Der energische, wennschon nicht eben achtungsvolle Ausdruck: »Verfluchter Deutscher«, der in allen slawischen Mundarten beinahe gleichlautend ist, übt auf jeden Slawen eine unerhörte Wirkung aus; ich erprobte seine Wirksamkeit einige Male und sah, wie er selbst die Polen niederzwang. Es genügte, sie hin und wieder »Deutsche« zu schimpfen, damit auch sie ihre Exklusivität und ihren Haß gegen die Russen vergaßen, samt ihrer verschlagenen und nicht erfolglosen Politik, die sie häufig mit den Deutschen kokettieren läßt, mit einem Wort, um sie ganz aus jener engen, krankhaften, künstlich kühlen Isolierung herauszureißen, in der sie infolge ihrer schweren nationalen Mißgeschicke gezwungen waren zu leben, um das lebendige slawische Herz in ihnen zu wecken und sie zu zwingen, sich mit allen Slawen eins zu fühlen. – In Prag, wo des Schmähens der Deutschen kein Ende war, fühlte ich mich selbst den Polen näher. Der Haß gegen die Deutschen war der unerschöpfliche Gegenstand aller Besprechungen; er diente als Begrüßung zwischen Unbekannten: wenn zwei Slawen einander begegneten, richtete sich ihr erstes Wort fast stets gegen die Deutschen, als wollten sie einander dadurch versichern, daß sie beide aufrichtige, gute Slawen seien. Der Haß gegen die Deutschen ist die wichtigste Voraussetzung der Einheit und Verständigung der Slawen untereinander; er ist jedem Slawen so stark, so tief ins Herz eingegraben, daß ich der festen Überzeugung bin, HERRSCHER, die Slawen werden früher oder später, in irgendeiner Form, wie es eben die politischen Verhältnisse Europas mit sich bringen werden, das deutsche Joch abschütteln, und eine Zeit wird kommen, wo es keine preußischen, keine österreichischen, keine türkischen Slawen mehr gibt.

Die Bedeutung des »Slawischen Kongresses« bestand meiner Ansicht nach darin, daß er das erste Wiedersehen, die erste Bekanntschaft, den ersten Versuch zu einer Vereinigung und Verständigung der Slawen untereinander darstellte. Der Kongreß selbst freilich blieb wie alle anderen damaligen Kongresse und politischen Versammlungen ohne Resultat. Über seine Entstehung weiß ich folgendes:
In Prag arbeitete schon geraume Zeit ein literarisch-wissenschaftlicher Kreis, der sich die Erhaltung, Hebung und Entwicklung der tschechischen Literatur, der tschechischen Nationalsitten, ja der von den Deutschen und Ungarn gleich unterdrückten und verachteten slawischen Nationalität überhaupt zum Ziele gesetzt hatte. Dieser Kreis hielt ständig lebhafte Fühlung mit ähnlichen Zirkeln unter den Slowaken, Slowenen, Serben, ja sogar unter den Lausitzen in Sachsen und Preußen – er war gleichsam ihr Zentrum. Palazki[85], Schafarik[86], Graf Thun[87], Hanka[88], Kolar[89], Urban[90], Ludwig Stur[91] waren die Leiter der slawischen Propaganda, die sich zuerst auf literarischem Gebiete bewegte, später aber politische Bedeutung gewann. Die österreichische Regierung liebte sie nicht, aber duldete sie wegen ihres Gegensatzes zu den Ungarn. Als Beweis und Beispiel ihrer Wirksamkeit führe ich nur einen einzigen Umstand an: vor zehn, fünfzehn Jahren sprach in Prag überhaupt niemand tschechisch, vielleicht der Pöbel und die Arbeiter; alles schämte sich der tschechischen Sprache und Abstammung. Jetzt ist es gerade umgekehrt: kein Mensch will mehr deutsch sprechen, auch Frauen und Kinder bilden keine Ausnahme, ja selbst die Deutschen in Prag haben gelernt, sich tschechisch zu verständigen. Ich habe nur Prag als Beispiel angeführt, aber derselbe Prozeß hat sich in sämtlichen

anderen böhmischen, mährischen, slowakischen Städten, und zwar ganz unabhängig von ihrer Größe vollzogen; im Dorf hatte man ja nie aufgehört, slawisch zu sprechen. – HERRSCHER, SIE wissen, wie tief und stark die Sympathien der Slawen für das mächtige russische Zarenreich sind, von dem sie damals Unterstützung und Hilfe erhofften, SIE wissen, wie groß die Furcht der österreichischen Regierung, ja der Deutschen überhaupt vor dem russischen Nationalismus war und ist! – In den letzten Jahren hatte der wissenschaftlich-literarische Zirkel an Macht und Ausdehnung gewonnen, die gesamte Jugend um sich geschart und in den Volksmassen Wurzel gefaßt. Die literarische Bewegung war über Nacht zu einer politischen geworden. Die Slawen warteten nur auf eine Gelegenheit, um ihre Rolle in der Welt zu spielen.

Im Jahre 1848 bot sich diese Gelegenheit. Das österreichische Kaiserreich war mehr oder minder in seine zahlreich sich befehdenden und unversöhnlichen Elemente zerfallen. Und wenn es nun für eine Zeitlang gerettet ist, so nicht aus eigener, ach, so siecher Kraft, sondern ausschließlich durch IHRE Hilfe, HERRSCHER! Die Italiener, die Ungarn und Deutschen waren aufständisch, schließlich erhoben sich auch die Slawen. Die österreichische oder, besser gesagt, die Innsbrucker Regierung, denn es gab damals mehrere österreichische Regierungen – mindestens jedoch zwei: die eine wirkliche in Innsbruck, eine andere offizielle und konstitutionelle in Wien – abgesehen von der dritten, der ungarischen, gleichfalls offiziell anerkannten Regierung –; also die dynastische, von allen verlassene und beinahe völlig mittellose Regierung in Innsbruck meinte ihre Rettung in der nationalen Bewegung der Slawen suchen zu können.

Der erste Gedanke, in Prag einen slawischen Kongreß einzuberufen, gehört den Tschechen, und zwar vornehmlich Schafarik, Palazki und dem Grafen Thun. In Innsbruck griff man den Gedanken mit Freuden auf, weil man hoffte, der »Slawische Kongreß« werde einen Gegenpol gegen den »Deutschen Kongreß« in Frankfurt bilden. Graf Thun, Palazki und Brauner bildeten nun in Prag eine Art provisorische Regierung; sie waren von Innsbruck anerkannt und standen mit der dortigen Regierung in direkter Verbindung, über die Köpfe der Wiener Minister hinweg, denen sie Anerkennung und Gehorsam verweigerten und in denen sie nur feindliche Vertreter der deutschen Nationalität sahen. Auf diese Weise kam eine halboffizielle Tschechische Partei zustande, die teils eine slawische, teils eine Regierungspartei war, denn sie wollte die Dynastie, das monarchische Prinzip und die Unversehrtheit der österreichischen Monarchie, retten; allerdings nicht bedingungslos, man forderte als Entgelt: eine Konstitution, die Verlegung der Reichshauptstadt von Wien nach Prag – was ihnen auch wirklich zugesichert wurde, natürlich mit der festen Absicht, es nicht zu halten –; und schließlich die völlige Umwandlung der österreichischen Monarchie aus einer deutschen in eine slawische, so daß nicht mehr die Deutschen und Ungarn die Unterdrücker der Slawen gewesen wären, sondern umgekehrt. – Das alles brachte Palazki in seiner damals erschienenen Broschüre mit den Worten zum Ausdruck: »Wir wollen das Kunststück versuchen, die bis zu ihrem tiefsten Wesen erschütterte österreichische Monarchie auf unserem slawischen Boden und mit unserer slawischen Kraft zu beleben, zu heilen und zu befestigen*.« – Ein unmögliches Unterfangen, bei

* Im Original deutsch.

dem sie zu Betrügern oder zu Betrogenen werden mußten.

Aber die Tschechische Partei gab sich mit dieser allgemeinen Vorherrschaft des slawischen Elements in Österreich nicht zufrieden. Gestützt auf ihren halboffiziellen Charakter und auf die schmeichlerischen Versprechungen Innsbrucks, hatte sie die Errichtung einer Art tschechischer Hegemonie zu ihren eigenen Gunsten im Auge, die der tschechischen Sprache und der tschechischen Nationalität den Vorrang unter den übrigen Slawen sichern sollte. Ganz abgesehen von Mähren, beabsichtigten sie die Vereinigung des slowakischen Territoriums mit Böhmen, ferner Österreichisch-Schlesiens und Galiziens und drohten den Polen, falls sie sich nicht fügen sollten, mit einer Empörung der Ruthenen; – kurz, sie wollten ein starkes Königreich Böhmen schaffen.

Das waren also die Ansprüche der tschechischen Politiker. Sie stießen natürlich auf den heftigen Widerstand der Slowaken, der Schlesier und vor allem der Polen. Die Polen waren durchaus nicht nach Prag gekommen, um sich den Tschechen zu unterwerfen; ja, um die Wahrheit zu sagen; sie fühlten sich auch nicht zu den slawischen Brüdern und der slawischen Idee hingezogen, sondern hofften, hier Unterstützung und Hilfe für ihre eigenen nationalen Sonderinteressen zu finden. – So entbrannte schon in den ersten Tagen der Kampf, allerdings nicht unter den Massen, sondern nur unter ihren Führern. Am heftigsten loderte er zwischen den Polen und Tschechen und zwischen den Polen und Ruthenen auf; der Kampf verlief übrigens im Sande wie der ganze Slawische Kongreß.

Die Südslawen standen allen diesen Streitigkeiten fern, sie beschäftigten sich nur mit den Kriegsvorbereitungen gegen Ungarn und versuchten auch die übrigen Slawen zu überreden, ihre internen Fragen bis zur völligen Niederwerfung der Ungarn, ja, wie einige sagten, bis zu ihrer völligen Vertreibung aus Ungarn, aufzuschieben. Die Polen wollten nicht darauf eingehen und schlugen ihre Vermittlung vor, die weder die Südslawen noch, soviel ich gehört habe, die Ungarn selbst annehmen wollten. Mit einem Wort, jeder zog nach seiner Seite, und jeder wollte die übrigen zum Schemel seiner eigenen Erhöhung machen; am meisten die Tschechen, denen die Innsbrucker Versprechungen zu Kopf gestiegen waren, ferner die Polen, die durch die Komplimente der europäischen Demokraten verwöhnt waren.

Der Kongreß gliederte sich in drei Sektionen: die Nördliche mit den Polen, Kleinrussen und Schlesiern; die Westliche mit den Tschechen, Mähren und Slowaken; und die Südliche, in der die Serben, Kroaten, Slowenen und Dalmatier saßen. Nach der ursprünglichen Forderung Palazkis, des eigentlichen Inspirators und Leiters des »Slawischen Kongresses«, sollte der Kongreß nur von österreichischen Slawen gebildet werden, die übrigen sollten nur als Gäste zugelassen werden; aber diese Abgrenzung wurde gleich zu Beginn des Kongresses verworfen; an den Sitzungen nahmen nicht als Gäste, sondern als wirkliche Mitglieder zahlreiche Polen aus Posen teil, ferner polnische Emigranten, einige türkische Serben und schließlich zwei Russen: ich und noch ein altgläubiger Pope, dessen Namen ich vergessen habe – er ist übrigens in dem gedruckten Bericht Schafariks über den Slawischen Kongreß zu finden. Der Pope oder, richtiger gesagt, der Mönch, stammte aus einem altgläubigen Kloster in der Bukowina, das seinen eigenen Metropoliten

besaß und gerade damals anscheinend auf Verlangen der russischen Regierung aufgehoben war; der Mönch war mit dem abgesetzten Metropoliten nach Wien gekommen, wo er von dem Slawischen Kongresse hörte und allein nach Prag weiterreiste.
Ich trat in die Nördliche, d.h. in die Polnische Sektion ein und hielt bei meinem Eintritt eine kurze Rede, in der ich sagte, daß sich Rußland durch die Versklavung Polens und namentlich dadurch, daß es Polen in die Hände der Deutschen, der gemeinsamen Hauptfeinde des ganzen slawischen Stammes, gespielt habe, von der slawischen Bruderschaft losgerissen hätte und nur durch die Befreiung Polens in die slawische Einheit zurückkehren könne; deshalb wäre mein Platz auf dem Slawischen Kongreß unter den Polen. Die Polen empfingen mich mit Händeklatschen und wählten mich in Übereinstimmung mit meinen eigenen Wünschen als Delegierten in die Südslawische Sektion. Der altgläubige Pope trat mit mir zusammen in die Polnische Sektion ein und wurde von ihr auf mein Ersuchen hin sogar in die Allgemeine Versammlung gewählt, die aus Delegierten der drei Hauptgruppen bestand. Ich will IHNEN, HERRSCHER, nicht verheimlichen, daß mir der Gedanke gekommen war, diesen Popen zur revolutionären Propaganda in Rußland zu gebrauchen. Ich wußte, daß es in Rußland zahlreiche Altgläubige und andere Sektierer gibt und daß das russische Volk zum religiösen Fanatismus neigt. Mein Pope war ein durchtriebener, verschlagener Bursche, ein richtiger russischer Schlaufuchs, der sich in Moskau aufgehalten hatte und zahlreiche Sekten in ganz Rußland kannte; auch scheint sein Kloster ständig Verbindung mit den russischen Altgläubigen unterhalten zu haben. Aber ich hatte keine Zeit, mich mit ihm zu beschäftigen, teils

war ich auch über die moralische Berechtigung einer solchen Gemeinschaft im Zweifel, außerdem besaß ich weder einen bestimmten Aktionsplan noch irgendwelche Verbindungen. Vor allem aber hatte ich kein Geld, und ohne Geld kann man mit solchen Leuten nicht sprechen. Zudem ging ich damals so völlig in der slawischen Frage auf, daß ich ihn nur selten sah und ihn später ganz aus dem Auge verlor.

Die Tage vergingen, der Kongreß kam nicht von der Stelle. Die Polen beschäftigten sich mit dem Reglement der Sitzungen, mit den parlamentarischen Formen und der kleinrussischen Frage. Wichtigere Fragen wurden nicht auf dem Kongreß, sondern in besonderen engeren Zirkeln behandelt. Ich nahm nicht an ihnen teil, sondern hörte nur, daß dort die Breslauer Streitigkeiten weitergingen, und häufig die Rede von Kossuth und den Ungarn war, zu denen die Polen schon damals, wenn ich nicht irre, positive Beziehungen unterhielten, zum großen Verdruß der übrigen Slawen. Die Tschechen waren mit ihren ehrgeizigen Plänen beschäftigt, die Südslawen mit dem bevorstehenden Krieg. An die gemeinsame slawische Frage dachte kaum jemand. Mir wurde es wieder schwer ums Herz, und ich begann mich in Prag so vereinsamt zu fühlen wie nur je in Paris und in Deutschland. Einige Male ergriff ich in der Polnischen, der Südslawischen und der Allgemeinen Versammlung das Wort. Der Hauptinhalt meiner Reden war:

»Weshalb seid ihr nach Prag gekommen? Um euch hier über eure provinziellen Interessen zu unterhalten? Oder um alle Privatangelegenheiten der slawischen Völker, ihre Interessen, Forderungen und Fragen zu einer einzigen, unzertrennlichen, großen slawischen Frage zu verschmelzen? Befaßt euch endlich mit ihr und ordnet alle privaten Interessen der slawischen Sache unter. Unsere Versammlung ist die erste slawische Versammlung; wir müssen hier den Grundstein für die neue slawische Gemeinschaft legen, die Einheit aller slawischen Stämme, die von nun an zu einem unteilbaren großen politischen Körper geworden sind, proklamieren und bekräftigen.

Zunächst haben wir uns zu fragen, ist unsere Versammlung nur eine Versammlung der österreichischen Slawen, oder ist sie eine slawische Versammlung überhaupt? Was bedeutet der Ausdruck: österreichische Slawen? Die in Österreich lebenden Slawen? Dann doch lieber: die von den österreichischen Deutschen geknechteten Slawen. Wenn ihr eure Versammlung ausschließlich auf die Vertreter der österreichischen Slawen beschränken wollt, mit welchem Recht nennt ihr sie Slawische Versammlung? Ihr schließt alle Slawen des russischen Reiches aus, daneben auch die preußischen und türkischen Slawen. Die Minderheit schließt die gewaltige Mehrheit aus und wagt sich slawisch zu nennen! Nennt euch doch deutsche Slawen und euren Kongreß einen Kongreß der deutschen Knechte und nicht einen slawischen Kongreß.

Ich weiß, daß viele von euch auf die Unterstützung der habsburgischen Dynastie hoffen. Sie verspricht euch jetzt alles, sie umschmeichelt euch, weil sie euch braucht. Aber wird sie ihre Versprechungen halten, wird sie die Möglichkeit haben, sie zu halten, wenn sie ihre gesunkene Macht mit eurer Hilfe wiederaufgerichtet hat? Ihr behauptet es – ich bin überzeugt, daß sie es nicht tun wird. Das erste Gesetz einer jeden Regierung ist das Gesetz der Selbsterhaltung. Ihm sind alle moralischen Gesetze untergeordnet, und es gibt in der Geschichte kein Beispiel, daß eine Regierung ohne

Zwang die Versprechungen, die sie in einem kritischen Augenblick abgegeben hat, gehalten hätte. Ihr seht, die habsburgische Dynastie wird nicht nur eure Verdienste vergessen, sondern wird sich auch wegen ihrer augenblicklichen schmählichen Schwäche rächen, die sie gezwungen hat, sich vor euch zu erniedrigen und euren aufrührerischen Forderungen zu schmeicheln. Die Geschichte der habsburgischen Dynastie ist reich an solchen Beispielen, und gerade ihr gelehrten Tschechen, die ihr die unglücklichen Schicksale eures Vaterlandes so gut, so eingehend kennt, müßtet besser als die anderen begreifen, daß es nicht die Liebe zu den Slawen, der slawischen Unabhängigkeit, den slawischen Sitten und Gebräuchen ist, welche die österreichische Regierung augenblicklich zwingt, eure Freundschaft zu suchen, sondern einzig und allein die eiserne Notwendigkeit.

Nehmen wir schließlich selbst das Unmögliche an, nehmen wir an, daß die habsburgische Dynastie in der Tat gewillt und imstande sein wird, ihr gegebenes Wort einzulösen, was werdet ihr gewinnen? Aus einem halb deutschen Staate wird Österreich ein halb slawischer werden. Ihr werdet also aus Unterdrückten zu Unterdrückern werden, aus Hassern zu Gehaßten; ihr, an Zahl geringen österreichischen Slawen werdet euch von der slawischen Mehrheit losreißen und macht selbst jede Hoffnung auf einen Zusammenschluß der Slawen zunichte, auf jene große slawische Einigung, die wenigstens nach euren Worten den ersten und vornehmsten Gegenstand eurer Wünsche bildet. Die slawische Einheit, die slawische Freiheit, die slawische Wiedergeburt ist nur möglich nach einer völligen Vernichtung des österreichischen Kaiserreiches[92].

Nicht weniger irren sich diejenigen, die bei der Aufrichtung der slawischen Unabhängigkeit auf die Hilfe des russischen Zaren hoffen. Der russische Zar hat ein neues enges Bündnis mit den Habsburgern geschlossen, und nicht für, sondern gegen euch, nicht um euch zu helfen, sondern um euch gewaltsam zurückzuführen, euch genauso wie alle übrigen aufrührerischen österreichischen Untertanen in die alte Untertanenschaft, in alte Unterwerfung zurückzuführen. Zar Nikolai hegt weder Sympathie für die Freiheit des Volkes noch für die Konstitution; an Polen habt ihr das beste Beispiel! Ich weiß, daß die russische Regierung euch ebenso wie die türkischen Slawen seit langem durch ihre Agenten, welche die ganzen slawischen Länder bereisen, bearbeitet und panslawistische Gedanken unter euch verbreiten läßt. Sie betrügt euch mit der Hoffnung auf baldige Hilfe, auf die angeblich nahe Befreiung aller Slawen durch das mächtige russische Zarenreich. Wollt ihr darauf warten? Niemand von uns wird diese Stunde erleben. Nicht nur ihr allein, nein, alle slawischen Völker könnten bis zum Nimmerleinstage warten. Jetzt ist für euch noch kein Platz im russischen Zarenreich: ihr wollt Leben, aber dort herrscht die Ruhe eines Kirchhofs; ihr fordert Selbständigkeit und Bewegung, dort herrscht mechanischer Gehorsam. Ihr wünscht Auferstehung, Erhebung, Aufklärung, Befreiung, aber dort herrschen Tod, Finsternis und Sklaverei. Im Rußland des Zaren Nikolai würde jegliches Volksleben, jede Freiheit eingesargt. Allerdings ist ohne Rußland keine slawische Einheit, keine slawische Macht möglich; aber sinnlos wäre es, vom heutigen Rußland Rettung und Hilfe für die Slawen zu erhoffen. Was bleibt euch übrig? Vereinigt euch zunächst außerhalb Rußlands, ohne es auszuschließen, aber in der Hoffnung, in der Erwartung seiner baldigen Befreiung. Euer Beispiel wird es hinreißen, und ihr werdet die Befreier des russischen Volkes sein, das dann seinerseits eure Stärke und euer Schild sein wird. Einigt euch und erklärt, daß ihr Slawen und nicht Österreicher seid, die in dem sogenannten österreichischen Kaiserreich auf slawischem Territorium leben, daß ihr in Prag zusammengekommen seid, um den ersten Grundstein einer künftigen freien und großen Föderation aller slawischen Völker zu legen, und daß ihr in der Hoffnung auf den Zusammenschluß der slawischen Brüder in Rußland, in den preußischen Gebieten und der Türkei – daß ihr Tschechen, Polen, Mähren aus Galizien und Krakau, Kleinrussen, Schlesier, Slowaken, Serben, Slowenen, Kroaten und Dalmatier ein festes und unzertrennbares Verteidigungs- und Angriffsbündnis geschlossen habt.«

Ich werde hier nicht alle Punkte, auf die ich zu sprechen kam, anführen. Ich erwähne nur noch, daß das Projekt, das später, übrigens ohne mein Vorwissen und nur als Bruchstück in einer tschechischen Zeitschrift[93] abgedruckt wurde, im demokratischen Geiste gehalten war. Es ließ den nationalen und provinziellen Verschiedenheiten in allen administrativen Angelegenheiten breiten Spielraum, obgleich es auch hier gewisse Grundlinien für alle gemeinsam und bindend vorsah; die gesamte innere und äußere Politik war aber einer Zentralregierung übertragen und in ihren Händen konzentriert. Auf diese Weise sollten Polen und Tschechen mit allen ihren eigensüchtigen und ehrgeizigen Ansprüchen in dem allgemeinen slawischen Bunde aufgehen. Ich riet dem Kongreß, auch von dem Innsbrucker Hofe, der damals noch zu jedem Zugeständnis bereit war, die offizielle Anerkennung des Bundes zu fordern sowie alle jene Zugeständnisse, die er jüngst den Ungarn gemacht hatte und die er daher auch seinen guten und getreuen Slawen nicht verweigern konnte; unter anderem: ein besonderes slawisches Ministerium, eine eigene slawische Heeresmacht mit slawischen Offizieren und eigene slawische Finanzen. Ich riet auch, die Rückkehr der kroatischen und übrigen slawischen Regimenter aus Italien zu verlangen; ferner einen Beauftragten im Namen aller vereinigten Slawen nach Ungarn zu Kossuth zu schicken, um die ungarisch-slawische Frage auf friedliche Weise zu lösen und den Ungarn wie den siebenbürgischen Walachen vorzuschlagen, in den slawischen oder meinetwegen ost-republikanischen Bund mit den gleichen Rechten wie alle Slawen einzutreten.

Ich gestehe, HERRSCHER, daß ich, als ich dies Projekt dem »Slawischen Kongreß« vorlegte, *die völlige Zerstörung der österreichischen Monarchie* im Auge hatte, ihre Zerstörung in beiden Fällen: sowohl im Falle ihrer erzwungenen Einwilligung als im Falle ihrer Weigerung, da sie die Dynastie in eine verhängnisvolle Kollision mit den Slawen gebracht hätte. Mein anderes und hauptsächliches Ziel war, in der Vereinigung der Slawen einen Ausgangspunkt für eine breit angelegte, revolutionäre Propaganda in Rußland zu suchen, um den Kampf gegen SIE, HERRSCHER, aufzunehmen! Den Deutschen konnte ich mich nicht anschließen: das hätte den Krieg Europas, und was noch schlimmer gewesen wäre, den Krieg Deutschlands gegen Rußland bedeutet; den Polen konnte ich mich ebensowenig anschließen; sie schenkten mir geringes Vertrauen, und als ich ihren Nationalcharakter, ihren unheilbaren, wenn auch mir historisch verständlichen Egoismus kennenlernte, wurde es mir ganz unmöglich, mich mit ihnen einzulassen und mit ihnen gemeinsam gegen mein Vaterland

zu arbeiten. In dem Slawischen Bunde dagegen erblickte ich ein noch größeres Vaterland, in dem Polen und Tschechen Rußland, sobald es ihm angeschlossen war, den ersten Platz hätte einräumen müssen.
Ich habe wiederholt den Ausdruck: »revolutionäre Propaganda in Rußland« gebraucht; ich muß nun endlich erklären, wie ich mir diese Propaganda vorstellte, welche Hoffnungen ich hegte, welche Mittel ich besaß. Vor allem muß ich IHNEN, HERRSCHER, feierlich versichern, daß ich weder früher noch damals, noch später auch nur die geringsten Verbindungen mit Rußland und Russen oder auch nur mit einem einzigen Menschen, der innerhalb der Grenzen IHRES Reiches lebte, besessen habe. Seit dem Jahre 1842 habe ich aus Rußland höchstens ein Dutzend Briefe erhalten und selbst kaum ebenso viele geschrieben; in diesen Briefen wurde der Politik nicht einmal Erwähnung getan. 1848 hoffte ich, mit Russen, die an der Grenze von Posen und Galizien lebten, in Verbindung zu kommen; dazu brauchte ich die Unterstützung der Polen, mit denen ich mich aber, wie ich bald entdeckte, nicht zu verständigen vermochte. Ich selbst war weder im Großherzogtum Posen noch in Krakau oder in Galizien, ebensowenig kannte ich auch nur einen einzigen Bewohner dieser Provinzen, von dem ich mit Bestimmtheit und gutem Gewissen hätte sagen können, daß er mit dem Königreich Polen oder der Ukraine Verbindung gehabt hätte. Ich glaube auch nicht, daß die Polen damals private Verbindungen mit den Grenzprovinzen des russischen Reiches unterhielten, denn sie beklagten sich mir gegenüber über die Schwierigkeit der Verbindung, über die lebendige, undurchdringliche Mauer, mit der Rußland umgeben war. Zu uns drangen nur zweifelhafte und meist sinnlose Gerüchte, so z. B. das

Gerücht über einen Aufstand in Moskau und eine angeblich neuentdeckte Verschwörung; ein anderes Mal kam die Nachricht, russische Offiziere hätten die Geschütze in der Warschauer Zitadelle vernagelt und ähnliche Albernheiten mehr, die ich übrigens, obgleich ich damals selbst von Wahnwitz befallen war, nie geglaubt habe.

Alle meine Ideen blieben Pläne, nicht, weil ich damals nicht hätte handeln wollen, sondern weil ich ohne jede Mittel für eine Propaganda nicht handeln konnte. Graf Orlow hat mir erklärt, die Regierung sei davon unterrichtet, daß ich im Auslande über meine Verbindungen mit Rußland und namentlich mit Kleinrußland gesprochen hätte. Dazu kann ich nur eines sagen: ich habe nie gerne gelogen, deshalb konnte ich nie von Verbindungen sprechen, die ich nicht besaß. Über die Ukraine erhielt ich von polnischen, in Galizien lebenden Gutsbesitzern Nachrichten; so hörte ich, daß es zu Beginn des Jahres 1848 infolge der Befreiung der galizischen Bauern in Wolhynien, Podolien wie im Kiewer Gouvernement zu so heftigen Unruhen unter den kleinrussischen Bauern gekommen wäre, daß zahlreiche Gutsbesitzer für ihr Leben fürchteten und nach Odessa fuhren. – Mehr habe ich aber auch nicht über Kleinrußland gehört; es ist schon möglich, daß ich später öffentlich über diese Nachricht gesprochen habe, weil ich damals jeden Vorfall aufgriff, der nur irgend geeignet war, im europäischen und vor allem im slawischen Publikum den Glauben an die Möglichkeit und an die Notwendigkeit der russischen Revolution zu erwecken.

Ich muß hier eine Bemerkung einschalten. Prädestiniert durch mein früheres Leben, durch meine politische Einstellung, meine Lage und meinen unbefriedigten

Tatendrang sowie durch meinen Ehrgeiz nach einer unseligen revolutionären Karriere, konnte ich weder mein Herz noch mein Sinnen und Trachten von Rußland losreißen; deshalb mußte ich an die russische Revolution glauben, oder besser gesagt, mußte ich mich und die andern an die russische Revolution glauben machen; es konnte für mich keinen Tätigkeitskreis außerhalb Rußlands geben. Was ich in diesem Schreiben über Mickewicz gesagt habe, trifft, wenn vielleicht auch nicht in diesem Maße auch für mich selbst zu: ich war gleichzeitig Betrogener und Betrüger und vergewaltigte gleichsam meinen eigenen Verstand und das gesunde Denken meiner Zuhörer. Von Natur aus bin ich kein Scharlatan, HERRSCHER; im Gegenteil, nichts ist mir so widerwärtig wie Scharlatanerie, und niemals ist der Drang nach einfacher reiner Wahrheit in mir erstickt. Aber die unselige und unnatürliche Situation, in die ich mich übrigens selber gebracht hatte, zwang mich hin und wieder zum Scharlatan wider Willen. Ohne Verbindungen, ohne Mittel, mit meinen Plänen allein unter einer fremden Menge – hatte ich nur einen einzigen Bundesgenossen: den Glauben. Ich sagte mir, daß der Glaube Berge versetzt, Hindernisse überwindet, den Unbesiegbaren besiegt und das Unmögliche möglich macht; daß der Glaube allein schon die Hälfte des Sieges, die Hälfte des Erfolges ist: vervollständigt durch einen mächtigen Willen, schafft er die Umstände, macht er die Menschen reif, sammelt und vereinigt er sie. Ich sagte mir: wenn ich selbst an die russische Revolution glaubte und die anderen, die Europäer, vor allem die Slawen und dann auch die Russen zwang, gleichfalls an sie zu glauben, mache ich die Revolution in Rußland möglich und notwendig. Mit einem Worte: ich wollte glauben, ich wollte, daß auch die andern glaubten. Nicht ohne Mühe, nicht ohne schweren Kampf errang ich mir diesen verlogenen, künstlichen, gewaltsamen Glauben; in einsamen Minuten stiegen mir qualvolle Zweifel auf, Zweifel an der Sittlichkeit und der Möglichkeit meines Vorhabens. Mehr als einmal hörte ich in mir eine innere, vorwurfsvolle Stimme, und mehr als einmal wiederholte ich mir die Worte, die der Apostel Paulus hörte, als er sich noch Saulus nannte: »Es ist schrecklich, wider den Stachel zu löcken.« Aber alles war vergeblich; ich betäubte mein Gewissen und verwarf meine Zweifel als unwürdig. Rußland kannte ich nur wenig; seit acht Jahren lebte ich im Auslande, und in Rußland hatte ich mich damals – ausschließlich mit deutscher Philosophie beschäftigt, so daß ich nichts um mich herum sah. Überdies ist das Studium Rußlands ohne besondere Unterstützung der Regierung schwierig, ja fast unmöglich, selbst für diejenigen, die sich bemühen, es kennenzulernen; aber das Studium des einfachen Volkes, der Bauern, ist anscheinend sogar für die Regierung selbst schwierig. Als sich im Auslande meine Interessen zum ersten Male auf Rußland lenkten, begann ich mich zu erinnern, frühere Eindrücke zu sammeln, und teils aus ihnen, teils aber auch aus verschiedenen Gerüchten, die zu mir drangen, schuf ich mir die Vorstellung eines phantastischen revolutionsreifen Rußland, indem ich jede Tatsache, jeden Umstand auf dem Prokrustesbett meiner demokratischen Wünsche ausreckte oder verkürzte. So betrog ich mich und die andern. Aber nie habe ich von meinen Verbindungen oder meinem Einfluß in Rußland gesprochen: es wäre eine Lüge gewesen, und ich hasse die Lüge. Wenn man jedoch in meiner Umgebung annahm, ich verfügte über Einfluß und positive Verbindungen, so schwieg ich und widersprach nicht, denn dieser Glaube war fast die einzige Unterstützung für meine Absichten. Auf diese Weise dürften zahlreiche, leere, durch nichts begründete Gerüchte zustande gekommen sein, die wahrscheinlich später der Regierung zu Ohren gekommen sind.

Die russische Propaganda war damals noch nicht einmal im Werden, sondern nur in meinem Hirn. Aber in welcher Form existierte sie dort? Ich bemühe mich, auf diese Frage mit der größten Aufrichtigkeit und Genauigkeit zu antworten. HERRSCHER, diese Geständnisse fallen mir schwer! Nicht, weil ich befürchte, den gerechten Zorn EW. KAISERLICHEN MAJESTÄT zu erregen und mir die furchtbarste Strafe zuzuziehen – seit dem Jahre 1848 und namentlich seit der Zeit meiner Haft geriet ich in mannigfache Situationen, gewann ich so viele Eindrücke, machte ich so bittere Erfahrungen, erlebte ich so trübe Ahnungen, Hoffnungen, Befürchtungen und Ängste, daß meine Seele müde geworden ist; mir scheint, als hätten selbst Hoffnung und Furcht jeden Einfluß auf sie verloren! Nein, HERRSCHER, aber es fällt mir schwer, und ich schäme mich, IHNEN ins Gesicht von meinen Verbrechen und Vorhaben namentlich gegen SIE und gegen Rußland zu berichten, wenngleich diese Verbrechen nur Verbrechen in Gedanken und Absicht blieben und nie zur Tat wurden.

Wenn ich vor IHNEN, HERRSCHER, nur als vor dem RICHTERZAREN stünde, könnte ich mich von dieser inneren Sorge befreien, indem ich nicht auf fruchtlose Einzelheiten eingehe. Für eine gerechte Anwendung der Strafgesetze wäre es genug, wenn ich sagte: »Ich wollte mit allen Kräften und Mitteln die Revolution in Rußland entfachen; ich wollte in Rußland einbrechen und es gegen den Herrscher in Aufruhr bringen, um die bestehende Ordnung zu vernichten. Wenn ich es nicht getan habe, so geschah es nur, weil es mir an Mitteln, nicht am Willen gefehlt hat.« Dem Gesetz wäre damit Genüge geschehen, weil auch dies Eingeständnis ausreichen würde, um mich zur schwersten in Rußland bestehenden Strafe zu verurteilen. Aber durch IHRE außerordentliche Gnade, HERRSCHER, stehe ich jetzt nicht vor dem Zaren-Richter, sondern vor dem Zaren-Beichtvater, dem ich alle meine verborgenen Gedanken offenbaren muß. Ich werde mir selbst vor IHNEN beichten; ich werde mich bemühen, Licht in das Chaos meiner Gedanken und Gefühle zu bringen, um sie geordnet darzulegen; ich werde vor IHNEN sprechen, wie ich vor Gott, den man weder durch Schmeichelei noch durch Lüge täuschen kann, sprechen würde. SIE aber, HERRSCHER, bitte ich, lassen SIE mich für einen Augenblick vergessen, daß ich vor dem großen und furchtbaren Zaren stehe, vor dem Millionen zittern, in dessen Gegenwart niemand wagt, nicht nur eine andere Meinung auszusprechen, sondern auch nur zu hegen. Lassen SIE mich denken, ich spräche jetzt nur vor meinem geistlichen Vater.

Ich wollte die Revolution in Rußland. Erste Frage: Weshalb wünschte ich sie? Zweite Frage: Welche Ordnung wollte ich an die Stelle der bestehenden Ordnung setzen? Und schließlich die dritte Frage: Mit welchen Mitteln und auf welchem Wege gedachte ich die Revolution in Rußland ins Werk zu setzen?

Wenn man durch die Welt schweift, findet man überall viele schlechte Zustände, aber in Rußland vielleicht noch mehr als in den übrigen Staaten. Nicht etwa weil in Rußland die Menschen schlechter wären als im westlichen Europa – im Gegenteil, ich glaube, daß der russische Mensch besser, gütiger, großherziger ist als der westliche Mensch –, sondern weil es im Westen ein

Heilmittel gibt: die Öffentlichkeit, die öffentliche Meinung und schließlich die Freiheit, die einen jeden Menschen veredelt und erhebt. Dieses Heilmittel aber gibt es in Rußland nicht. Westeuropa erscheint deshalb zuweilen schlimmer, weil dort alles in die Öffentlichkeit dringt und nur wenig verborgen bleibt. In Rußland dagegen schlagen alle Krankheiten nach innen und greifen die Konstitution des gesellschaftlichen Organismus an. In Rußland ist der Hauptantrieb die Furcht, die Furcht aber tötet jegliches Leben, jeglichen Geist, jede edle Seelenregung. Für einen Menschen, der die Wahrheit liebt, ist es hart und schwer, in Rußland zu leben; nicht anders ergeht es dem, der seinen Nächsten liebt, der in allen Menschen die Würde und die Unabhängigkeit der unsterblichen Seele liebt, mit einem Worte, dem Menschen, der nicht nur unter den Verfolgungen leidet, deren Opfer er ist, sondern auch unter denen, die seinen Nachbarn betreffen! Das öffentliche Leben in Rußland ist eine Kette von gegenseitigen Verfolgungen: Der höher Stehende unterdrückt den niederer Stehenden; dieser erduldet es und wagt nicht zu klagen, dafür aber drückt er auf den noch tiefer Stehenden, der es wiederum erduldet, um sich an dem unter ihm Stehenden zu rächen. Am schlimmsten ergeht es dem einfachen Volke, dem armen russischen Bauern, der auf der untersten Sprosse der Gesellschaftsleiter steht, der niemanden mehr verfolgen kann und die Verfolgungen aller übrigen erdulden muß; das russische Sprichwort sagt: »Uns prügelt nur der Faule nicht.«
Überall werden Bestechungsgelder genommen, wird gestohlen und für Geld Unrecht getan! In Frankreich, England und auch in dem ehrbaren Deutschland; in Rußland aber, glaube ich, mehr als in den übrigen

Staaten. Im Westen gelingt es dem öffentlichen Dieb selten, sich zu verbergen, weil auf jeden tausend Augen blicken, weil jeder des Diebstahls und des Unrechtes überführt werden kann, und dann ist auch kein Ministerium mehr imstande, den Dieb zu schützen. In Rußland kennen hin und wieder alle den Dieb, den Bedrücker, das Individuum, das für Geld Unrecht tut; alle wissen es, aber alle schweigen, weil sie Angst haben; und auch die Obrigkeit selbst schweigt, weil sie um ihre eigenen Sünden weiß, und alle ständig nur fürchten: der Minister möchte es erfahren, denn der ZAR, HERRSCHER, der Zar ist so weit, wie der Himmel hoch ist! In Rußland ist es für einen Beamten schwer und fast unmöglich, nicht zum Dieb zu werden. Erstens stehlen alle um ihn herum; die Gewohnheit wird zur Natur, und was ehedem Unwillen erregte, was widerwärtig schien, wird bald natürlich, unausbleiblich, unvermeidlich; ferner muß der Untergebene selbst häufig seinem Vorgesetzten eine Abgabe entrichten, und schließlich: selbst wenn jemand im Sinne hat, ein ehrlicher Mensch zu bleiben, hassen ihn seine Kollegen und Vorgesetzten; zuerst wird er als Sonderling verschrien, als ungeschliffener und unzugänglicher Mensch, und wenn er sich nicht bessert, dann vielleicht sogar als Liberaler, als gefährlicher Freidenker, und nun beruhigt man sich nicht eher, bevor er nicht zertreten, bevor er nicht vom Antlitz der Erde vertilgt ist. Aus den Unterbeamten, die in dieser Schule erzogen sind, werden mit der Zeit Vorgesetzte, die nun selbst und mit denselben Mitteln die heranwachsende Jugend erziehen: Und der Diebstahl, das Unrecht und die Verfolgungen leben und wachsen in Rußland wie ein tausendgliedriger Polyp, den kein Hieb, kein Stich tötet.

Die Furcht allein ist gegen diese alles zerfressende Krankheit nicht wirksam. Sie hemmt nur kurze Zeit. Der Mensch gewöhnt sich an alles, selbst an die Furcht: Der Vesuv ist von Ansiedlungen umgeben, und selbst wo Herculanum und Pompeji verschüttet liegen, leben Menschen dicht beisammen. In der Schweiz liegen manchmal bevölkerte Dörfer unter einem wankenden Felsen, und alle wissen, daß er sich jeden Tag, jede Stunde loslösen und in seinem schrecklichen Sturz alles zermalmen kann, das zu seinen Füßen liegt; aber niemand weicht von seinem Platz, vielmehr tröstet man sich mit dem Gedanken, daß der Felsen vielleicht noch lange nicht herabstürzen wird. So sind auch die russischen Beamten, HERRSCHER! Sie wissen, wie schrecklich IHR Zorn, und wie streng IHRE Strafe ist, wenn SIE die Nachricht von einem Unrecht, von einem Diebstahl erreicht! Alle zittern bei dem Gedanken an IHREN Zorn, und trotzdem stehlen alle weiter, verfolgen und begehen Unrecht! Zum Teil, weil es schwer ist, von einer alten, eingewurzelten Gewohnheit zu lassen, zum Teil auch, weil jeder hereingezogen und verwickelt ist, weil jeder Verpflichtungen besitzt gegen die übrigen bestohlenen Diebe; vor allem aber, weil sich jeder mit dem Gedanken tröstet, er sei so vorsichtig und genieße eine so mächtige Diebsprotektion, daß seine Verfehlungen nie und nimmer an IHR Ohr dringen würden.
Die Furcht allein ist nicht wirksam. Gegen ein solches Übel sind andere Heilmittel erforderlich: Adel des Herzens, selbständiges Denken, die stolze Furchtlosigkeit eines reinen Gewissens, die Achtung vor der eigenen und fremden Menschenwürde und schließlich die öffentliche Verachtung für alle Unehrlichen, für alle Entmenschten, die öffentliche Schande, das öffentliche Gewissen! Aber diese Eigenschaften, diese Kräfte

blühen nur dort, wo die Seele freien Spielraum hat, wo nicht Sklaventum und Furcht überwiegen. In Rußland aber hat man Scheu vor diesen Tugenden, nicht weil man sie nicht lieben wollte, sondern weil man fürchtet, mit ihnen möchten auch freie Gedanken eingeschleppt werden ...

Ich wage nicht, auf Einzelheiten einzugehen HERRSCHER! Es wäre lächerlich und verwegen, wenn ich vor IHNEN von Dingen sprechen würde, die SIE selbst millionenfach besser kennen als ich. Ich kenne Rußland nur wenig, und was ich wußte, habe ich in meinen wenigen Artikeln und Broschüren ausgesprochen, ferner in meiner Verteidigungsschrift auf der Festung Königstein. Ich habe in diesen Schriftstücken häufig in frechen und verbrecherischen Ausdrücken über SIE, HERRSCHER, gesprochen, in einem krankhaft gereizten Geist und Ton, wobei ich mich auch noch gegen das russische Sprichwort versündigte: Tragt den Kot nicht vor das Haus – aber dies alles geschah in Übereinstimmung mit meinen damaligen Überzeugungen, so daß alles Unwahre und Falsche meiner Unkenntnis Rußlands, meinem verstandesmäßigen Unvermögen zugeschrieben werden kann, nicht aber meinem Herzen.

Vor allem erschütterte und empörte mich die unglückliche Lage, in der sich das sogenannte »Schwarze Volk«, der gute, von allen unterdrückte russische Bauer befindet. Mit ihm fühlte ich mich eher verbunden als mit den übrigen Klassen, weit mehr als mit dem charakterlosen und ausschweifenden russischen Adel. Auf ihn baute ich alle meine Hoffnungen, von ihm konnte die Wiedergeburt Rußlands ausgehen, mein Glaube an eine große Zukunft Rußlands wurzelte in diesen Sympathien für den Bauer; in ihm verspürte ich Frische, er barg eine große Seele, hellen Verstand, die noch nicht vom Auslande verdorbene russische Kraft – und ich dachte, was könnte aus diesem Volk werden, wenn man ihm Freiheit und Eigentum gäbe, wenn man es lesen und schreiben lehrte! Und ich fragte mich, weshalb die jetzige russische Regierung, die mit unbeschränkter Gewalt ausgerüstet ist, die weder durch ein Gesetz noch durch eine einzige rivalisierende Macht eingeengte Selbstherrschaft ihre Allmacht nicht benutzt, um das russische Volk zu befreien, zu heben und zu erleuchten? Und noch viele andere Fragen, die mit dieser hauptsächlichen und grundsätzlichen Frage zusammenhingen, tauchten in meiner Seele auf. Aber statt eine Antwort zu geben, die jeder Untertan EW. KAISERLICHEN MAJESTÄT auf solche Zweifel geben muß: »Es ist nicht meine Sache, über diese Dinge ein Urteil zu fällen; der Herrscher und die Obrigkeit wissen darüber Bescheid; meine Sache ist es, mich zu fügen«; und an Stelle einer anderen Antwort, die gleichfalls nicht der Berechtigung entbehrt und die der ersten als Begründung dient, nämlich: »Die Regierung betrachtet alle diese Fragen von oben herab und wird sie zur gegebenen Zeit aufgreifen, während ich sie von unten sehe und nicht alle die Schwierigkeiten, Hindernisse und zeitbedingten Umstände in der inneren und äußeren Politik erkennen kann; und deshalb kann ich auch nicht die gegebene Stunde für ihre Handlungen bestimmen«; statt aller dieser Erwiderungen antwortete ich in meinem Geiste und meinen Schriften frech und aufrührerisch: »Die Regierung wird das russische Volk nicht befreien, erstens, weil sie trotz aller ihrer gesetzlich unbegrenzten Allgewalt doch durch eine Menge Umstände beschränkt, durch ihren korrumpierten Verwaltungsapparat und schließlich durch den Egoismus des Adels gebunden ist; noch mehr aber, weil sie in Wirklichkeit

Anm. Nik. I.: NB.

weder die Freiheit noch die Aufklärung, noch die Erhebung des russischen Volkes will, in dem sie nur eine seelenlose Maschine für ihre Eroberungen in Europa sieht!« – Diese meiner Untertanenpflicht so gänzlich unangemessene Antwort entsprach meinen demokratischen Auffassungen.

Anm. Nik. I.: NB.

Man könnte mich fragen: Wie denkst du jetzt? – HERRSCHER! Es wird mir schwer, auf diese Frage eine Antwort zu geben! Während meiner mehr als zweijährigen Einzelhaft habe ich vieles noch einmal durchdenken müssen, und ich kann sagen, daß ich nie in meinem Leben so ernsthaft wie in dieser Zeit nachgedacht habe; denn ich war allein, weit von allen Verführungen der Außenwelt, und hatte bittere Lebenserfahrungen hinter mir. Noch mehr begann ich an der Wahrheit vieler alter Vorstellungen zu zweifeln, als ich Rußland betrat und mir dort statt der erwarteten grausamen und brutalen Behandlung ein so menschenfreundlicher, edelmütiger und mitleidsvoller Empfang bereitet wurde. Schon auf dem Wege hörte ich vieles, was ich früher nicht wußte und im Auslande nie geglaubt hätte. Vieles, sehr vieles hat sich in mir geändert. Aber kann ich mit gutem Gewissen sagen, ob in mir nicht noch viele, viele Spuren der alten Krankheit zurückgeblieben sind? Eine Wahrheit habe ich voll und ganz begriffen: daß nämlich die Regierungswissenschaft und das Regierungsgeschäft so groß und so schwierig sind, daß jemand einfachen Sinnes kaum je imstande sein wird, sich dazu zu erheben, sofern er nicht durch eine besondere Erziehung, eine besondere Atmosphäre, ein enges Vertrautsein und einen ständigen Umgang mit ihnen dazu vorbereitet ist – daß es im Leben der Staaten und Völker so viele höhere Bedingungen und Gesetze gibt, die nicht dem Maßstabe des

Alltäglichen unterliegen, und daß vieles, was uns im privaten Leben ungerecht, drückend, grausam erscheint, in der hohen Politik zur Notwendigkeit wird. Ich habe begriffen, daß die Geschichte ihren besonderen geheimnisvollen Lauf nimmt, der logischen Gesetzen folgt, obschon er oft im Widerspruche zu der Logik der Welt steht, der heilsam ist, mag er auch nicht immer unseren Privatwünschen entsprechen, und mit einigen sehr seltenen Ausnahmen in der Geschichte, die die Vorsehung gleichsam zugelassen und die Nachwelt durch ihre Anerkennung sanktioniert hat, hatte kein einziger Privatmensch, so aufrichtig, ehrlich und heilig seine Überzeugungen auch gewesen sein mögen, den Beruf noch das Recht, seine aufrührerischen Gedanken und seine ohnmächtige Hand gegen die unerforschlichen Schicksalsmächte zu erheben. Kurz gesagt: Ich habe begriffen, daß meine eigenen Absichten und Taten im höchsten Maße lächerlich, sinnlos, frech und verbrecherisch waren; verbrecherisch gegen SIE, meinen Herrscher, verbrecherisch gegen Rußland, mein Vaterland, verbrecherisch gegen alle politischen und moralischen, göttlichen und menschlichen Gesetze! Aber ich kehre zu meinen aufrührerischen, demokratischen Fragen zurück.
Ich frage mich gleichfalls: »Welchen Nutzen hat Rußland von seinen Eroberungen? Und wenn es sich die halbe Welt unterwürfe, würde es glücklicher, freier und reicher werden? Würde es auch nur stärker sein? Und würde das mächtige russische Zarenreich, das jetzt schon so weit und beinahe unermeßlich ist, nicht schließlich zerfallen, wenn es seine Grenzen noch weiter ausdehnt? Wo ist das letzte Ziel dieser Erweiterungen? Was bringt es den unterjochten Völkern an Stelle der geraubten Unabhängigkeit? – Von Freiheit, Auf-

klärung, Volkswohlfahrt kann man ja nicht sprechen, vielleicht aber ist ihre Nationalität nur durch die Knechtschaft unterdrückt? Und muß und kann denn die russische oder richtiger die großrussische Nationalität die Nationalität der ganzen Welt sein? Kann Westeuropa sich jemals der russischen Sprache und Seele, dem russischen Herzen öffnen? Können selbst auch nur sämtliche slawischen Stämme Russen werden? Werden sie ihre Sprache vergessen – die nicht einmal Kleinrußland vergessen konnte –, ihre Literatur, ihre heimatliche Aufklärung, mit einem Wort: ihr warmes Haus, um sich ganz zu verlieren und, wie Puschkin sagt, »im russischen Meer aufzugehen«? Was würden sie, was würde selbst Rußland durch eine solche gewaltsame Verschmelzung gewinnen? Was hat Weißrußland durch seine lange polnische Untertänigkeit gewonnen? Die Ausrottung und Verdummung des Volkes. Und Rußland? Rußland wird auf seinen Schultern die ganze Last dieser unermeßlichen, komplizierten, gewaltsamen Konzentration tragen müssen. Rußland wird allen übrigen Slawen so verhaßt werden, wie es jetzt den Polen verhaßt ist; es wird nicht der Befreier, sondern der Unterdrücker der verwandten slawischen Familie sein, ihr Feind wider Willen, auf Kosten der eigenen Wohlfahrt, auf Kosten der eigenen Freiheit – und am Ende wird es von allen gehaßt werden, sich selbst hassen und in seinen erzwungenen Siegen nichts als Leiden und Knechtschaft finden. Es wird die Slawen umbringen, und damit sich selbst! Muß das der Abschluß des eben erst beginnenden slawischen Lebens und der slawischen Geschichte sein?

HERRSCHER! Ich habe mich nicht bemüht, die Ausdrücke zu mildern! Ich habe IHNEN die Fragen, die meine Seele damals bewegten, in ihrer ganzen rohen

Nacktheit vor Augen gestellt, in der Hoffnung auf IHRE gnädige Herablassung, und um EW. KAISERLICHEN MAJESTÄT einigermaßen zu erklären, auf welche Weise ich von Frage zu Frage, von Schlußfolgerung zu Schlußfolgerung schritt, oder besser gesagt, schwankte, und wie es mir zuweilen gelang, mich selbst von der Notwendigkeit und Sittlichkeit einer russischen Revolution zu überzeugen.
Ich habe genug gesagt, um zu zeigen, wie zügellos mein Denken war. Nun aber beeile ich mich, auf die Gefahr hin, gegen die Logik und den Zusammenhang zu sündigen, eine Reihe ähnlicher Fragen und Gedankengänge, die konsequent meine äußersten revolutionären Energien entfachten, zu überspringen. Es fällt mir unsagbar schwer, HERRSCHER, VOR IHNEN über diese Dinge zu sprechen, und zwar deshalb, weil ich nicht weiß, wie ich mich ausdrücken soll: wenn ich meine Ausdrücke abschwäche, könnten SIE denken, ich wollte die Überheblichkeit meiner Gedanken verbergen oder verringern, meine Beichte wäre nicht aufrichtig und nicht vollständig. Wenn ich aber die Ausdrücke, die ich damals auf dem Höhepunkte meines politischen Wahnsinns gebrauchte, wiederhole, könnten SIE, HERRSCHER, vielleicht auf den Gedanken kommen, wovor mich Gott behüte, ich wolle selbst VOR IHNEN noch mit einem Freidenkertum paradieren. Außerdem, wenn ich alle meine ehemaligen Gedankengänge eingehend aufzähle, müßte ich unterscheiden zwischen denjenigen, die ich bereits völlig habe fallenlassen, und denjenigen, an denen ich noch zum Teil oder ganz festhalte; ich müßte mich auf endlose Erklärungen und Erörterungen einlassen, die hier nicht nur ungeziemend wären, sondern auch ganz und gar dem Geist und einzigen Zweck dieser Beichte, die nur

eine einfache und aufrichtige Erzählung aller meiner Verfehlungen sein soll, widersprächen. Aber das ist noch nicht so schwierig, viel schwerer fällt mir, IHNEN, HERRSCHER, zu sagen, was ich mich unterfing, über die Tendenz und den Geist IHRER Regierung zu denken! Schwer in jeder Beziehung: schwer im Hinblick auf die Situation, weil ich als verurteilter Verbrecher vor IHNEN, meinem Herrscher, stehe; schwer infolge meiner Selbstliebe: denn ich meine, SIE sprechen zu hören: Der Knabe schwätzt über Dinge, die er nicht versteht! Am schwersten aber bedrückt mein Herz, daß ich als zuchtloser, verirrter und verlorener Sohn vor dem beleidigten und zornigen Vater stehe!

Anm. Nik. I.: Seine Furcht ist grundlos; Persönliches gegen mich verzeihe ich stets aus tiefstem Herzen!

Mit einem Wort, HERRSCHER, ich war zu der Überzeugung gekommen, daß Rußland, um seine Ehre und seine Zukunft zu retten, eine Revolution vollziehen und IHRE Zarenmacht stürzen müsse; daß es sich durch die Abschaffung der monarchischen Regierungsform von der Knechtschaft im eigenen Lande befreien und an die Spitze der slawischen Bewegung stellen müsse, um seine Waffen gegen den österreichischen Kaiser, den preußischen König und den türkischen Sultan zu kehren, und falls es notwendig würde, auch gegen Deutschland und Ungarn, kurz, gegen die ganze Welt, um alle Slawen vom fremden Joche zu befreien. Halb Preußisch-Schlesien, der größte Teil von West- und Ostpreußen, also sämtliche slawisch und polnisch sprechenden Territorien, sollten von Deutschland abgetrennt werden. Meine Phantasie aber schweifte noch weiter: ich glaubte und hoffte, daß die ungarische Nation, gezwungen durch die Umstände, durch ihre isolierte Situation zwischen slawischen Stämmen, ferner durch ihre mehr östliche als westliche Natur – daß alle Moldauer und Walachen und schließlich sogar auch die

Griechen dem Slawischen Bunde beitreten würden, und auf diese Weise ein einiges, freies, östliches Reich zustande kommen würde, eine neue östliche Weltmacht im Gegensatz, wenn auch nicht in Feindschaft, zur westlichen; ihre Hauptstadt würde Konstantinopel sein.

So weit schweiften meine revolutionären Hoffnungen, die aber nichts mit ehrgeizigen Plänen für meine Person zu tun hatten! Dies schwöre ich IHNEN, HERRSCHER, und wage zu hoffen, daß SIE sich selbst bald davon überzeugen werden! Vorher aber muß ich noch die Frage beantworten: Welche Regierungsform wünschte ich für Rußland? Die Antwort fällt mir sehr schwer, weil ich in diesem Punkte eine unklare und unbestimmte Vorstellung hatte. Ich hatte acht Jahre im Auslande verbracht und wußte, daß ich Rußland nicht kannte; daher sagte ich mir, daß ich, am wenigsten außerhalb Rußlands, die Gesetze und Formen für sein neues Staatsleben bestimmen könne. Ich sah, daß selbst in Westeuropa, wo die Lebensbedingungen doch bereits ziemlich klar ausgeprägt sind, wo unvergleichlich mehr Selbsterkenntnis herrscht als in Rußland, ich sah, daß selbst hier niemand imstande war, nicht nur die dauernden Formen der Zukunft, sondern auch nur die Veränderungen des kommenden Tages vorherzubestimmen; und sagte mir daher: Niemand kennt das augenblickliche Rußland, weder die Europäer noch die Russen, und deshalb schweigt Rußland; es schweigt, nicht weil es nichts zu sagen hätte, sondern nur, weil ihm die Zunge und sämtliche Bewegungen gebunden sind. Möge es nun aufspringen und zu sprechen anfangen, dann werden wir erfahren, was es denkt und was es will; es wird uns selbst zeigen, welche Formen und Institutionen es braucht. – Wenn ich damals nur einen einzigen Russen an meiner Seite gehabt hätte, mit dem ich über Rußland hätte sprechen können, dann hätten sich in meinem Geiste wahrscheinlich, ich will nicht sagen bessere und überlegtere, aber wenigstens bestimmtere Begriffe herausgebildet. Aber ich war mit meinen Vorhaben, meinen tausendfach verworrenen, einander widersprechenden und sich in meinem Gehirn erhitzenden Phantasien allein; ich konnte sie nicht ordnen, und in der Überzeugung, daß es unmöglich sein würde, aus eigener Kraft aus diesem Labyrinth herauszukommen, verschob ich die Lösung aller dieser Fragen, bis ich den russischen Boden betreten hätte.

Ich wünschte die Republik. Aber welche Republik? Keine parlamentarische! Die repräsentative Regierung, die konstitutionellen Formen, die parlamentarische Aristokratie und das sogenannte Gleichgewicht der Kräfte, in dem alle wirksamen Kräfte so fein abgewogen sind, daß keine etwas zustande bringen kann, kurz, dieser ganze enge, künstlich komplizierte und charakterlose politische Katechismus der westlichen Liberalen war nie Gegenstand meiner Anbetung, weder meiner inneren Teilnahme noch auch nur meiner Achtung[94]; und damals begann ich ihn noch mehr zu verachten, als ich nämlich die Früchte der parlamentarischen Formen in Frankreich, in Deutschland und sogar auf dem »Slawischen Kongreß«, namentlich in der Polnischen Sektion sah, wo die Polen genauso mit dem Parlament wie die Deutschen mit der Revolution spielten. Im übrigen würde sich ein russisches Parlament, wie ja auch das polnische, ausschließlich aus Adeligen zusammensetzen, in Rußland käme vielleicht noch die Kaufmannschaft hinzu, während die riesige Masse des Volkes, das wirkliche Volk, die Stütze und Kraft Rußlands, auf dem sein Leben und seine ganze

Zukunft beruht, ohne Vertreter bleiben und von dem gleichen Adel, der es auch jetzt bedrückt, weiter unterjocht und erniedrigt würde. *Ich glaube, daß in Rußland mehr als irgendwo eine starke diktatorische Macht notwendig ist, die sich ausschließlich mit der Hebung und Aufklärung der Volksmassen befaßt; eine ihrer Tendenz und ihrem Geiste nach freie Macht, aber ohne parlamentarische Formen; eine Macht, die Bücher freien Inhalts druckt, ohne die Druckfreiheit einzuführen; eine von Gleichgesinnten umgebene, beratene und durch deren freie Mitarbeit gestärkte Macht, die jedoch von niemandem und durch nichts eingeschränkt ist.*– Ich sagte mir, daß der ganze Unterschied zwischen einer solchen diktatorischen und einer monarchischen Macht darin bestehen würde, daß die erstere dem Geiste ihrer Struktur nach erstreben müßte, ihre Existenz so rasch als möglich überflüssig zu machen, da sie nichts als die Freiheit, Selbständigkeit und allmähliche Mannbarmachung des Volkes im Auge hat; während die monarchische Macht nach Verewigung ihrer Existenz trachtet, danach strebt, daß sie nie überflüssig wird, und deshalb ihre Untertanen in einem unveränderlichen Kindheitsstadium halten muß.

Was nach dieser Diktatur kommen würde, wußte ich nicht, ja, ich war der Ansicht, daß es überhaupt niemand voraussagen könnte. Und wer sollte Diktator werden? Man könnte meinen, ich hätte an mich selbst für diesen hohen Posten gedacht. Aber diese Annahme wäre völlig ungerechtfertigt. Ich muß sagen, HERRSCHER, daß mir außer der Exaltation, hin und wieder der fanatischen Exaltation, fanatisch jedoch mehr infolge der Umstände und der unnatürlichen Situation als von Natur aus, sowohl alle jene glänzenden Eigenschaften als auch jene großen Laster versagt waren, die bedeutende Politiker oder große Staatsverbrecher besitzen. – Ich hatte schon früher und auch damals so wenig Ehrgeiz, daß ich mich gerne jedem Beliebigen untergeordnet hätte, wenn ich bei ihm nur die Fähigkeit, die Mittel und den festen Willen gesehen hätte, den Prinzipien zu dienen, die ich damals für absolute Wahrheiten hielt. Ich wäre ihm freudig gefolgt und hätte mich ihm bereitwillig untergeordnet, weil ich stets die Disziplin, sofern sie auf Überzeugung und Glauben beruhte, geachtet und geliebt habe. Ich will nicht sagen, daß ich keine Selbstliebe besessen hätte, aber niemals hat sie in mir überwogen; im Gegenteil, es bedeutete für mich eine Überwindung, es ging mir gleichsam wider die Natur, wenn ich öffentlich sprechen oder auch nur für das Publikum schreiben sollte. Ich besaß auch nicht jene ungeheuren Laster à la Danton oder à la Mirabeau, jene unersättliche, tiefe Verderbtheit, die um ihrer Befriedigung willen bereit ist, die ganze Welt auf den Kopf zu stellen. Und wenn ich Egoismus besaß, so bestand er einzig und allein in meinem Bedürfnis nach Bewegung und Tätigkeit. Meine Natur hatte stets einen tiefeingewurzelten Fehler: meine Liebe zu phantastischen, zu ungewöhnlichen, unerhörten Abenteuern, die grenzenlose Horizonte eröffnen. In einem alltäglichen und ruhigen Kreise glaubte ich ersticken zu müssen. Gewöhnlich suchen die Menschen Ruhe und erblicken in ihr das höchste Gut. Mich aber brachte Ruhe in Verzweiflung; meine Seele befand sich in unaufhörlicher Erregung und forderte Tätigkeit, Bewegung und Leben. Ich hätte irgendwo unter westlichen Kolonisten in den amerikanischen Wäldern geboren werden müssen, dort, wo die Zivilisation erst im Aufblühen ist, dort, wo das ganze Leben noch ein unaufhörlicher Kampf gegen wilde Menschen und gegen die wilde Natur ist, und nicht in einer wohlgeordneten bürgerlichen Gesellschaft. Und ebenso, wenn das Schicksal aus mir in meinen jungen Jahren einen Seemann hätte machen wollen, wäre ich jetzt wahrscheinlich ein sehr ordentlicher Mensch, dächte nicht an Politik und suchte keine anderen Abenteuer und Stürme als auf dem Meere. Aber das Schicksal wollte weder das eine noch das andere, und mein Verlangen nach Bewegung und Tätigkeit blieb ungestillt. Dieses Verlangen, das sich im Lauf der Zeit mit der demokratischen Exaltation vereinigte, war fast meine einzige Triebkraft. Was dies zweite Element anbetrifft, so läßt es sich in wenigen Worten erklären: Liebe zur Freiheit und unüberwindlicher Haß gegen jede Unterdrückung, mehr noch, wenn sie andere als mich selbst betraf – mein eigenes Glück in fremdem Glücke zu suchen, meine eigene Würde in der aller mich Umgebenden, frei zu sein in der Freiheit anderer – das war mein ganzer Glaube, das Bestreben meines ganzen Lebens. Ich hielt es für meine heilige Pflicht, mich gegen jede Unterdrückung, woher sie auch kam, und wen sie auch betraf, zu erheben. Ich hatte stets viel von einem Don Quichotte, nicht nur im politischen, sondern auch im privaten Leben; ich konnte Ungerechtigkeit nicht gleichmütig mit ansehen, gar nicht zu sprechen von eigentlicher Unterdrückung, und mischte mich häufig ohne jede Veranlassung und ohne jedes Recht und ohne mir überhaupt Zeit zum Nachdenken zu lassen, in fremde Angelegenheiten und habe auf diese Weise in einem vielbewegten, aber leeren und nutzlosen Leben viele Dummheiten angerichtet, habe mir viele Unannehmlichkeiten zugezogen und mir auch einige Feinde gemacht, während ich selbst gegen niemanden Haß hegte. HERRSCHER! Das ist der wirkliche Schlüssel zu allen meinen sinnlosen Handlungen, Sünden und

Verbrechen. Ich sage dies mit so großer Überzeugung und Bestimmtheit, weil ich in den letzten zwei Jahren genug Muße hatte, mich zu studieren und über mein ganzes vergangenes Leben nachzudenken; ich blicke jetzt auf mich so kaltblütig wie auf einen Sterbenden oder einen schon Gestorbenen.

Bei einer solchen Einstellung im Denken und Fühlen konnte ich aber nicht an meine eigene Diktatur denken, konnte ich in meiner Seele keine ehrgeizigen Pläne hegen. Im Gegenteil, ich war so sehr von meinem Untergang in diesem ungleichen Kampfe überzeugt, daß ich meinem Freund Reichel wiederholt schrieb, ich nähme von ihm für immer Abschied; käme ich nicht in Deutschland um, so in Polen, wenn nicht in Polen, so in Rußland. Mehr als einmal habe ich auch Deutschen und Polen gegenüber, wenn sie in meiner Gegenwart über die künftigen Formen der Regierung stritten, geäußert: »*Wir sind berufen, zu zerstören und nicht aufzubauen; aufbauen werden andere, die besser, klüger und frischer sind als wir.*« – Dasselbe hoffte ich auch für Rußland; ich dachte, daß aus der revolutionären Bewegung neue starke Menschen hervorgehen würden, die es beherrschen und zum Ziele führen sollten.

Man hätte die Frage an mich stellen können: Wie konntest du dich mit so unbestimmten Gedanken, und ohne selbst zu wissen, was aus deinem Unternehmen entstehen würde, zu einer so furchtbaren Tat wie der russischen Revolution entschließen? Hast du nichts von dem Pugatschewschen[95] Aufstande gehört? Oder weißt du nicht, welcher Barbarei, welcher bestialischen Grausamkeit aufständische russische Bauern fähig sind? Und hast du die Worte Puschkins vergessen: »Erlöse uns, Herr, vom russischen Aufstand, der keinen Sinn und keine Schonung kennt! ...«?

HERRSCHER! Auf diese Frage, auf diesen Vorwurf fällt mir die Antwort noch schwerer als auf alle vorhergehenden. Und zwar deshalb, weil ich mich, obgleich meine Verbrechen auf die Gedankensphäre beschränkt blieben, schon damals im Geiste als Verbrecher fühlte, vor den möglichen Folgen meines verbrecherischen Unternehmens zitterte – und doch nicht von ihm abließ! Es ist richtig, daß ich mich selbst durch die eitle Hoffnung zu betrügen suchte, es würde möglich sein, die trunkene Wildheit der entfesselten Menge aufzuhalten und zu bändigen; aber meine Hoffnung war gering, und ich rechtfertigte mich mit dem Sophismus, daß in gewissen Zeiträumen auch das furchtbare Unheil notwendig ist, und so tröstete ich mich schließlich mit dem Gedanken, daß nach vielen Opfern ich zuletzt mit ihnen fallen würde ... Und Gott weiß, ob ich genug Charakter, Kraft und bösen Willen besessen hätte, um mein verbrecherisches Werk, ich sage nicht zu vollenden, aber zu beginnen. Gott wird es wissen. Ich möchte glauben, es wäre nicht der Fall, aber vielleicht doch. Was vermag nicht der Fanatismus! Und nicht umsonst sagt man, bei einem schlimmen Werke sei nur der erste Schritt schwer. – Ich habe lange und viel darüber nachgedacht und weiß heute noch nicht, was ich sagen soll, ich danke nur Gott, daß er mich nicht zum Ungeheuer und Henker meines Vaterlandes werden ließ!

Was Mittel und Wege betrifft, die ich zur Propaganda in Rußland anwenden wollte, so kann ich gleichfalls keine bestimmte Antwort geben. Ich hatte und konnte keine bestimmten Hoffnungen haben, da ich keine Beziehungen zu Rußland besaß; aber ich war bereit, nach jedem Mittel zu greifen, das sich mir bot: militärische Verschwörung, Aufruhr der russischen Soldaten, Gewinnung der russischen Gefangenen, sofern ich solche fand, aus ihnen die Avantgarde der russischen revolutionären Truppe zu bilden, und schließlich: Aufruhr der Bauern ... mit einem Wort HERRSCHER, mein Verbrechen gegen IHRE geheiligte Macht kannte in meinen Gedanken und Absichten keine Grenze und kein Maß! Und ich danke noch einmal der Vorsehung, daß sie mir rechtzeitig Halt geboten hat, daß sie mich keines meiner verhängnisvollen Vorhaben gegen SIE, meinen Herrscher und gegen mein Vaterland durchführen, ja auch nur beginnen ließ. – Nichtsdestoweniger aber weiß ich, daß nicht so sehr die Tat als die Absicht den Verbrecher ausmacht. Ich lasse daher meine deutschen Sünden, für die ich zuerst zum Tode und dann zur lebenslänglichen Haft im Zuchthause verurteilt wurde, beiseite und bekenne aus tiefster Seele, daß ich vor allem ein Verbrecher gegen SIE, HERRSCHER, ein Verbrecher gegen Rußland bin und daß meine Verbrechen die furchtbarste Strafe verdienen!

Anm. Nik. I.: Das Schwert trifft das geständige Haupt nicht, vergebe ihm Gott!

Der schwerste Teil meiner Beichte ist zu Ende. Jetzt habe ich IHNEN nur noch die deutschen Sünden zu beichten, die allerdings positiver waren und sich nicht nur auf die Absicht beschränkten, die aber trotzdem unvergleichlich leichter auf meinem Gewissen lasten als jene Gedankensünden gegen SIE, HERRSCHER, und gegen Rußland, deren eingehende und wahrheitsgemäße Schilderung ich abschließe.

Ich wende mich wieder meiner Erzählung zu. Ich suchte damals eine Basis, um vorgehen zu können. Bei den Polen hatte ich sie infolge der obenerwähnten Gründe nicht gefunden, nun suchte ich sie bei den Slawen. Auf dem »Slawischen Kongreß« gewann ich jedoch die Überzeugung, daß ich auch hier kein Sprungbrett finden würde. Ich begann nun, Leute außerhalb des Kongresses zu sammeln, und bildete eine geheime Gesellschaft; die erste, an der ich teilnahm; sie führte die Bezeichnung: »Gesellschaft der Slawischen Freunde«. Ihr gehörten einige Slowaken, Mähren, Kroaten und Serben an. Gestatten SIE, HERRSCHER, daß ich ihre Namen verschweige; es genügt, daß außer mir kein Untertan EW. KAISERLICHEN MAJESTÄT Mitglied der Gesellschaft war und daß sie nur wenige Tage bestand; der Prager Aufstand, der Sieg der Truppen und die erzwungene Abreise aller Slawen aus Prag lösten auch die Gesellschaft mit dem Kongreß auf. Es war weder gelungen, die Gesellschaft zu organisieren, noch auch nur die Grundlagen für ihre Tätigkeit zu bestimmen; sie zerstreute sich in alle Winde, ohne daß es zu weitern Beziehungen oder irgendeinem Briefwechsel gekommen wäre. So geschah es, daß ich die Verbindung mit ihren sämtlichen Mitgliedern verlor und die Gesellschaft auf meine künftige Tätigkeit keinen Einfluß ausübte. Ich erwähnte sie überhaupt nur, um in meinem eingehenden Bericht nichts zu übergehen.

Der »Slawische Kongreß« hatte in der letzten Zeit seine Tendenz etwas geändert; teils hatte er dem Drängen der Polen nachgegeben, teils aber war er auch unter meinen Einfluß und den gleichgesinnter Slawen geraten. Er machte eine kleine Schwenkung in der Richtung einer stärkeren Betonung des panslawistischen Gedankens, des Liberalismus – ich sage nicht der Demokratie – und hörte auf, den Sonderzwecken der österreichischen Regierung zu dienen: Das war sein Todesurteil. Der Prager Aufstand war übrigens nicht vom Kongreß inszeniert worden, sondern von den Studenten und der Partei der sog. Tschechischen Demokraten. Die letzteren waren damals zahlenmäßig noch sehr schwach und hatten anscheinend keine bestimmte politische Richtung; sie hatten sich dem Aufstande angeschlossen, weil es eben allgemeine Mode war. Ich war damals sehr wenig über sie unterrichtet, da sie die Sitzungen des Kongresses fast nie besuchten, sondern sich meist außerhalb Prags, in den umliegenden Dörfern aufhielten, wo sie die Bauern für den bevorstehenden Aufstand bearbeiteten. Ich wußte weder um ihre Pläne noch um die beabsichtigte Bewegung und wurde durch den Ausbruch des Aufstandes ebenso überrascht wie alle übrigen Mitglieder des »Slawischen Kongresses«. Erst am Vorabend des angesetzten Tages hörte ich von dem geplanten Aufstande der Studenten und der Arbeiterklasse, aber auch nur ganz vage. Gemeinsam mit einigen anderen Bekannten redete ich den Studenten zu, das unmögliche Unternehmen aufzugeben und dem österreichischen Militär keine Gelegenheit zu einem leichten Siege zu bieten. Es war ganz offensichtlich, daß Fürst Windischgrätz nichts sehnlicher als eine solche Gelegenheit wünschte, um den gesunkenen Mut seiner Soldaten zu heben und die gelockerte Disziplin wieder zu festigen, ferner aber Europa nach so vielen schmählichen Niederlagen das Beispiel eines Sieges der Truppen über die rebellierenden Massen zu geben. Er hatte die Prager Bevölkerung bereits auf mannigfache Weise gereizt und geradezu zum Aufstande herausgefordert, jetzt lieferten ihm die dummen Studenten mit ihren unerhörten Forderungen, die kein General hätte erfüllen können, ohne sich vor seiner ganzen Truppenmacht zu entehren, den erwünschten Anlaß, die militärischen Aktionen einzuleiten.

Ich blieb bis zur Kapitulation in der Stadt Prag und tat Dienst als Freiwilliger[96]. Ich ging mit dem Gewehr von einer Barrikade zur andern, gab einige Schüsse ab, aber ich war gewissermaßen nur Hospitant, da ich mir keine großen Resultate versprach. Zuletzt allerdings riet ich den Studenten, das Rathaus zu säubern, in dem geheime Verhandlungen mit Fürst Windischgrätz geführt wurden, und ein Militärkomitee mit diktatorischer Gewalt einzusetzen. Man wollte meinem Rate folgen, aber schon war es zu spät; Prag kapitulierte, und ich machte mich am nächsten Morgen nach Breslau auf, wo ich, wenn ich nicht irre, bis zu den ersten Julitagen blieb.

Als ich den Eindruck beschrieb, den das erste Zusammentreffen mit Slawen in Prag auf mich hervorbrachte, sagte ich, daß damals mein slawisches Herz erwachte und die neuen slawischen Gefühle mich beinahe völlig die Interessen vergessen ließen, die mich mit der demokratischen Bewegung Westeuropas verbanden. Noch stärker aber wirkte auf mich das sinnlose Geschrei der Deutschen gegen die Slawen, die sich nach der Auflösung des »Slawischen Kongresses« überall in Deutschland erhob, am lautesten jedoch im Frankfurter Parlament. Das hatte nichts mehr mit Demokratie zu schaffen, sondern war der Ruf des deutschen nationalen Egoismus. Die Deutschen wollten für sich und nicht für die anderen frei sein. Als sie in Frankfurt zusammengekommen waren, glaubten sie in der Tat, sie wären nun eine einige und starke Nation geworden und hätten über das Schicksal der Welt zu entscheiden! »Das deutsche Vaterland«*, das bisher nur in ihren Liedern und in ihren Unterhaltungen bei Tabak und Bier existiert hatte, sollte das Vaterland halb Europas werden. Das Frankfurter Parlament, das selbst aus einer Rebellion hervorgegangen war, sich auf Rebellion begründete und nur durch Rebellion bestand, beschimpfte

Anm. Nik. I.: Vorzüglich!

* Im Original deutsch.

die Polen und Italiener als Rebellen und sah in ihnen aufrührerische und verbrecherische Gegner der deutschen Größe und der deutschen Allmacht! Man nannte den deutschen Krieg um Schleswig-Holstein[97] »stammverwandt und meerumschlungen«* einen heiligen Krieg, den Krieg der Italiener um die Freiheit Italiens aber und die Unternehmungen der Polen im Großherzogtum Posen – verbrecherisch! – Noch heftiger aber wandte sich der deutsche Nationaleifer gegen die österreichischen Slawen, die sich in Prag versammelt hatten. Die Deutschen waren seit langem gewohnt, sie als ihre Leibeigenen zu betrachten, und gönnten ihnen nicht einmal slawisch zu atmen. In diesem Haß gegen die Slawen, in dieser Slawenfresserei waren sich sämtliche deutschen Parteien ausnahmslos einig: nicht nur hetzten die Konservativen und Liberalen gegen Italien und Polen, am lautesten schrien die Demokraten gegen die Slawen: in Zeitungen und Broschüren, in Parlamenten und Volksversammlungen, in den Klubs, den Bierkneipen und auf der Straße ... es war ein solcher Lärm, ein so unaufhörlicher Sturm, daß die Slawen, wenn das deutsche Geschrei jemanden hätte töten oder beschädigen können, schon längst allesamt umgekommen wären. Vor meiner Reise nach Prag genoß ich unter den Breslauer Demokraten großes Ansehen, aber mein Einfluß wurde zunichte, als ich nach meiner Rückkehr die Rechte der Slawen im demokratischen Klub verteidigen wollte. Mit einem Mal schrien alle auf mich ein, ja ließen mich nicht einmal ausreden; es war mein letztes Auftreten im Breslauer Klub und in den deutschen Klubs und öffentlichen Versammlungen überhaupt. Die Deutschen waren mir mit einem Male widerwärtig geworden, so widerwärtig, daß ich mit

Anm. Nik. I.: Es war Zeit!

* Im Original deutsch.

keinem Deutschen mehr ruhig sprechen, ja daß ich die deutsche Sprache und die deutsche Stimme nicht mehr hören konnte. Ich entsinne mich, wie ich mich mit Mühe beherrschte, einen deutschen Betteljungen, der mich um ein Almosen bat, nicht durchzuprügeln.
Nicht nur ich allein, alle Slawen, die Polen nicht ausgenommen, empfanden ähnlich. Die Polen, betrogen von der französischen revolutionären Regierung, betrogen von den Deutschen, beleidigt von den deutschen Juden, die Polen begannen laut auszusprechen, daß ihnen nur eines übrigbliebe: sich unter den Schutz des russischen Kaisers zu flüchten und ihn um die Gnade zu bitten, die gesamte polnische Diaspora in der österreichischen und preußischen Monarchie mit Rußland zu vereinigen. Es gab nur eine Stimme im Großherzogtum Posen, in Galizien und in Krakau; Widerspruch erhob einzig und allein die Emigration, die aber damals beinahe ohne jeden Einfluß war. Man könnte vielleicht annehmen, die Polen hätten geheuchelt und die Deutschen nur einschüchtern wollen; aber sie sprachen davon nicht den Deutschen gegenüber, sondern nur untereinander, mit einer solchen Leidenschaft und in solchen Ausdrücken, die mich heute noch glauben lassen, daß sie, wenn SIE, HERRSCHER, damals das slawische Banner ergriffen hätten, sich bedingungs- und diskussionslos, blind ihrem Willen unterworfen hätten; die Polen und alle, die nur in den österreichischen und preußischen Gebieten slawisch sprechen, wären freudig und fanatisch unter die breiten Schwingen des russischen Adlers geeilt und hätten sich mit Ungestüm nicht nur gegen die verhaßten Deutschen, sondern gegen ganz Westeuropa gewandt![98]

Anm. Nik. I.: Ich zweifle nicht daran; d.h. ich wäre an der Spitze einer Revolution eines slawischen Masaniello gestanden ich danke!

Damals entstand in mir ein seltsamer Gedanke. Es kam mir plötzlich in den Sinn, an SIE HERRSCHER, zu

Anm. Nik. I.: Schade, daß er nicht abgeschickt wurde!

schreiben, ich begann auch mit der Niederschrift des Briefes; er enthielt gleichfalls eine Art Beichte, nur hoffärtig und phrasenreicher als die vorliegende, – ich war damals frei und noch nicht durch Erfahrung klug geworden, aber sie war doch aufrichtig und kam von Herzen; ich bereute meine Sünden und bat um Verzeihung; dann gab ich in großen Zügen einen etwas zurechtgestutzten Überblick über die damalige Lage der slawischen Völker und bat SIE, HERRSCHER, im Namen aller unterdrückten Slawen, ihnen zu helfen, sie unter IHREN machtvollen Schutz zu nehmen, ihr Retter und Vater zu sein, sich zum Zaren aller Slawen zu proklamieren und zuletzt das slawische Banner in Osteuropa allen Deutschen und andern Unterdrückern und Feinden des slawischen Stammes zum Trotze aufzupflanzen! – Der Brief war wortreich und lang, phantastisch und unüberlegt, aber mit Feuer und von Herzen geschrieben; er enthielt viele lächerliche und alberne Ausführungen, aber ebenso viele Wahrheiten, mit einem Wort, er war ein getreues Spiegelbild meiner eigenen inneren Zerfahrenheit und der zahllosen Widersprüche, die damals mein Gemüt bewegten. – Ich habe den Brief zerrissen und verbrannt. Ich kam zur *Besinnung* und wurde mir bewußt, wie lächerlich und verwegen es IHNEN, HERRSCHER, scheinen müsse, wenn ich, ein Untertan EW. KAISERLICHEN MAJESTÄT, und zudem nicht einmal ein einfacher Untertan, sondern ein Staatsverbrecher, mich erkühnte, an SIE zu schreiben, und mich obendrein nicht darauf beschränkte, SIE um Verzeihung anzuflehen, sondern es wagte, IHNEN Ratschläge zu geben, SIE zu einer Änderung IHRER Politik anzugehen und zu überreden! ... Ich sagte mir, daß mein Brief fruchtlos bleiben würde und mich in den Augen der Demokraten, die einen

unglücklichen, seltsamen und durchaus nicht demokratischen Versuch doch nicht begreifen könnten, kompromittieren würde. Dazu kamen zwei Umstände, die merkwürdig zusammentrafen und mich vor allem bewogen, von meiner Absicht abzustehen:
Erstens: Ich erfuhr, man kann sagen aus offizieller Quelle, nämlich vom Breslauer Polizeipräsidenten, daß die russische Regierung meine Auslieferung von Preußen verlangt hätte mit der Begründung, ich hätte mit den bereits erwähnten beiden Polen – zwei Brüdern, deren Namen ich früher nie gehört hatte und die mir jetzt wieder entfallen sind – eine Verschwörung gegen das Leben EW. KAISERLICHEN MAJESTÄT geplant. Ich habe auf diese Verleumdung bereits geantwortet und bitte SIE, HERRSCHER, lassen SIE mich diesen Fall mit Schweigen übergehen! – Zweitens: das Gerücht von meiner angeblichen Spionagetätigkeit beschränkt sich nun nicht mehr nur auf das nichtssagende Geschwätz der Polen, sondern tauchte auch in den deutschen Zeitschriften auf: Dr. Marx[99], einer der Führer der deutschen Kommunisten in Brüssel, der mich ganz besonders haßte, weil ich mich nicht zwingen ließ, ihre Gesellschaften und Versammlungen zu besuchen, war damals Redakteur der in Köln erscheinenden »Neuen Rheinischen Zeitung«. Er druckte als erster eine Korrespondenz aus Prag ab, in der ich beschuldigt wurde, durch meine Denunziationen zahlreiche Polen ins Verderben gebracht zu haben. Da die »Neue Rheinische Zeitung« die Lieblingslektüre der deutschen Demokraten war, sprach man bald überall, auch schon laut über meine angebliche Verräterei. So bedrängte man mich von beiden Seiten: In den Augen der Regierung war ich ein Verbrecher, der nach dem Leben des Zaren trachtet, und in den Augen des Publikums war ich ein

schuftiger Spion! Ich war damals überzeugt, daß die beiden Verleumdungen ein und derselben Quelle entsprangen. Jedenfalls bestimmten sie unwiderruflich mein Schicksal: ich schwor mir, von meinem Vorhaben nicht abzustehen und von der einmal eingeschlagenen Bahn nicht zu weichen, sondern bis zu meinem Untergange vorwärtszuschreiten, der den Polen und Deutschen beweisen sollte, daß ich kein Verräter wäre.

Ich gab einige Erklärungen ab, teils persönlich, teils schriftlich, zum Teil auch in deutschen Zeitungen, dann aber ersah ich mir aus einem weiteren Aufenthalt in Breslau weder Zweck noch Nutzen und ging Anfang Juli nach Berlin[100], wo ich bis Ende September blieb.

Anm. Nik. I.: NB.

In Berlin traf ich häufig den französischen Gesandten Emanuel Arago[101], bei dem ich auch den türkischen Gesandten kennenlernte. Er forderte mich wiederholt auf, ihn zu besuchen, ich habe es aber nicht getan, da ich nicht wünschte, man könnte sagen, ich diente auf irgendeine Weise der türkischen Politik gegen Rußland, während ich im Gegenteil doch die Befreiung der Slawen von der türkischen Herrschaft und die völlige Zerstörung der Türkei anstrebte. Ebenso sah ich zahlreiche deutsche und polnische Mitglieder der Preußischen Gesetzgebenden oder Konstituierenden Versammlung, vornehmlich Demokraten. Aber ich hielt mich allen möglichst fern, selbst meinen ehemaligen nahen Breslauer Bekannten; ich hatte das Gefühl, als sähen alle in mir einen Spion, ich hätte jeden einzelnen hassen können; auf jeden Fall vermied ich sie alle. Niemals, HERRSCHER, lebte ich so niedergedrückt wie gerade damals; weder früher noch später, auch dann nicht, als ich der Freiheit beraubt war und die Drangsale zweier Kriminalprozesse über mich ergehen lassen mußte. Damals begriff ich, wie schwer die Situation eines wirklichen Spions sein müsse, oder wie schuftig ein Spion sein muß, um seine Existenz mit Gleichmut zu ertragen. Mir war sehr schwer zumute, HERRSCHER! Hinzu kam, daß sich für mich als Demokraten auch der politische Horizont sichtlich verfinsterte. Auf die Revolution folgte überall die Reaktion oder ihre Vorbereitungen zur Restauration. Die Juni-Ereignisse in Paris hatten schwerwiegende Folgen für die demokratische Bewegung, nicht nur in Paris und in Frankreich, sondern in ganz Europa. Zu offenen reaktionären Maßnahmen kam es in Deutschland noch nicht, alles schien volle Freiheit zu genießen. Aber wer Augen hatte, sah, wie die Regierungen in aller Stille Vorbereitungen und Abmachungen trafen, Kräfte sammelten und nur auf den gegebenen Augenblick warteten, um den entscheidenden Schlag zu führen. Das stumpfsinnige Geschwätz der deutschen Parlamente duldeten sie nur, weil sie sich davon mehr Nutzen versprachen, als daß sie ihre schädlichen Wirkungen fürchteten. Sie täuschten sich nicht: die deutschen Demokraten und Liberalen begingen in der Tat Selbstmord und machten der Reaktion den Sieg sehr leicht. Auch die slawische Frage begann sich damals zu verwirren: Der Krieg des Ban Jellachich[102] in Ungarn schien äußerlich betrachtet ein slawischer Krieg, der angeblich nur zum Schutze der Slowaken und Jugoslawen gegen die unerträglichen Ansprüche der Magyaren unternommen wurde, während er in Wirklichkeit der Beginn der österreichischen Reaktion war. Ich war sehr im Zweifel, mit wem ich sympathisieren sollte. Zu Jellachich hatte ich nicht das geringste Vertrauen, aber auch Kossuth war damals noch ein schlechter Demokrat; er kokettierte mit dem reaktionären Frankfurter Parlament und war sogar bereit, sich mit der kaiserlichen Regierung in Innsbruck auszusöhnen, ihr gegen Wien, gegen die Polen und Italiener zu dienen, wenn sich der Innsbrucker Hof nur mit seinen ungarischen Forderungen einverstanden erklären würde.

Anm. Nik. I.: NB. Zuletzt aber hielt mich meine Mittellosigkeit in Berlin fest. Hätte ich Geld gehabt, hätte ich nach Ungarn fahren können, um dort mit eigenen Augen die Lage zu prüfen; dann wären freilich noch viele Blätter zu dieser an und für sich schon umfangreichen Beichte hinzugekommen! Aber ich hatte eben kein Geld und konnte mich nicht vom Flecke rühren. Ebenso hatte ich auch keine Beziehungen zu Slawen, einen einzigen *Anm. Nik. I.: NB.* unbedeutenden Brief von Ludwig Stur* ausgenommen, den ich beantworten wollte, dazu aber nicht imstande war, da ich seine Adresse nicht wußte. Aus Österreich erhielt ich keine Zeile und schrieb auch selbst an niemanden. – Mit einem Wort, bis Ende Dezember blieb ich völlig untätig, so daß ich nicht weiß, was ich über diese Zeit sagen soll; ich wartete auf günstiges Wetter und war fest entschlossen, die nächste Gelegenheit zur Tat zu benützen. In welchem Sinne ich aber handeln wollte, wissen SIE bereits, HERRSCHER! Es war für mich eine schwere Zeit. Ohne Geld, ohne Freunde, als Spion verschrien, allein in der großen Stadt, wußte ich nicht, was ich tun und beginnen sollte, ja es kam vor, daß ich nicht wußte, wovon ich am nächsten Tage leben würde. Aber nicht allein meine materielle Lage hielt mich in Berlin, in Preußen, in Norddeutschland überhaupt fest, sondern auch die verleumderischen Gerüchte über mich. Und wenn-

* In Breslau wie in Berlin hatten die Demokraten den bewaffneten Widerstand gegen die ersten reaktionären Maßnahmen der preußischen Regierung vorbereitet. Nie war wohl Preußisch-Schlesien so sehr zu einem allgemeinen Volksaufstande bereit gewesen wie gerade damals. – Ich sah diese Vorbereitungen, freute mich über sie, nahm aber an ihnen keinen Anteil, da ich auf entscheidendere Gelegenheiten wartete. (M. B.)

gleich sich die politischen Verhältnisse bereits sichtlich geändert hatten und ich schon beinahe nichts mehr erwartete und hoffte, konnte und wollte ich doch nicht nach Paris, den einzigen Zufluchtsort, der mir geblieben war, zurückkehren, bevor ich nicht durch eine wirksame Tat die Aufrichtigkeit meiner demokratischen Überzeugungen bewiesen hatte. Ich mußte bis zum Ende aushalten, um meine angegriffene Ehre zu retten. Ich wurde verbittert und menschenscheu, wurde ein Fanatiker und war zu jedem halsbrecherischen und nicht schuftigen Unternehmen bereit; ich wurde von einer furchtbaren revolutionären Wut und einem hemmungslosen Zerstörungswillen gepackt. *Anm. Nik. I.: NB.*

Ende September wurde ich, ohne daß ich übrigens den geringsten Anlaß gegeben hätte, wahrscheinlich auf Veranlassung der russischen Regierung, gezwungen, Berlin zu verlassen. Ich kehrte nach Breslau zurück, aber Anfang Oktober mußte ich auch Breslau und das preußische Gebiet überhaupt mit der Drohung verlassen, man würde mich im Falle einer Rückkehr der russischen Regierung ausliefern[103]. Ich wollte in Dresden haltmachen, aber auch dort wurde ich ausgewiesen, es war ein Irrtum, wie mir später der Minister sagte; Veranlassung soll eine alte Forderung der russischen Gesandtschaft gewesen sein. Von Land zu Land vertrieben, faßte ich schließlich Fuß in Anhalt-Cöthen[104], das seltsamerweise, ganz von preußischen Gebieten umgeben, damals die freieste Konstitution nicht nur Deutschlands, sondern ich glaube der ganzen Welt, besaß. So kam es, daß das Ländchen vorübergehend der Zufluchtsort der politischen Verbannten wurde. Ich traf in Cöthen mehrere alte Bekannte, mit denen ich an der Berliner Universität studiert hatte. Ebenso fand ich dort eine Gesetzgebende Versammlung, ferner Volksver-

Anm. Nik. I.: NB.

Anm. Nik. I.: NB.

sammlungen, Klubs, Ständchen und Katzenmusik*, aber im Grunde befaßte sich niemand mit Politik, und bis Mitte November kannten auch ich und meine Freunde keine andere Beschäftigung als die Jagd auf Hasen und anderes Wild. Es war für mich eine Zeit der Ruhe. Sie dauerte nicht lange. Das Schicksal reservierte für mich die Grabesruhe der Festungshaft! – Noch im Oktober, als Ban Jellachich unter Umgehung von Budapest direkt auf Wien marschierte und Fürst Windischgrätz mit seinen Truppen Prag verließ, wollte ich nach Prag reisen, um die tschechischen Demokraten zu einem zweiten Aufstand zu bewegen. Ich überlegte es mir jedoch und blieb in Cöthen, denn ich hatte keine Verbindungen in Prag und war im unklaren, welche Veränderungen seit den Julitagen dort vor sich gegangen sein mochten und wie man in der Stadt eingestellt war. Außerdem hatte ich unter den Demokraten nur wenige Bekannte und erwartete seitens der Tschechisch-Konstitutionellen Partei Palazkis heftigen Widerstand. In Prag, dachte ich, hat man mich längst vergessen, und teils, um die Prager an mich zu erinnern, und wenn möglich der slawischen Bewegung eine andere Richtung zu geben, die meinen eigenen wie den slawischen und demokratischen Erwartungen mehr entsprach, teils aber auch, um den Polen und Deutschen zu beweisen, daß ich kein russischer Spion wäre, und um eine neue Annäherung an sie anzubahnen, schrieb ich meinen »Aufruf an die Slawen«[105], der dann in Leipzig gedruckt wurde. (Er befindet sich gleichfalls bei den Anklageakten.) Ich schrieb lange, über einen Monat an ihm. – Ich unterbrach die Niederschrift, nahm das Manuskript wieder vor, arbeitete den Aufruf mehrere Male um und konnte mich lange nicht ent-

Anm. Nik. I.: NB.

* »Ständchen und Katzenmusik« im Original deutsch.

schließen, ihn in Druck zu geben. Ich durfte darin meinen slawischen Gedankengang nicht klar und eindeutig aussprechen, sondern wollte mich wieder den deutschen Demokraten nähern, da ich diese Annäherung für notwendig hielt; so mußte ich zwischen Slawen und Deutschen lavieren, ein Kurs, zu dem mir Eignung, Übung und vor allem die Lust fehlten. Ich wollte die Slawen von der Notwendigkeit einer Annäherung an die deutschen und ungarischen Demokraten überzeugen. Die Umstände waren nicht mehr dieselben wie im Mai: die Kräfte der Revolution erlahmten, überall erstarkte die Reaktion, und nur der Zusammenschluß aller europäischen Demokraten bot noch Hoffnung den reaktionären Bund der Regierungen zu besiegen.

Im Anschluß an die Wiener Ereignisse wurde im November auch die Preußische Konstituierende Versammlung gewaltsam aufgelöst. Darauf versammelten sich in Cöthen einige ehemalige Abgeordnete, unter ihnen Hexamer[106] und D'Ester[107], Mitglieder des Zentralkomitees aller demokratischen Klubs in Deutschland. Dies Komitee war übrigens nicht geheim, sondern kurz vorher auf den öffentlichen Sitzungen des Demokratischen Kongresses in Berlin gewählt worden. Bald darauf wurden aber in ganz Deutschland geheime Gesellschaften gegründet; man kann sagen, daß erst jetzt in Deutschland die Epoche der geheimen Gesellschaften begann. Zweifellos hatten auch schon früher einige solcher Gesellschaften, namentlich kommunistische, bestanden, die aber völlig einflußlos geblieben waren. Bis zum November ging in Deutschland alles in voller Öffentlichkeit vor sich: die Verschwörungen, die Aufstände, auch ihre Vorbereitungen, alles war für niemanden, der sich dafür überhaupt nur interessierte, ein Geheimnis. Die Deutschen waren durch ihre wie vom Himmel gefallene Revolution, die ihnen nicht die geringste Anstrengung und fast kein Blut gekostet hatte, so verwöhnt, daß sie lange nicht an die wiedererstehende Kraft der Regierungen und an ihre eigene Ohnmacht glauben konnten. Sie schwatzten und sangen, waren Helden in Worten und Kinder in ihren Taten und meinten, ihre Freiheit sei endgültig besiegelt, sie brauchten, nur die Stirne zu runzeln, um sämtliche Regierungen erzittern zu lassen. Die Ereignisse in Wien und Berlin lehrten sie aber das Gegenteil; sie begriffen nun mit einem Male, daß sie zur Erhaltung der so leicht erworbenen Freiheit ernsthaftere Maßnahmen ergreifen müßten, und ganz Deutschland rüstete sich heimlich zu einer neuen Revolution.

Ich hatte D'Ester und Hexamer zum ersten Male in Berlin gesehen, aber damals nur flüchtig kennengelernt, da ich ihnen ebenso wie allen übrigen aus dem Wege ging. In Cöthen lernte ich sie näher kennen; anfangs mißtrauten sie mir und glaubten tatsächlich, ich wäre ein Spion; später schenkten sie mir aber ihr Vertrauen. Ich diskutierte mit ihnen viel über die slawische Frage. Erst nach langen Bemühungen gelang es mir, sie davon zu überzeugen, wie notwendig es für die Deutschen wäre, allen Ansprüchen auf slawische Länder zu entsagen. Mit diesen Diskussionen nahmen unsere politischen Beziehungen ihren Anfang – die ersten Beziehungen mit einem bestimmten Ziele, die ich mit Deutschen, ja überhaupt mit einer aktiven politischen Partei einging. Sie versprachen mir, mit allen Kräften auf die deutschen Demokraten zu wirken, um ihren Haß und ihre Vorurteile gegen die Slawen auszurotten; ich versprach ihnen, im gleichen Sinne auf die Slawen einzuwirken. So begrenzten wir zunächst unsere gegenseitigen Verpflichtungen. Da sie mich nun nicht mehr fürchteten, wußte ich um ihre Pläne, Vorbereitungen, um die Gründung der geheimen Gesellschaften und hörte auch von den sich eben anbahnenden Verbindungen zu den Demokraten in anderen Ländern, aber ich selber mischte mich in keiner Weise in ihre Angelegenheiten, ja, ich wollte nicht einmal fragen, um nicht neuen Verdacht zu erwecken. Ich beeilte mich nur, den »Aufruf an die Slawen« zu beenden, der auch bald in Leipzig gedruckt wurde.

Ende Dezember siedelte ich mit Hexamer und D'Ester nach Leipzig über. Veranlassung war vor allem, daß wir in der Nähe der böhmischen Grenze und in einer Stadt mit besseren Verbindungsmöglichkeiten als in Cöthen leben wollten; dann aber ging auch das Gerücht um, die preußische Regierung wolle sich aller Flüchtlinge in Cöthen bemächtigen. In Leipzig lernte ich durch Zufall einige jungen Slawen kennen, deren Namen und Tätigkeit in den österreichischen Anklageakten genau erwähnt werden. Unter ihnen befanden sich die beiden Brüder Gustav und Adolf Straka[108], zwei Tschechen, die damals an der Leipziger Universität Theologie studierten. Beide waren tüchtige, vornehm denkende junge Leute, die nie, bevor sie mich kennenlernten, an Politik gedacht hatten, obwohl sie eifrige Slawen waren. Ihr Untergang, den ich allein verschuldet habe, lastet als schwere Sünde auf meiner Seele. Vor meiner Ankunft in Leipzig, waren sie völlig entgegengesetzter Ansicht als ich, beide waren große Verehrer von Jellachich. Zu ihrem Unheil traf ich mit ihnen zusammen, gewann sie, stellte ihr Denken um, riß sie aus ihrer friedlichen Beschäftigung heraus und überredete sie, Werkzeuge meiner Pläne in Böhmen zu werden. Und wenn ich jetzt ihr Schicksal durch eine Verschlimmerung meines eigenen erleichtern könnte, würde ich mit Freuden ihre Strafe auf mich nehmen. Aber es ist zu spät! Außer ihnen habe ich übrigens keinen einzigen Menschen mehr verführt. Nur für sie muß ich mich vor Gott verantworten.

Durch sie erfuhr ich vor allem, daß mein »Aufruf an die Slawen« in Prag einen starken Widerhall gefunden hatte; daß Bruchstücke sogar in einer tschechischen demokratischen Zeitung, deren Redakteur Dr. Sabina war, gedruckt waren. Diese Tatsache ließ in mir den Glauben reifen, einige Tschechen und Polen zu einer Beratung und Verständigung mit den Deutschen nach Leipzig zu bitten, um eine erste Grundlage für eine gemeinsame revolutionäre Aktion zu schaffen. Deshalb schickte ich Gustav Straka mit Aufträgen an Arnold nach Prag, der ebenfalls Redakteur eines tschechischen demokratischen Blattes war, und an Sabina*, die ich beide übrigens nur dem Namen nach kannte. Ferner schrieb ich an die polnischen Bekannten im Großherzogtum Posen, von denen ich mir die wärmste Sympathie und lebhafteste Unterstützung versprach. Von den Polen kam überhaupt niemand, ja, ich erhielt nicht einmal eine Antwort von ihnen; aus Prag kam einzig und allein Arnold, der Straka verhindert hatte, Sabina einzuladen, teils weil er ihm nicht traute, teils aber auch aus kleinlicher Mißgunst. – Alle diese Umstände sind, übrigens nicht von mir, sondern durch Arnold selbst und durch die Brüder Straka eingehend in den österreichischen Anklageakten dargelegt. Ich werde, HERRSCHER, auf die kleinen Einzelheiten, die für das Inquisitionsverfahren notwendig sein mochten, die aber in einer freiwilligen und aufrichtigen Beichte

* Ich muß hier einschalten, daß ich Gustav Straka auch an die »Slawische Linde«, einen tschechischen, mehr oder minder demokratischen Klub senden wollte; Sabina hielt jedoch den Auftrag zurück, da er ihn zu gefährlich fand.

überflüssig und unangebracht sind, nicht näher eingehen. Ich erwähne deshalb im weiteren Verlaufe meines Berichtes nur die für den Zusammenhang notwendigen Umstände oder wesentlichen Tatsachen, die den beiden Untersuchungskommissionen unbekannt geblieben sind.

Bevor ich mit der Schilderung des letzten Aktes meiner traurigen revolutionären Laufbahn beginne, muß ich zunächst sagen, was ich wollte; dann werde ich meine Taten selbst beschreiben.

Mein politischer Fanatismus hatte durch die früheren Mißerfolge, durch meine unerträgliche, ungeklärte Situation und schließlich durch den Sieg der Reaktion in Europa seinen höchsten Paroxysmus erreicht: ich wurde von revolutionärer Leidenschaft verzehrt und war unter allen roten Republikanern und Demokraten der Purpurroteste.

Ich hatte folgenden Plan:

Die deutschen Demokraten bereiteten für den Frühling 1849 einen allgemeinen Aufstand in ganz Deutschland vor. Ich wollte, die Slawen und Magyaren, die damals schon in offener und entschlossener Auflehnung gegen den österreichischen Kaiser standen, sollten sich ihnen anschließen. Ich wünschte diese Vereinigung, nicht, um sie mit Deutschland zu verschmelzen, sondern der Sieg der Revolution in Europa sollte zugleich über die Unabhängigkeit der slawischen Stämme entscheiden.

Die Zeit für eine solche Verständigung schien günstig. Die Magyaren und Deutschen waren durch Erfahrung klug geworden und brauchten Bundesgenossen; beide waren bereit, ihre früheren Ansprüche aufzugeben. Ich hoffte, die Polen würden zwischen Kossuth und den slawischen Ungarn vermitteln, ich meinerseits wollte die Vermittlerrolle zwischen Slawen und Deutschen übernehmen. Als Zentrum und Schwerpunkt der neuen slawischen Bewegung hatte ich Böhmen und nicht Polen ausersehen, aus vielen Gründen: Ganz Polen war durch die Niederlagen so erschöpft und demoralisiert, daß ich es für ausgeschlossen hielt, es ohne fremde Hilfe zu befreien: während Böhmen von der Reaktion noch fast unberührt geblieben war, damals noch volle Freiheit genoß, stark und frisch war und über alle Voraussetzungen und Mittel für eine erfolgreiche revolutionäre Bewegung verfügte. Außerdem wollte ich nicht, daß die Polen die führende Rolle in der geplanten Revolution übernähmen, da ich fürchtete, sie möchten ihr entweder einen engen, rein polnischen Charakter verleihen oder sogar die übrigen Slawen, wenn es ihnen zweckmäßig erscheinen sollte, an ihre alten Verbündeten, die westeuropäischen Demokraten oder noch mehr an die Magyaren, verraten. Schließlich wußte ich auch, daß Prag für alle nichtpolnischen Slawen unter österreichischer Herrschaft gewissermaßen eine Hauptstadt, eine Art Moskau ist, und hoffte – ich glaube nicht ohne Grund –, bei einem Aufstande in Prag würden die übrigen slawischen Stämme diesem Beispiel folgen und sich der Bewegung anschließen – im Gegensatz zu Jellachich und den anderen übrigens nicht sehr zahlreichen Anhängern der österreichischen Dynastie. – Von den Deutschen erhoffte ich Zustimmung, Sympathie und, im Falle der Not, bewaffnete Unterstützung gegen die preußische Regierung, die wahrscheinlich in ihrer Angst vor der revolutionären Ansteckungsgefahr nach russischem Muster den revolutionären Feuerbrand in Böhmen nicht als unbeteiligter Zuschauer mit angesehen hätte. Von den Polen hoffte ich Vermittlung mit den Magyaren, Beteiligung, Offiziere und vor allem Geld, das mir fehlte und ohne das kein Unternehmen möglich ist. Aber meine Erwartungen und Hoffnungen konzentrierten sich vornehmlich auf Böhmen[109].

Ich setzte größere Hoffnungen auf die böhmischen, tschechischen und auch auf die deutschen Bauern als auf Prag und die städtischen Bewohner überhaupt. Der entscheidende Fehler der deutschen und anfangs auch der französischen Demokraten rührte meiner Meinung von der Beschränkung ihrer Propaganda auf die Städte her; sie kümmerten sich überhaupt nicht um die Bauern. Die Städte schlossen sich ab, und deshalb blieb das Dorf nicht nur ein gleichgültiger Zuschauer der Revolution, sondern nahm sogar in vielen Orten eine feindselige Haltung ein. Und dabei wäre nichts leichter gewesen, als den revolutionären Geist der Bauern zu erwecken, vornehmlich in Deutschland, wo noch so viele Reste der alten Feudalordnung auf der Bauernschaft lasteten. Preußen selbst, wo im allgemeinen Eigentum und Leute frei sind, machte keine Ausnahme: in einzelnen Provinzen hatten sich noch Spuren der alten Leibeigenschaft erhalten, vor allem in Schlesien, wo neben einer übrigens ziemlich zahlreichen Klasse freier Eigentümer eine noch zahlreichere Klasse armer Bauern, sog. Häusler*, existiert, abgesehen von völlig besitzlosen Landarbeitern. – Aber nirgends war die Bauernklasse so empfänglich für eine revolutionäre Bewegung wie in Böhmen. Bis zum Jahre 1848 hatte der Feudalismus in Böhmen noch im vollen Umfange mit allen seinen Lasten und Unterdrückungen bestanden. Herrengerichte, Feudalabgaben und -steuern, Zehnten und andere geistliche Gedinge belasteten sogar die Mittel- und Großbauern. Die Klasse der Besitzlosen war noch größer und ihre Lage

* Im Original deutsch.

noch drückender als selbst in Deutschland. Außerdem gibt es in Böhmen zahlreiche Fabriken und also viele Fabrikarbeiter; die Fabrikarbeiter aber sind gleichsam vom Schicksal zu Rekruten der demokratischen Propaganda berufen. Im Jahre 1848 wurden jene Lasten abgelöst, die ewig zu Unzufriedenheit und Klagen der Bauern Anlaß gegeben hatten, alle alten Steuern, die komplizierten Verpflichtungen und Arbeitsleistungen fielen fort; sie nahmen ein Ende wie das altersschwache politische Leben der österreichischen Monarchie überhaupt. Aber sie hatten nur aufgehört, sie waren nicht abgeschafft. Der Unterdrückung folgte die Anarchie. Die erschreckte und völlig außer Fassung geratene Regierung war bereit, nach jedem Mittel zu greifen, um sich vor dem völligen Untergang zu retten, und erinnerte sich des demokratischen Köders, den sie 1846 Galizien hingeworfen hatte: sie erklärte plötzlich ohne alle vorbereitenden Maßnahmen die uneingeschränkte und bedingungslose Freiheit des Eigentums und der Bauern. Ihre Agenten durchzogen das böhmische Land und verkündeten lobpreisend den Gnadenerlaß der Regierung. Aber in Böhmen herrschen andere Verhältnisse als in Galizien. In Böhmen existiert die unterdrückende und verhaßte Klasse der reichen Großgrundbesitzer und Adeligen, der Feudalität, die sich nicht aus polnischen Verschwörern, sondern aus Deutschen zusammensetzt und mit Leib und Seele der habsburgischen Dynastie und noch mehr der alten, für sie so vorteilhaften österreichischen Ordnung ergeben ist. Das Volk leistete keine Fronarbeiten mehr und wollte keine Abgaben außer den staatlichen mehr entrichten; auch diese Abgaben zahlte es nur sehr ungern und mit verhaltenem Grimm. Die besitzende Klasse, die Adeligen, die Feudalität, kurz, die österreichische Partei in Böhmen wurde in die Enge getrieben. Außerdem hatte die Regierung nicht das geringste gewonnen, da das Volk stets der Lehre der tschechischen Patrioten gerne Gehör schenkte und das zur Unzeit verliehene große Geschenk der Freiheit weder durch besondere Liebe noch durch Dankbarkeit vergalt. Im Gegenteil; es mißtraute der Regierung, zumal es gehört hatte, daß sie unter dem Einfluß der österreichischen Aristokratie stehe; man fürchtete ständig die Wiedereinführung der Leibeigenschaft. Zuletzt erregten die ungewöhnlichen Rekrutierungen, die sich im Laufe eines einzigen Jahres mehrere Male wiederholt hatten, im böhmischen Volke allgemeine Unzufriedenheit. Unter diesen Umständen wäre es ein leichtes gewesen, das Volk zum Aufruhr zu bringen.

Ich erstrebte in Böhmen eine radikale Revolution, eine Revolution, die auch im Falle einer Niederlage alle Verhältnisse umgewälzt haben würde; die österreichische Regierung sollte nach ihrem Siege nichts mehr am alten Platze vorfinden. Ich wollte den günstigen Umstand, daß der ganze Adel und überhaupt die gesamte besitzende Klasse in Böhmen nur aus Deutschen besteht, benutzen, um den Adel und die feindlich gesinnte Geistlichkeit zu verjagen, sämtliche herrschaftlichen Güter ohne jede Ausnahme zu konfiszieren und unter die besitzlosen Bauern zu verteilen, um sie zur Revolution anzuspornen, zugleich aber auch dadurch auf diese Weise außerordentliche revolutionäre Einnahmequellen schaffen zu können. Ich wollte alle Schlösser vernichten, sämtliche Verwaltungs-, Gerichts- und Staatsakten sowie die herrschaftlichen Papiere und Dokumente verbrennen und alle Hypotheken samt den übrigen eine gewisse Summe, etwa 1000 bis

2000 Gulden, nicht übersteigenden Schulden für getilgt erklären. Kurz, die Revolution, die ich plante, war schrecklich und unerhört in der Weltgeschichte, obgleich sie sich mehr gegen Dinge als gegen Menschen richtete. Sie hätte tatsächlich eine solche Umwälzung hervorgerufen, daß sie das Volk im Innersten aufgerüttelt hätte und die österreichische Regierung selbst im Falle der Niederlage der Revolution niemals imstande gewesen wäre, sie auszurotten, weil sie nicht gewußt hätte, wo sie beginnen sollte, weil sie nicht einmal mehr Reste der alten für immer zerstörten Ordnung vorgefunden hätte; sie hätte sich nie wieder mit dem böhmischen Volke aussöhnen dürfen. Eine solche Revolution wäre nicht auf eine einzige Nationalität beschränkt geblieben, sie hätte sich wie ein Lauffeuer ausgebreitet und nicht nur Mähren und Österreichisch-Schlesien, sondern auch Preußisch-Schlesien und die deutschen Grenzlande ergriffen, so daß die deutsche Revolution, die bisher nur eine Revolution der Städte, der Kleinbürger, Fabrikarbeiter, Literaten und Advokaten gewesen war, nun zu einer allgemeinen Volksrevolution geworden wäre.

Aber meine Pläne gingen noch weiter. Ich wollte ganz Böhmen in ein revolutionäres Lager verwandeln und eine Macht schaffen, die nicht nur die eigene Revolution geschützt hätte, sondern auch offensiv, über die Grenzen Böhmens hinausgedrungen wäre, sämtliche slawischen Stämme revolutioniert, alle Völker zur Empörung aufgerufen und alles vernichtet hätte, was den Stempel der österreichischen Monarchie trug – diese Bewegung wäre den Ungarn und Polen zu Hilfe gekommen, hätte mit einem Worte sich gegen SIE selbst, HERRSCHER, gewandt.

Mähren, das von alters her durch seine historischen

Erinnerungen, Sitten und Sprache mit Böhmen verbunden ist, das in Prag stets seine Hauptstadt betrachtet hat und damals mit ihm durch seine Klubs besonders eng verbunden war, würde sich, dachte ich, der böhmischen Bewegung unbedingt anschließen; die Slowaken und die Österreichisch-Schlesier würden folgen. Auf diese Weise hätte die Revolution ein ausgedehntes, an Mitteln reiches Gebiet, mit Prag als Zentrum, umfaßt. In Prag sollte eine revolutionäre Regierung mit unumschränkter diktatorischer Gewalt konstituiert werden. Der Adel und die widerstrebene Geistlichkeit sollten verjagt werden; die österreichische Administration wäre beseitigt worden, alle Beamten mit Ausnahme einiger weniger hochgestellter und gut unterrichteter Leute hätte man behalten; ferner wären alle Klubs, Zeitschriften und sonstigen Äußerungen einer geschwätzigen Anarchie abgeschafft worden, alles hätte einzig und allein eine *diktatorische Macht* niedergehalten. Die Jugend und alle geeigneten Personen, ihrem Charakter, ihren Fähigkeiten und Neigungen nach in Kategorien eingeteilt, wären über das ganze Gebiet verteilt worden, und mit ihrer Hilfe hätte man eine revolutionäre militärische Organisation geschaffen. Die Volksmassen sollten in zwei Gruppen geschieden werden: die eine sollte bewaffnet zu Hause bleiben, um die neue Ordnung zu schützen und unter Umständen im Partisanenkrieg Verwendung zu finden. Die jungen Leute, alle Besitzlosen, die fähig waren, eine Waffe zu tragen, die Fabrikarbeiter und beschäftigungslosen Handwerker, ferner ein großer Teil der gebildeten kleinbürgerlichen Jugend sollten ein reguläres Heer, keine Freischaren* bilden. Diese Revolutionsarmee sollte mit Hilfe alter polnischer Offiziere und entlassener

* Im Original deutsch.

österreichischer Soldaten und Unteroffiziere, die ihren Fähigkeiten und ihrem Eifer entsprechend in die verschiedenen Offiziersrangklassen eingeteilt werden sollten, formiert werden. Die Kosten wären ungeheuer gewesen, aber ich hoffte, daß sie zum Teil durch die konfiszierten Güter, durch außerordentliche Abgaben und Assignaten, wie Kossuth sie ausgegeben hatte, gedeckt worden wären. Ich hatte mein besonderes, mehr oder weniger phantastisches Finanzprojekt, dessen Darlegung hier nicht am Platze ist.

So sah der Plan aus, den ich mir für die Revolution in Böhmen ausgedacht hatte. Ich habe ihn hier nur in großen Zügen entwickelt, ohne auf Einzelheiten einzugehen, da zu seiner Verwirklichung nicht einmal Ansätze vorhanden waren; außerdem war er völlig unbekannt oder doch nur in sehr geringen, ganz harmlosen Bruchstücken. Er existierte nur in meinem schuldigen Kopfe, auch dort war er nicht plötzlich, sondern allmählich zustande gekommen und veränderte und vervollständigte sich je nach den Umständen. Ohne mich mit der politischen, moralischen und politisch-kriminellen Kritik dieses Planes aufzuhalten, muß ich jetzt IHNEN, HERRSCHER, die Mittel angeben, die ich besaß, um so ungeheure Pläne in die Tat umzusetzen.

Als ich nach Leipzig kam, hatte ich keine Kopeke; ich besaß nicht einmal genug für meinen eigenen armseligen Lebensunterhalt; hätte mir Reichel nicht bald darauf eine kleine Summe geschickt, hätte ich nicht gewußt, wovon ich leben sollte, denn ich konnte zwar mit gutem Gewissen für meine Unternehmungen Geld von anderen erbitten und fordern, aber nicht für mich. Geld brauchte ich aber unbedingt: »Sans argent point de Suisses!« sagt ein altes französisches Sprichwort;

ich mußte faktisch alles erst schaffen: Verbindungen mit Böhmen und Ungarn, ich mußte in Prag eine meinen Wünschen entsprechende Partei gründen, auf die ich mich im Verlaufe der Aktion stützen konnte. Ich sage »schaffen«, denn als ich in Leipzig eintraf, war nichts, nichts vorhanden, alles lebte nur in meinem Hirn. Von D'Ester und Hexamer konnte ich kein Geld fordern; obwohl sie das Demokratische Zentralkomitee für ganz Deutschland bildeten, waren ihre Mittel sehr beschränkt. Sie erhoben eine Art Abgabe von allen deutschen Demokraten, die aber nicht einmal zur Deckung ihrer eigenen politischen Ausgaben genügte. Ich hatte große Hoffnungen auf die Polen gesetzt, die aber meinem Ruf keine Folge leisteten. Meine neuen Beziehungen zu ihnen, namentlich zu den polnischen Demokraten, nahm ich erst in Dresden auf, ich kann mit gutem Gewissen sagen, daß ich bis zum März 1849 keine politischen Beziehungen zu Polen unterhalten habe; auch meine damaligen Beziehungen im März vermochten sich nicht mehr zu entwickeln, denn mir fehlten die Mittel. Da ich also kein Geld besaß – und was wollte ich ohne Geld unternehmen! –, wollte ich nach Paris fahren, um Geld zu holen und Verbindungen mit den französischen und polnischen Demokraten anzuknüpfen, aber auch dort den Grafen Teleky, den früheren Gesandten, oder richtiger den Beauftragten Kossuths, kennenzulernen und so eine Verbindung mit Kossuth selbst aufzunehmen. Aber ich ließ diesen Plan nach einiger Überlegung aus folgenden Gründen wieder fallen: Ich wußte vor allem durch meinen Freund Reichel, daß auch die französischen Demokraten infolge der verleumderischen Korrespondenz in der »Neuen Rheinischen Zeitung« gegen mich Bedenken hegten. Als mein »Aufruf an die Slawen« im

Druck erschien, schickte ich ein Exemplar mit einem langen Brief an Flocon. In diesem Briefe schilderte ich ihm auf Grund meiner damaligen Einstellung die Lage Deutschlands, namentlich aber den Stand der slawischen Frage. Ich unterrichtete ihn von meiner Verständigung und meinem völligen Einvernehmen mit dem Zentralkomitee der Deutschen Demokraten, von den Vorbereitungen einer neuen Revolution in Deutschland und von meinen Plänen in der slawischen und namentlich böhmischen Frage.

Ich redete ihm zu, einen beglaubigten französischen Demokraten nach Leipzig, wohin ich gerade reisen wollte, zu schicken, um bei der geplanten deutsch-slawischen Bewegung die Verbindung mit den Franzosen herzustellen. Zum Schlusse machte ich ihm Vorwürfe, daß er überhaupt den verleumderischen Gerüchten Glauben schenken konnte, und schloß mit der feierlichen Erklärung, daß ich als einziger Russe im Lager der europäischen Demokraten, meine Ehre strenger hüten müsse als jeder andere; wenn er mir jetzt nicht antworten und durch die Tat beweisen werde, daß er bedingungslos an meine Ehrlichkeit glaube, hielte ich mich verpflichtet, alle Verbindungen mit ihm abzubrechen. Flocon antwortete nicht und schickte auch niemanden; wahrscheinlich jedoch, um mir seine Sympathie zu bezeugen, druckte er meinen »Aufruf« in seiner Zeitschrift vollständig ab. Dasselbe taten auch die Polen in ihrer Zeitschrift: »Democrat Polski«; aber ich las in Leipzig weder die eine noch die andere und faßte Flocons Schweigen als ein beleidigendes Zeichen seines Mißtrauens auf. Daher konnte ich mich im Interesse des Zieles, das mir heilig war, nicht entschließen, aufs neue eine Annäherung an ihn und seine Partei zu suchen; ganz abgesehen von den polnischen Demokraten, die, wenn sie nicht die Erfinder, so doch zweifellos die Hauptverbreiter jener Gerüchte waren, die mich zu einem ehrlosen Menschen machten. Da es so um meine Beziehungen zu den Franzosen und Polen stand, versprach ich mir auch keinen großen Nutzen von der Bekanntschaft des Grafen Teleky; mir war bekannt, daß er mit der polnischen Emigration eng befreundet war. Ich kam also nach einiger Überlegung zu der Überzeugung, daß meine Reise nach Paris nur Zeitvergeudung wäre. Die Zeit war aber zu kostbar, denn bis zum Frühjahr waren es nur noch wenige Monate. So mußte ich auch diesmal jede Hoffnung auf Verbindungen und umfangreiche Mittel fallen lassen. Ich mußte mich für alle Auslagen mit der freiwilligen Unterstützung der armen Leipziger und Dresdener Demokraten zufriedengeben; ich glaube nicht, daß ich in der ganzen Zeit von Januar bis Mai 1849 mehr als 400, höchstens 500 Taler ausgegeben habe. Und mit diesen Geldmitteln wollte ich ganz Böhmen revolutionieren! Ich gehe jetzt zur Schilderung meiner Verbindungen und meiner Tätigkeit über.

In meinen Aussagen im Auslande habe ich wiederholt erklärt, daß ich an den Vorbereitungen der deutschen Demokraten für eine Revolution in Deutschland und namentlich in Sachsen völlig unbeteiligt war. Auf Ehre und Gewissen und in Übereinstimmung mit der reinen Wahrheit muß ich diese Aussagen jetzt wiederholen. Ich wünschte die Revolution in Deutschland, wünschte sie aus ganzem Herzen; ich wünschte sie als Demokrat, wünschte sie, weil sie das Signal für meine eigenen Pläne und gleichsam der Ausgangspunkt der Revolution in Böhmen werden sollte. Aber ich selbst habe für ihren Erfolg nicht das geringste getan, außer vielleicht, daß ich alle mir bekannten deutschen Demokraten aufgemuntert und angefeuert habe; ich besuchte weder ihre Klubs noch ihre Versammlungen, stellte meine Fragen, affektierte Gleichgültigkeit und wollte sogar nichts von ihren Vorbereitungen hören, obschon ich vieles unwillkürlich hören mußte. Ich selbst beschäftigte mich nur mit der Propaganda in Böhmen. Von den Deutschen hoffte und forderte ich nur zwei Dinge.

Erstens: Sie sollten ihre Beziehungen und Gefühle zu den Slawen vollkommen ändern, um öffentlich und laut ihrer Sympathie für die slawischen Demokraten Ausdruck zu geben und die slawische Unabhängigkeit unzweideutig anzuerkennen. Diese Demonstration schien mir notwendig zu sein, notwendig, um die Deutschen selbst durch eine definitive und laut ausgesprochene Verpflichtung zu binden, die Meinung aller übrigen europäischen Demokraten entscheidend zu beeinflussen und sie zu zwingen, die slawische Bewegung mit anderen, wohlwollenderen Augen als bisher zu betrachten, unbedingt aber auch den eingewurzelten Haß der Slawen gegen die Deutschen zu besiegen und sie auf diese Weise als Verbündete und Freunde in die Gesellschaft der europäischen Demokraten aufzunehmen. – Ich muß sagen, daß D'Ester und Hexamer voll und ganz das mir gegebene Wort gehalten haben, denn innerhalb kurzer Zeit, einzig und allein auf Grund ihrer Bemühungen sprachen beinahe sämtliche demokratischen Zeitungen, Klubs und Kongresse in einem völlig anderen Tone ganz positiv über die Beziehungen Deutschlands zu den Slawen, anerkannten voll und bedingungslos ihr Recht auf eine selbständige Existenz und forderten sie auf, sich der allgemeinen europäischen Revolution anzuschließen, indem sie ihnen Bündnis und Unterstützung gegen die Anmaßungen der Frankfurter Regierung sowie der sonstigen reaktionären Parteien in Deutschland versprachen. Diese starke, einmütige und ganz unerwartete Demonstration verfehlte auch auf die anderen die erhoffte Wirkung nicht: die polnischen Demokraten in Paris, aber auch die französischen Demokraten, die französischen demokratischen Zeitschriften und sogar die italienischen Demokraten in Rom sprachen von den Slawen als von eventuellen und erwünschten Bundesgenossen. Die slawischen und namentlich tschechischen Demokraten waren erstaunt und erfreut über diesen plötzlichen Umschwung und begannen ihrerseits in den tschechischen Zeitschriften ihrer Sympathie für die europäischen und sogar für die deutschen und ungarischen Demokraten Ausdruck zu geben. So war der erste Schritt zur Annäherung getan.

Aber noch hatte man nicht ganze Arbeit gemacht; es handelte sich vielmehr darum, den Haß der böhmischen Deutschen gegen die Slawen zu überwinden, nicht nur ihre feindseligen Gefühle zu mildern, sondern sie auch zu überreden, sich mit den Tschechen der gemeinsamen revolutionären Sache anzuschließen. Die Aufgabe war nicht leicht, denn der Haß ist dort am stärksten und tiefsten, wo die Stämme dicht beieinander leben und ständig rivalisieren. Außerdem war der Haß zwischen den Deutschen und den Tschechen in Böhmen noch frisch, wurzelte in lebendigen Erinnerungen und wurde durch die Handlungen der österreichischen Regierung immer aufs neue geschürt. Er war gleich zu Beginn der Revolution 1848 durch diese entgegengesetzten und einander aufhebenden Tendenzen der beiden Nationalitäten aufgeflammt: Die Tschechen, die zwei Drittel der böhmischen Bevölkerung ausmachen, forderten Böhmen, meiner Ansicht nach mit vollem Recht, als ein ausschließlich slawisches und von Deutschland völlig unabhängiges Land; deshalb wollten sie auch keine Deputierten ins Frankfurter Parlament entsenden. Die Deutschen hingegen pochten darauf, daß Böhmen stets zum Deutschen Bunde gehört und von alters her einen integralen Bestandteil des Deutschen Reiches gebildet habe, deshalb forderten sie seine endgültige Vereinigung und Verschmelzung mit dem neuen Deutschland. Die Tschechen wollten von dem Wiener Ministerium nichts wissen, die Deutschen aber keine andere Regierungsgewalt außer den Wiener Ministern anerkennen. So entbrannte ein erbitterter Streit, der zugleich von der Wiener und Innsbrucker Regierung geschürt wurde, bis im Juni 1848 der Aufstand in Prag ausbrach; nun erhoben sich die Deutschen in ganz Deutsch-Böhmen, ihre Freischaren strömten den österreichischen Truppen zu. Fürst Windischgrätz empfing sie übrigens ziemlich kühl, dankte ihnen und schickte sie wieder nach Hause. Seitdem hatte die Feindschaft zwischen den Tschechen und Deutschen nicht wieder aufgehört, es war nicht leicht, sie zu besiegen. – Hexamer und D'Ester waren mir in dieser Beziehung sehr nützlich, ferner auch die sächsischen Demokraten: sie schickten wiederholt Agenten in die deutschsprechenden Teile Böhmens, die sie auch durch längs der ganzen sächsischen Grenze wohnende Demokraten ständig und unermüdlich bearbeiten ließen. So waren bis zum Mai bereits zahlreiche Deutsche zum neuen Glauben bekehrt, und wenn ich auch keine direkte Verbindung mit ihnen besaß, so weiß ich doch, daß viele zu einer gemeinschaftlichen Revolution mit den Tschechen bereit waren. Darauf beschränkten sich aber auch meine Beziehungen zu den deutschen Demokraten, da ich mich in ihre eigenen Angelegenheiten,

ich wiederhole es noch einmal, nicht einmischte. Jetzt wende ich mich den Tschechen zu.
Arnold war der einzige, der auf meinen Ruf nach Leipzig kam. Im übrigen war ich schon darüber froh, denn ich hatte gelernt, mich zu begnügen. Er hielt sich in Leipzig nur vierundzwanzig Stunden auf, sosehr ich mich auch bemühte, ihn länger zurückzuhalten. In dieser kurzen Zeit konnte ich ihn weder eingehend über Böhmen und Prag ausfragen, noch ihm meine eigenen Absichten auseinandersetzen. Außerdem gingen mindestens drei Viertel seiner Zeit durch nutzlose Verhandlungen mit D'Ester und Hexamer verloren, die sich die Einberufung eines öffentlichen Deutsch-Slawischen Kongresses in Leipzig in den Kopf gesetzt hatten. Selbst in diesem Augenblick war es nicht möglich, die Deutschen von ihrer unseligen Leidenschaft für Kongresse zu heilen. Ich widersetzte mich jedenfalls diesem albernen Plane ganz entschieden. Zu ernsthaften Verhandlungen mit Arnold unter vier Augen blieben mir im ganzen vier, höchstens fünf Stunden. Ich bemühte mich, sie so gut als möglich auszunutzen, um Arnold zu überreden, mein Bundesgenosse zu werden und mit mir einmütig, im gleichen Sinn und Geiste vorzugehen.
Gestützt auf alle obenerwähnten Ursachen, Gründe und Argumente, versuchte ich ihn von der Notwendigkeit einer Beschleunigung der Revolution in Böhmen zu überzeugen. Deshalb bat ich ihn, da ich seinen großen Einfluß auf die tschechische Jugend, das arme tschechische Kleinbürgertum, vor allem aber auf die tschechischen Bauern kannte (er hatte lange Zeit die Güter des Grafen Rohan verwaltet und schrieb jetzt in seiner demokratischen Zeitschrift, die sich ihre Leser unter dem einfachen Volk suchte, fast nur für die

Bauern), seinen Einfluß im Interesse der revolutionären Propaganda geltend zu machen. Ich ersuchte ihn, zuerst in Prag und dann in ganz Böhmen eine geheime Gesellschaft zu organisieren, deren Plan ich allein entworfen und fertig in meinem Kopfe hatte. Die Hauptzüge dieses Planes waren folgende:
Die Gesellschaft sollte aus drei einzelnen voneinander unabhängigen Gesellschaften bestehen, die sich jedoch nicht kannten und verschiedene Bezeichnungen trugen: die erste für das Kleinbürgertum, die zweite für die Jugend und die dritte für das Dorf. Jede war einer strengen Hierarchie und Disziplin unterworfen, aber in ihren Einzelheiten und Formen entsprach jede dem Charakter der Klasse, für die sie bestimmt war. Diese Gesellschaften sollten sich auf einen kleinen Kreis von Personen beschränken, aber möglichst alle begabten, gut informierten, energischen und einflußreichen Personen erfassen; sie unterstanden einer Zentralleitung und sollten ihrerseits gleichsam unsichtbar auf die Massen einwirken. Alle drei Gesellschaften standen untereinander durch das Zentralkomitee in Verbindung, das aus drei, höchstens fünf Personen bestehen sollte: aus mir und Arnold, während die übrigen Mitglieder noch gewählt werden sollten. Ich hoffte, durch diese geheime Gesellschaft die revolutionären Vorbereitungen in Böhmen zu beschleunigen und überall nach einem einheitlichen Plane durchführen lassen zu können. Nach der Revolution sollte sich meine geheime Gesellschaft nicht etwa zerstreuen, sondern sich im Gegenteil verstärken, ausdehnen und sich durch alle neuen lebendigen und wirklich starken Elemente ergänzen, um langsam alle slawischen Länder zu erfassen. Ich hoffte, sie sollte auch die geeigneten Personen für die verschiedenen Aufgaben und Posten eines

revolutionären Apparates liefern. Endlich hoffte ich, auch durch sie meinen Einfluß in Böhmen zu begründen und zu stärken, denn ich hatte damals ohne Arnolds Vorwissen einen jungen Menschen, einen Deutschen aus Wien, den Studenten Ottendorfer[110], der später nach Amerika geflohen ist, beauftragt, nach demselben Plane eine Gesellschaft unter den böhmischen Deutschen zu organisieren, an dessen Zentralkomitee ich anfangs nicht offen teilnehmen wollte, während ich allerdings der geheime Leiter gewesen wäre. Wenn mein Plan sich also verwirklicht hätte, wären alle Hauptfäden der Bewegung in meiner Hand konzentriert gewesen, und sicherlich hätte die Revolution in Böhmen den Weg, den ich ihr vorgezeichnet hatte, nicht verlassen. Was aber die revolutionäre Regierung, ihre Zusammensetzung und ihre Formen betrifft, so hatte ich noch keine bestimmten Pläne gefaßt. Ich wollte zuerst Leute und Verhältnisse näher kennenlernen; ich war mir noch nicht klar, ob ich offen an ihr teilnehmen sollte, daß ich aber teilnähme, und zwar unmittelbar und sehr intensiv, stand bei mir fest. Nicht Eitelkeit und Ehrgeiz veranlaßten mich, meine frühere Bescheidenheit preiszugeben, sondern die Überzeugung, die sich auf die Erfahrung eines Revolutionsjahres gründete, die Überzeugung, daß keiner unter den mir bekannten Demokraten imstande sein würde, alle Bedingungen der Revolution ganz zu erfassen und jene energischen und entscheidenden Maßnahmen zu treffen, die ich für ihren Sieg als notwendig erachtete.
Schließlich wollte ich noch mit Hilfe Arnolds und seiner Anhänger in Prag die »Slawische Linde« beherrschen, die tschechische oder, richtiger gesagt, die slawische patriotische Gesellschaft, die von allen slawischen Gesellschaften und Klubs in ganz Österreich

als Zentrum anerkannt war. Ich habe den Klubs nie eine große Bedeutung beigemessen; ich liebte sie nicht, ja ich verachtete sie sogar, da sie mir nur Gelegenheit zu Zusammenkünften, dummen Prahlereien, leerem und sogar schädlichem Geschwätz zu bieten schienen. Die »Slawische Linde« bildete jedoch eine Ausnahme: sie war nach praktischen und lebensfähigen Prinzipien von lebensklugen Leuten gegründet worden und eine energischere politische Fortsetzung der Organisation und Tätigkeit jener mächtigen literarischen Propaganda, die vor der Revolution des Jahres 1848 das slawische Leben geweckt, ja man kann sagen, geschaffen hatte. Sie war damals das lebendige Zentrum aller politischen Aktionen der österreichischen Slawen. Sie hatte Schwestergesellschaften in sämtlichen slawischen Ländern Österreichs, außer Galizien, und genoß allgemein so große Achtung, daß es sich alle slawischen Führer zur Ehre anrechneten, ihr anzugehören, ja sogar Ban Jelatchitch, hielt es beim Marsch auf Wien für notwendig, einen Brief an sie zu richten, in dem er sich gleichsam wegen seines Vorgehens entschuldigte und versicherte, Wien nicht deshalb anzugreifen, weil es eine neue Revolution gemacht und den demokratischen Kurs eingeschlagen hätte, sondern weil es das Zentrum der Deutschen Nationalen Partei wäre. Zur »Slawischen Linde« gehörten die slawischen Patrioten ohne Unterschied der Partei. Anfangs gab die Partei Palazkis, des Slowaken Stur und Jellachich, den Ausschlag, später jedoch wuchs, auch unter dem Einfluß meiner Broschüre »Aufruf an die Slawen«, die Zahl der Demokraten erheblich, so daß man dort bereits sehr oft schon den Ruf: »Es lebe Kossuth!« hören konnte. Und schließlich gab die ganze »Slawische Linde« entschlossen ihre bisherige Richtung preis, erklärte offen ihre

Sympathien für die Ungarn und weigerte sich, weiter an die Slowaken und Südslawen, die gegen Kossuth kämpften, Geld zu schicken. Es war damals ziemlich leicht, die »Slawische Linde« zu beherrschen; sie konnte in den Händen der tschechischen Demokraten ein recht starkes und wirksames Mittel zur Erreichung meiner Ziele werden.

Arnold geriet über ihre Kühnheit etwas in Erstaunen und Verwirrung. Er machte mir übrigens alle möglichen Versprechungen, aber unklar, zurückhaltend, unbestimmt, klagte bald über Mangel an Geld, bald über seinen schlechten Gesundheitszustand, so daß ich bei seiner Abreise von Leipzig den Eindruck gewann, daß ich durch meine Begegnung und meine Verhandlungen mit ihm so gut wie nichts erreicht hatte. Beim Abschied versprach er mir aber, aus Prag zu schreiben und mich zu rufen, sobald die Vorbereitungen für den Beginn der weiteren entscheidenden Aktionen im Gange wären. Ich mußte mich mit seinen unbestimmten Versprechungen zufriedengeben, da ich damals keine anderen Mittel und Wege zur Propaganda besaß. Wenn ich jetzt bedenke, mit welchen armseligen Mitteln ich die Revolution in Böhmen zu entfachen gedachte, scheint mir mein Vorhaben lächerlich; ich begreife selbst nicht, wie ich auf Erfolge hoffen konnte. Aber damals hätte mich nichts aufhalten können. Ich argumentierte so: Die Revolution ist notwendig und folglich möglich. Ich kannte mich selbst nicht mehr; ich unterlag ganz dem Dämon der Zerstörung. Mein Wille oder, besser gesagt, mein Starrsinn wuchs mit den Schwierigkeiten; die zahllosen Hindernisse schreckten mich nicht nur nicht ab, sondern entfachten im Gegenteil meine revolutionäre Leidenschaft und feuerten mich zu einer fieberhaften und unermüdlichen Tätigkeit an. Ich war dem Verderben geweiht, ich ahnte es und ging mit Freuden meinem Untergang entgegen. Ich hatte schon damals Ekel vor dem Leben.

Arnold schrieb mir nicht, ich blieb ohne Nachrichten aus Böhmen. Ich benutzte nun die Reise eines jungen Menschen nach Wien, eines gewissen Heimberger, des Sohnes eines österreichischen Beamten (er floh später nach Amerika), dem ich sogar gewissen Geheimnisse anvertraute, und bat ihn, auf der Rückreise bei Arnold haltzumachen und mir aus Prag zu schreiben. Er blieb aber dauernd dort, übrigens aus freien Stücken, und wurde mein ständiger Korrespondent. Auf diese Weise erfuhr ich, daß Arnold anscheinend wenig und schlecht arbeitete, daß aber die Stimmung in Prag täglich reger und aktiver werde und immer mehr meinen Wünschen entspreche. Nun faßte ich den Entschluß, selbst nach Prag zu fahren, und überredete auch die Brüder Straka, nach Böhmen zurückzukehren. Es war Mitte oder Ende März; vielleicht sogar schon Anfang April neuen Stiles; ich habe alle Daten vergessen, sie sind übrigens in den Anklageakten genau festgelegt.

Damals sprach man zum ersten Male von der Einmischung Rußlands in den ungarischen Krieg und vom Marsch russischer Truppen gegen Ungarn zur Unterstützung der österreichischen Armee. Diese Nachricht bestimmte mich, einen zweiten »Aufruf an die Slawen«* zu schreiben – er wurde später in der »Dresdener Zeitung« gedruckt und befindet sich unter den Anklageakten –, in dem ich wie früher, nur mit noch größerer Energie und in einer mehr populäreren Sprache, die Slawen zur Revolution und zum Krieg gegen die österreichischen und russischen, wenn auch slawischen Truppen, anfeuerte, »solange sie den verhängnisvollen

* Vgl. Anhang S. 222.

Namen des Kaisers Nikolai in ihrem Munde führen* !«
Der Aufruf wurde von den Brüdern Straka sofort ins Tschechische übersetzt, in Leipzig in beiden Sprachen und in einer hohen Auflage gedruckt. Die tschechische Ausgabe übertrug ich den Brüdern Straka, die deutsche den sächsischen Demokraten zur schnellsten Verbreitung in Böhmen.

Ich selbst fuhr über Dresden nach Prag. In Dresden machte ich einige Tage halt und lernte mehrere prominente Führer der sächsischen demokratischen Partei kennen, übrigens ohne jeden ausgesprochenen Zweck, zumal ich weder Empfehlungsschreiben noch Aufträge aus Leipzig hatte. Ich lernte sie zufällig in der demokratischen Kneipe durch den Doktor Wittig[111] kennen, den ich bereits anläßlich meines ersten Aufenthaltes in Dresden 1842 kennengelernt hatte. Er stellte mich auch dem demokratischen Abgeordneten Röckel[112] vor, mit dem ich später in engste Verbindung trat und der im Dresdener Aufstand wie im Prager Aufstandsversuch eine aktive Rolle spielte. In Dresden begannen auch meine nun bereits positiven Beziehungen zu den Polen. Dazu kam es folgendermaßen:

In Dresden begegnete ich zufällig dem galizischen Emigranten und sehr rührigen Mitglied der demokratischen Gesellschaft, Kryschanowski[113], den ich in Brüssel im Jahre 1847 kennengelernt hatte; aber damals unterhielt ich keine politischen Beziehungen zu ihm. Jetzt war er auf der Durchreise nach Paris in Dresden; anscheinend hatte er aus Galizien vor der österreichischen Polizei fliehen müssen. Wir begrüßten uns als alte Bekannte, ich machte ihm Vorwürfe wegen der Verleumdungen seitens der polnischen Demokraten; er erwiderte, daß weder er noch sein Freund Heltman[114],

* Im Original deutsch.

mit dem er in Galizien zusammengearbeitet hatte, je an diese dummen Gerüchte geglaubt, daß sie ihnen stets und überall widersprochen und sogar meine Reise nach Galizien gewünscht hätten, wo ich ihnen sehr nützliche Dienste hätte leisten können, sie hätten mir auch schreiben wollen, aber meine Adresse nicht gewußt. Wie ich ihnen in Galizien hätte nützen können, sagte er nicht. Als ich schließlich im Verlaufe eines ziemlich langen Gespräches in seinen Gedankengängen viel Ähnlichkeit mit den meinigen fand und merkte, daß er mir näherzukommen wünschte, offenbarte ich ihm meine Pläne hinsichtlich der böhmischen Revolution, ohne übrigens auf Einzelheiten einzugehen; ich sagte ihm, daß ich Verbindungen in Böhmen hätte und nun nach Prag reiste, um die revolutionären Vorbereitungen zu beschleunigen; ich hätte schon lange Anschluß an Polen gesucht, um mit ihnen gemeinsam vorzugehen, aber bisher wären sämtliche Annäherungsversuche nicht nur erfolglos geblieben, sondern hätten mir obendrein schmähliche Verleumdungen eingetragen. Er ging mit Feuereifer auf meine slawischen Pläne ein und bat mich um die Erlaubnis, darüber offiziell in meinem Namen mit der Polnischen Zentralisation sprechen zu dürfen.

Ich war erfreut darüber und traf mit ihm folgende Vereinbarungen: 1. Die Zentralisation entsendet zwei beglaubigte Personen, die mit mir in Dresden für die böhmische Revolution werben und nach Ausbruch der Revolution gemeinsam mit mir in das allgemeine slawische Zentralkomitee, in dem möglichst auch die übrigen slawischen Stämme vertreten sein sollen, eintreten würden; 2. die Polnische Zentralisation übernimmt die Stellung polnischer Offiziere für die Revolution in Böhmen, schickt Geld und veranlaßt den

Grafen Teleky, einen ungarischen Agenten mit ausreichenden Mitteln zu werben, der im Verein mit uns die damals in Böhmen stehenden ungarischen Regimenter bearbeitet und in ständiger Verbindung mit Teleky und Kossuth steht; 3. wollten wir noch in Dresden ein deutsch-slawisches Komitee bilden, um die Verbindung zwischen den revolutionären Vorbereitungen in Böhmen und in Sachsen herzustellen; aber dies Projekt kam keinen Schritt vorwärts, da es spezielle sächsische Vorbereitungen, wie ich später eingehend darlegen werde, nicht gab. Ja, man kann sagen, daß auch alle übrigen Abmachungen nicht erfüllt wurden, vielleicht mit Ausnahme einer zweiten Reise Kryschanowskis und Heltmans nach Dresden im Namen der Zentralisation; sie kamen mit leeren Händen. – Das einzige, was ich durch dies Zusammentreffen mit Kryschanowski gewann, war ein englischer Paß, auf den ich nach Prag reiste, während er nach Paris weiterfuhr.

In Prag erlebte ich eine sehr unangenehme Überraschung, da nichts vorbereitet war. Für die geheime Gesellschaft war überhaupt nichts getan, niemand schien auch nur an eine nahe Revolution zu denken. Ich machte Arnold Vorwürfe, er schob die ganze Schuld auf seinen schlechten Gesundheitszustand. Später wurde er anscheinend rühriger; ich sage »anscheinend«, denn bis zum Ende war ich der Ansicht, daß er nichts getan hätte; erst durch die österreichische Untersuchungskommission erfuhr ich, falls es zutrifft, daß er später eifrig und energisch gearbeitet hat, zugleich aber auch wieder so vorsichtig, daß selbst seine nächsten Bekannten nichts von seiner Tätigkeit ahnten. Außer mit Arnold hatte ich noch einmal abends eine Zusammenkunft mit zahlreichen tschechischen Demokraten, die mich auf meine Einladung hin aufgesucht hatten; zu meinem großen Verdruß überstieg jedoch die Zahl der Besucher alle meine Erwartungen. Die Beratung selbst war geräuschvoll und albern und hinterließ in mir den Eindruck, daß die tschechischen Demokraten große Schwätzer wären und mehr zu leichtsinnigen eitlen Redereien als zu konspirativen Unternehmungen neigten. Ich aber hatte sie anscheinend durch einige schroffe Ausdrücke, die mir entschlüpft waren, abgestoßen. Ich fand, daß niemand die Bedingungen begriff, unter denen eine böhmische Revolution einzig und allein möglich war. Genauso wie die Deutschen, von denen die Tschechen überhaupt, trotz ihres Hasses, viel angenommen haben, waren sie mehr oder weniger durch ihre Klubleidenschaft und den Glauben an die Realität von leerem Geschwätz verseucht. Ich überzeugte mich davon, daß es mir nach Ausbruch der Revolution nicht schwerfallen würde, die Macht an mich zu reißen, wenn ich ihnen nur Gelegenheit gab, ihre Eitelkeit zu befriedigen und ihnen alle äußeren Zeichen der Macht überließ. Ich sprach dann mit einigen Tschechen unter vier Augen und merkte, daß parallel mit meinem Vorhaben noch einige andere, weniger entschlossene Unternehmungen liefen, die für einen späteren Zeitpunkt beabsichtigt waren, aber dasselbe revolutionäre Ziel verfolgten; ich überlegte, wie ich sie benutzen könnte. Dazu hätte ich aber in Prag bleiben müssen, was absolut unmöglich war, denn trotz aller Bemühungen, meine Anwesenheit geheimzuhalten, waren die Prager Demokraten so geschwätzig, daß am nächsten Tage nicht nur der ganzen Demokratischen Partei, sondern auch allen tschechischen Liberalen meine Anwesenheit bekannt war. Da mich aber die österreichische Polizei schon damals

wegen meines ersten »Aufrufes an die Slawen« suchte, wäre ich zweifellos verhaftet worden, wenn ich mich nicht rechtzeitig entfernt hätte.
Da ich keine anderen Mittel besaß, mußte ich meine Hoffnung ganz auf die Brüder Straka setzen, die ich während eines über zwei Monate dauernden täglichen, stündlichen Zusammenseins hatte bearbeiten und beeinflussen können. Ich gab ihnen vollständige und eingehende Instruktionen hinsichtlich aller Vorbereitungen zur Revolution in Prag und in Böhmen überhaupt. Ich gab ihnen Vollmacht, für mich und in meinem Namen zu handeln, und obgleich ich im einzelnen nicht weiß, was sie später getan haben, muß ich mich doch meiner Urheberschaft für jede ihrer kleinsten Handlungen bezichtigen, ich bin tausendmal verantwortlicher und schuldiger als sie selbst.
Mein kurzer Aufenthalt in Prag hatte genügt, um mich zu überzeugen, daß ich mich in meiner Hoffnung, in Böhmen alle notwendigen Voraussetzungen für eine erfolgreiche Revolution zu finden, nicht geirrt hatte. In Böhmen herrschte damals völlige Anarchie. Die »Märzerrungenschaften«* – ein damals sehr beliebter Ausdruck – waren in den übrigen Teilen Österreichs bereits beseitigt, während sie in Böhmen noch in voller Blüte standen. Die österreichische Regierung brauchte die Slawen noch, und deshalb scheute sie sich, ihnen reaktionär zu kommen. So herrschte in Prag, wie in ganz Böhmen, noch unbeschränkte Freiheit für Klubs, Volksversammlungen und Druckerzeugnisse. Die Freiheit war so groß, daß in Prag Wiener Studenten und andere Wiener Flüchtlinge, die man in Wien zur gleichen Zeit erschossen hätte, offen spazierengingen, unter ihrem Namen lebten – alles ohne die geringste

* Im Original deutsch.

Gefahr. Die Bevölkerung in Stadt und Land besaß Waffen, war unzufrieden und mißtrauisch, weil man das Nahen der Reaktion spürte und den Verlust der neuerworbenen Rechte fürchtete; in den Dörfern fürchtete man vor allem die drohende Aristokratie und die Wiederherstellung der alten Leibeigenschaft; unzufrieden im höchsten Grade war man schließlich auch noch wegen der neu angesetzten Rekrutierung – überall war man tatsächlich zum Aufstand bereit. – Obendrein standen damals in Böhmen nur sehr wenige Truppen, meist ungarische Regimenter, die der unbewußte Hang zur Empörung beseelte. Wenn Studenten auf der Straße ungarischen Soldaten begegneten und sie mit dem Ruf: »Es lebe Kossuth!« begrüßten, antworteten die Soldaten mit demselben Rufe, ohne sich um die anwesenden Offiziere zu kümmern. Wenn ungarische Soldaten wegen eines Streites oder einer Schlägerei mit der Polizei Studenten verhaften sollten, fraternisierten die Soldaten mit den Studenten und verprügelten gemeinsam die Polizisten. Mit einem Wort, die Stimmung der ungarischen Truppen war so, daß bei der Kunde vom Ausbruch der Revolution in Dresden eine an der Grenze stehende Halbschwadron sofort meuterte und ohne jede Aufforderung nach Sachsen galoppierte. Seit dieser Zeit sind über zwei Jahre vergangen, und die österreichische Regierung hat zweifellos alles getan, um den revolutionären Geist, den Kossuth-Geist, in den ungarischen Regimentern auszurotten; aber dieser Geist hat so tiefe Wurzeln im Herzen eines jeden Ungarn, noch mehr in dem eines einfachen als eines gebildeten, geschlagen, daß ich überzeugt bin, im Kriegsfalle würde der Ruf »Es lebe Kossuth!« genügen, um sie zur Meuterei und zum Übertritt auf Feindes Seite zu bewegen. Damals unterlag es mindestens nicht dem geringsten Zweifel; ich war fest überzeugt, daß sie sich am ersten Tage, in der ersten Stunde der böhmischen Revolution anschließen würden; ein höchst wichtiger Gewinn, denn auf diese Weise hätte die revolutionäre Heeresmacht in Böhmen eine feste Grundlage erhalten. Um endlich das Bild zu vervollständigen, muß ich noch hinzufügen, daß die österreichischen Finanzen in der traurigsten Verfassung waren: in Böhmen zirkulierte bereits nicht mehr staatliches Papiergeld: jeder Bankier, jeder Kaufmann hatte seine eigenen Assignaten; es gab sogar hölzerne und lederne Münzen, wie sie sonst nur die auf der untersten Zivilisationsstufe stehenden Völker kennen.

Die revolutionären Elemente waren deshalb zahlreich; es handelte sich nur darum, sie zu erfassen, dazu jedoch reichten meine Mittel bei weitem nicht aus. Aber deshalb verzweifelte ich immer noch nicht. Ich gab den Brüdern Straka den Auftrag, in Prag so rasch als möglich geheime Gesellschaften zu gründen, ohne sich streng an den alten Plan zu halten, zu dessen Ausführung die Zeit nicht mehr reichte; sie sollten ihr Hauptaugenmerk auf Prag richten, um es so schnell als möglich für die revolutionäre Bewegung vorzubereiten. Besonders bat ich sie, Verbindungen mit den Arbeitern aufzunehmen und aus den sichersten Leuten allmählich eine Macht von 500, 400 oder 300 Personen, wie sich eben die Möglichkeit bot, zusammenzustellen, gewissermaßen ein revolutionäres Bataillon, auf das ich mich unbedingt verlassen und mit dessen Hilfe ich alle übrigen, nicht organisierten revolutionären Elemente in Prag erfassen könnte. Im Besitze der Stadt Prag hoffte ich mich ganz Böhmens zu bemächtigen, da ich beabsichtigte, die Führer der böhmischen Demokraten zu zwingen, sich mir anzuschließen, entweder durch

Überredung oder durch Befriedigung ihrer Eitelkeit, indem ich ihnen, wie oben bereits gesagt, alle Ehren und Vorzüge der Macht überließ; sollte das nicht wirken, dann wollte ich Gewalt anwenden. Ich bat sie schließlich, überall Bekanntschaften anzuknüpfen, aber nichts auszuplaudern, sondern bescheiden aufzutreten, keines Menschen Eitelkeit zu verletzen, aber aufmerksam alle Bewegungen, alle Parallelunternehmungen zu beobachten, da ich fürchtete, man möchte uns zuvorkommen, man sollte mir über alle Vorgänge so eingehend als möglich nach Dresden schreiben, von wo ich Geld schicken und, falls die Zeit gekommen war, selbst mit polnischen Offizieren zurückkommen wollte.

Bald nach meiner Rückkehr nach Dresden erschienen auch Kryschanowski und Heltman, und zwar bereits im Namen der Polnischen Zentralisation. Sie brachten mir nichts, weder Geld noch polnische Offiziere, noch den ungarischen Agenten, sondern nur herzliche Sympathieerklärungen und viele Komplimente der polnischen und Pariser Demokraten. Was das Geld betraf, so erfuhr ich, daß die Zentralisation selbst in unerhörter Not war, genau wie die französischen Demokraten, die noch von den Junitagen des Vorjahres her erschöpft waren; polnische Offiziere würden kommen, und zwar in großer Zahl aus Frankreich und dem Großherzogtum Posen, sobald sich nur das Geld für ihre Reise auftreiben ließe; Graf Teleky verfüge zwar über reiche Mittel, könne sich aber nicht entschließen, mit uns in Verbindung zu treten und ungarische Gelder für die böhmische Bewegung zu verwenden, ohne die Genehmigung Kossuths erhalten zu haben, dem er geschrieben hatte und auf dessen Antwort er wartete. So war ich nicht in der Lage, auch nur ein einziges Versprechen einzulösen, das ich den Brüdern Straka und später durch sie Arnold und den übrigen tschechischen Demokraten gegeben hatte, die mit ihnen nach meiner Abreise aus Prag in Verbindung getreten waren. Ich mußte aber die Brüder Straka in Prag unterhalten und wie ein Bettler alle meine Bekannten um Almosen bitten. Ich erhielt von keinem Menschen auch nur eine Kopeke, den bereits erwähnten Deputierten Röckel[115] ausgenommen, einen unvorsichtigen, schwatzhaften und exzentrischen Menschen, aber einen eifrigen Demokraten, der sogar seine Möbel, um mir wenigstens einige Mittel zur Verfügung stellen zu können, verkaufte. Später lernte ich auch den inzwischen verstorbenen Baron Beyer kennen, einen ehemaligen österreichischen Offizier, der später am ungarischen Aufstand teilgenommen hatte. Er hatte eine Zeitlang eine ungarische Festungsbesatzung kommandiert, infolge einer schweren Verwundung Ungarn verlassen und war, ich weiß nicht wie, Agent des Grafen Teleky in Dresden geworden, wo er sich anscheinend nur mit der Werbung von Offizieren für die ungarische Armee befaßte. Er zeigte mir einen Brief des Grafen, in dem ihn dieser über Böhmen fragte; ich benützte die Gelegenheit und überredete ihn, nach meinem Diktat einen Brief an Teleky zu schreiben, in dem er ihn in meinem Namen über die kommende böhmische Revolution unterrichtete und ihm alle günstigen Folgen, die sie für die Ungarn selbst haben mußte, vor Augen führte; zuletzt forderte ich die Entsendung eines Beauftragten mit Geldmitteln; Teleky erwiderte, daß er selbst kommen werde; er scheint auch in der Tat in Dresden gewesen zu sein, aber zu spät, denn ich war damals schon in Haft. Darauf beschränkten sich meine ganzen Beziehungen zu den Ungarn.

Währenddem lief mein Briefwechsel mit den Brüdern Straka weiter; sie forderten Geld; ich schickte ihnen, soviel ich nur konnte, d. h. sehr wenig; ich vertröstete sie auf die Zukunft und redete ihnen zu durchzuhalten, wie ich es selbst tun mußte, und ohne umzublicken und zu zaudern, allen Schwierigkeiten und Hindernissen zum Trotz die Revolution vorzubereiten und mich, wenn die Zeit zum Aufstand gekommen wäre, zu rufen. Sie waren auch wirklich, wie ich später durch die Untersuchungskommission erfuhr, sehr tätig gewesen; ihren Briefen konnte ich nicht viel entnehmen, da sie unklar und dunkel gehalten waren. Ich habe nunmehr alles über meine böhmischen Projekte und Taten gesagt, von denen die Entsendung Röckels nach Prag die letzte war.

Zunächst aber will ich noch über meine Beziehungen zu den nach Dresden gekommenen Polen sprechen, vor allem zu Heltman und Kryschanowski. Ich kann mit vollem Rechte sagen, daß ich überhaupt keine Beziehungen zu ihnen hatte. Zwischen uns herrschte selbst damals kein reines Vertrauen weder von ihnen noch von mir aus: sie äußerten mir gegenüber nie auch nur eine Silbe über ihre polnischen Angelegenheiten, mit denen sie sich, wie mir schien, viel mehr beschäftigten als mit den böhmischen, was übrigens nicht schwer war, weil sie sich um die letzteren überhaupt nicht kümmerten, ich vergalt ihre Schweigsamkeit mit gleicher Münze, indem ich meinerseits vieles vor ihnen geheimhielt, ihnen nur dürftige Umrisse meiner Pläne enthüllte und sie überhaupt nicht in meine direkten Beziehungen zu Böhmen einweihte. Die Korrespondenz mit Prag führte ich allein, und was sie wußten, wußten sie nur durch mich. Wenn ich ungünstige Nachrichten erhielt, verschwieg ich sie ihnen; wenn aber die Nachrichten günstig waren, bemühte ich mich, sie aufzubauschen, kurz, ich hielt sie von den wirklichen Umständen und Vorbereitungen etwas fern und glaubte mich berechtigt, so zu handeln, da ich deutlich sah, daß die Zentralisation, die mir durch sie keine Unterstützung, weder Geldmittel noch Offiziere, noch den versprochenen ungarischen Agenten geschickt hatte, mir auch diese beiden nur gesandt hatte, nicht etwa, um sich mir wirklich anzuschließen, sondern um möglichst die böhmische Bewegung in die Hand zu bekommen und sie für ihre eigenen, mir unbekannten, ausschließlich polnischen Zwecke auszunutzen. Ich traf Heltman und Kryschanowski häufig, beinahe jeden Tag, aber mehr als Freunde denn als Gesinnungsgenossen; wir sprachen nur selten über die böhmischen Vorbereitungen, sie fragten mich sogar auch nur selten, entweder weil sie meine Zurückhaltung gemerkt hatten, vielleicht aber auch, weil sie sich keine großen Resultate mehr versprachen und sich lieber mit anderen, mir unbekannten Dingen beschäftigten. Nur eine einzige Maßnahme wurde zwischen uns positiv vereinbart; nämlich die Notwendigkeit, bei Ausbruch der Revolution in Prag ein allgemein slawisches revolutionäres Komitee einzusetzen; alles übrige blieb der künftigen Entwicklung und den Umständen überlassen. Sie hatten wahrscheinlich ihre eigenen Pläne; ich aber rechnete mit dem Überwiegen meines Einflusses in Prag und hatte die feste Absicht, sie zu beseitigen, sobald sie als Gegner auftraten.

Heltman und Kryschanowski hatten auch in Dresden Verbindungen, ganz unabhängig von den meinigen.

Um meinen Bericht zum Abschluß zu bringen, komme ich zum letzten Male wieder auf die Deutschen zu sprechen.

Die Deutschen[116] sind ein besonders merkwürdiges Volk, und auf Grund der Beobachtungen, die ich während meines Aufenthaltes in Deutschland machte, glaube ich nicht, daß ihnen das Schicksal eine lange politische Existenz beschieden hat. Wenn ich sagte, die deutschen Demokraten hätten in der letzten Zeit versucht, sich zu zentralisieren, so wollte ich sagen, daß sie zuletzt doch die Notwendigkeit einer zentralen Aktion und einer Zentralgewalt begriffen hatten; sie sprachen also viel und lange darüber und machten sogar gewisse Ansätze, als erstrebten sie in der Tat eine Einheit, aber eine wirkliche Zentralisation hat es bei ihnen, trotz des Bestehens eines Zentralen Demokratischen Komitees, nie gegeben. Mit der Wahl des Komitees glaubten sie genug getan zu haben, hielten es aber für überflüssig, sich ihm unterzuordnen. – Die französischen Demokraten macht ihr starker Sinn für Disziplin gefährlich und stark. Die Franzosen bringen es zustande, über alle Verschiedenheiten der Charaktere, der sozialen Lage, der Einstellung, ja sogar der Parteien hinweg sich für ein gemeinsames Ziel zusammenzuschließen, und dann vermag weder Eitelkeit noch Ehrgeiz, noch sonst irgend etwas sie wieder zu trennen, bevor ihr Ziel nicht erreicht ist. *Bei den Deutschen hingegen herrscht die Anarchie vor. Die Frucht des Protestantismus und der gesamten politischen Entwicklung Deutschlands ist die Anarchie, sie ist der Grundzug des deutschen Geistes,* des deutschen Charakters und des deutschen Lebens: Anarchie in den Provinzen, Anarchie in den Städten und Dörfern, Anarchie unter den Einwohnern des gleichen Ortes, Anarchie unter den Mitgliedern eines Zirkels, Anarchie endlich in *jedem einzelnen Deutschen, in seinem Denken, seinem Herzen und seinem Willen.* »*Jeder*

Anm. Nik. I.: Eine treffende Wahrheit!

darf und soll seine Meinung haben !*« Das ist der erste Glaubenssatz des deutschen Katechismus, so lautet das Prinzip, von dem sich jeder Deutsche ohne Ausnahme leiten läßt. Deshalb war eine politische Einheit unter ihnen nicht möglich und wird nie möglich sein. So kam es, daß zu einer Zeit, die den engsten Zusammenschluß der Liberalen und Demokraten erfordert hätte, um mit einiger Aussicht auf Erfolg gegen die siegreiche Reaktion kämpfen zu können, nicht nur nicht eine Einigung der Demokraten mit den Liberalen zustande kam, sondern auch die deutschen Demokraten waren untereinander nicht einig; ja, sogar die Demokraten ein und desselben deutschen Staates vermochten sich weder zusammenzuschließen, noch wollten sie es überhaupt. Jeder wollte seine eigene Meinung haben*. Was sie trennte, war nichts als kleinliche Rivalität, die mehr der Eitelkeit als dem Ehrgeiz entsprang. Sie wollten sich weder Breslau noch Köln, noch Berlin unterordnen, dabei lagen sie aber auch noch untereinander im Streite. Königsberg hielt sich abseits, die Provinz Sachsen ebenfalls. Ich spreche gar nicht von Brandenburg und Pommern, die stets monarchistisch gesinnt waren, noch weniger vom Großherzogtum Posen, in dem damals der tiefste Haß gegen alles, was nur den deutschen Namen trug, vorherrschte. Westfalen neigte mehr Köln zu. Hannover bildete mit den anderen Küstenstaaten eine Sondergruppe, die mit dem übrigen Deutschland erst durch den Schleswig-Holsteinischen Krieg in Berührung gekommen war, in dem übrigens die Liberalen bedeutend mehr Aktivität entfalteten als die Demokraten. Die Demokraten im Königreich Sachsen hatten ihr eigenes Zentralkomitee, das zugleich auch das Komitee der thüringischen Demokraten war.

Anm. Nik. I.: Eine unbestreitbare Wahrheit!

* Im Original deutsch.

Bayern, die Pfalz und der nördliche Teil von Franken waren von der demokratischen Propaganda fast unberührt geblieben. Das übrige Süddeutschland: Baden, Württemberg, die beiden Hessen, sowie die kleinen Fürstentümer erkannten formell das Zentralkomitee an, da sie es auf dem demokratischen Kongreß in Berlin gewählt hatten, in Wirklichkeit aber kümmerten sie sich überhaupt nicht darum; sie befolgten weder seine Befehle, noch schickten sie ihm Geld, ja, überwiegend scharten sie sich sogar um die Demokraten im Frankfurter Parlament, die vom Anfang an gegen die Demokraten im Norden rivalisierend und feindlich auftraten. – So war praktisch von einer Zentralisation keine Rede, das Zentralkomitee der deutschen Demokraten befand sich in einer bedauernswerten Situation: Es hatte kein Geld, keine Macht und bestand aus Mitgliedern, denen jede Eignung fehlte. Ins Komitee waren folgende drei Männer gewählt worden: D'Ester, Hexamer und Graf Reichenbach[117]; der letztere schied jedoch schon sehr bald aus, so daß nur die beiden anderen tätig waren. Hexamer war jung, ehrlich, harmlos, nicht dumm, aber sehr beschränkt, schwer von Begriff und ein demokratischer Doktrinär und Utopist. D'Ester – HERRSCHER, ich will nicht verbergen, daß ich nur deshalb so eingehend von diesen beiden spreche, weil ich weiß, daß sie sich durch die Flucht gerettet haben – hingegen war ein lebendiger, begabter, rühriger Mensch, der schnell, aber oberflächlich auffaßte, leicht arbeitete, etwas durchtrieben und als Politiker ein Intrigant war, er gehörte zur Schule der Kölner, d. h. der mehr oder weniger kommunistischen Demokraten; ferner war er witzig, findig und gewandt und konnte einen Minister in einer Parlamentsdebatte vortrefflich in die Enge treiben. Er eignete sich mit einem Worte

ausgezeichnet zum politischen Kleinkrieg und hätte unter einem deutschen demokratischen Thiers, wenn es in Deutschland einen solchen Menschen gegeben hätte, der deutsche Duvergier de Hauranne[118] werden können, aber zum Parteiführer fehlte es ihm an Umsicht, Geist und Charakter.
Ich enthielt mich stets jeder Einmischung in ihre Angelegenheiten, da wir jedoch zwei Monate, oder nicht viel weniger, zusammen in einem Hause wohnten, hatte ich von vielen Vorgängen Kenntnis und kann mit Überzeugung und gutem Gewissen sagen, daß das Zentralkomitee zwar viel schwatzte, aber auch nicht das geringste für den Erfolg der geplanten Revolution tat, obgleich es seine letzte Hoffnung auf sie setzte, denn D'Ester selbst hatte mir eröffnet, es würde der letzte und entscheidende Versuch sein, mißlinge er, müsse man alle revolutionären Pläne für lange, lange Zeit vertagen. Und was taten sie? Statt alles andere beiseite zu stellen und sich ausschließlich mit der Vorbereitung des Aufstandes zu befassen, vergeudeten sie die meiste Zeit auf unwichtige, nebensächliche Gegenstände, auf Fragen, die sie in zahllose Widersprüche mit den vielen einzelnen demokratischen Parteien verwickelten. Sie lachten über die Sachsen, die fest an die Unerschütterlichkeit ihrer neugeschaffenen demokratischen Konstitution glaubten; sie sagten ihnen, eine zweite Revolution wäre erforderlich, um auch nur die Überreste der revolutionären Errungenschaften des Jahres 1848, die die Reaktion noch nicht anzutasten gewagt hatte, zu erhalten; sie sprachen davon, daß ohne eine zweite Revolution alles unsicher und schwankend bliebe, aber sie selber handelten, als hegten sie nicht den geringsten Zweifel an der Festigkeit des politischen Fundaments, auf dem sie standen: D'Ester kümmerte

sich weit mehr um seine Wahl in die zweite preußische Gesetzgebende Versammlung als um die revolutionären Vorbereitungen; Hexamer befaßte sich mit einem nichtssagenden, nutzlosen, öffentlichen Briefwechsel voll überschwenglicher Glückwunschphrasen mit den französischen, polnischen und italienischen Demokraten; sie machten sich mit der Gründung einer neuen demokratischen Zeitung in Berlin wichtig, deren Redakteure sie werden wollten, sammelten überall Unterschriften und verzankten sich darüber mit sämtlichen Demokraten – und dies alles geschah in einer Zeit, wo es bereits auf der Hand lag, daß eine solche Zeitung in Berlin ohne eine zweite Revolution überhaupt unmöglich war und daß eine erfolgreiche Revolution alle vorhergehenden Diskussionen, Redereien und Unterschriften restlos hinfällig machen würde. Arnold kam nach Leipzig, aber anstatt sich mit dem einzigen Zwecke seines Kommens, d.h. mit der Vereinigung der böhmischen und der deutschen Bewegung, zu befassen oder ihn wenigstens über Böhmen, wovon sie so gut wie nichts wußten, auszuforschen, sprachen sie mit ihm fast nur über die unglückselige Zeitung und schließlich noch über den oben erwähnten slawisch-deutschen Kongreß. Über anderes: über Bedingungen und Richtlinien wurde nicht gesprochen. »Wir bereiten zum Frühjahr die Revolution vor, sehen Sie zu, daß auch Sie zu diesem Zeitpunkt bereit sind« – das war alles, was Arnold von ihnen hörte. Schon daraus kann man sehen, wie es um ihre Vorbereitungen und Maßnahmen für die Revolution in Deutschland selber stand. Ich behaupte nicht, sie hätten überhaupt nichts getan und gar nicht an revolutionäre Vorbereitungen gedacht, ich sage nur, ihre Tätigkeit war unwesentlich, unzureichend und in keiner Weise geeignet, den Erfolg

der Revolution zu sichern. So weiß ich, daß sie in verschiedenen Gegenden Deutschlands geheime Gesellschaften organisierten, die aber in dem alldeutschen Maiaufstand vollkommen versagten. Ich zweifle auch nicht daran, daß sie Beziehungen zu einzelnen Hauptführern der demokratischen Partei in einzelnen Teilen Deutschlands besaßen, obgleich sie nicht das geringste positive Resultat zeitigten; aber ich weiß bestimmt, daß sie mit einem großen Teile der Demokraten im Streite lagen, z.B. mit Breslau und dem Zentralkomitee der sächsischen Demokraten. Auch in Frankfurt besaßen sie viel mehr Feinde als Freunde, so daß sich die süddeutschen Demokraten am Vorabend der badischen Revolution nicht nur ihrer Einmischung widersetzten, sondern sogar ersuchten, nicht zu ihnen zu kommen. Ich erfuhr diesen Umstand durch einen Zufall, auf den ich später noch zu sprechen komme.
Man könnte mich nun fragen: wenn das Zentralkomitee tatsächlich so ohnmächtig und untätig war, wie konnte es dann die oben erwähnte einmütige und wuchtige Demonstration zugunsten der Slawen in ganz Deutschland zustande bringen, woher gewann es plötzlich die Energie, die Aktivität und den Einfluß für eine so unermüdliche Propaganda unter den Deutschen und Böhmen? Darauf habe ich folgendes zu antworten: Nichts war leichter, als eine solche Demonstration zu veranstalten; *dazu* reichten ihr Einfluß und ihre Mittel aus; sie korrespondierten mit sämtlichen demokratischen Zeitungen und besaßen die gesamten Adressen der bedeutenderen Führer der Komitees und Klubs, auf die sie häufig unter Umgehung der Komitees durch einflußreiche bekannte Persönlichkeiten einwirkten, denn man kann jeden Deutschen ohne weiteres für jede Angelegenheit gewinnen, solange er sich selbständig

glaubt und nicht argwöhnt, man wolle ihn irgendeinem Zwang unterwerfen. Ich verfaßte die Artikel, die das Komitee in seinem Namen an die Zeitschriften versandte; ich zwang seine Mitglieder, in meiner Anwesenheit, fast nach meinem Diktat, Rundschreiben an die gesamten Klubs abzufassen; ich ließ ihnen keine Ruhe, bevor sie nicht alles, was mir notwendig schien, getan hatten. Deshalb erschienen mit einemmal in zahlreichen Zeitungen slawenfreundliche Artikel. Die Klubs, die schon durch die Briefe und Erklärungen des Zentralkomitees vorbereitet waren, folgten ihrem Beispiele und sandten tönende Adressen an die Slawen. Nachdem die Bewegung einmal ihren Anfang genommen hatte, entwickelte sie sich automatisch, ohne jede äußere Anregung weiter. Von einer Propaganda in Polen wäre gleichfalls keine Rede gewesen, wenn ich die Mitglieder des Zentralkomitees nicht unaufhörlich genötigt hätte; noch mehr versuchte ich freilich, meine Bekannten unter den Leipziger Demokraten zu beeinflussen, die ihrerseits wieder mit Hilfe ihrer an der böhmischen Grenze wohnenden Bekannten arbeiteten. Dies alles geschah ohne besondere Maßnahmen, Verschwörungen, Bedingungen, sondern ganz einfach durch gute Bekannte.
Ich wiederhole noch einmal: es gab zahlreiche allgemeine Verschwörungen für die bevorstehende Revolution in Deutschland, aber eine gemeinschaftliche Verschwörung, eine gemeinschaftliche Organisation, einen Plan für eine zentrale Aktion und Verwaltung gab es nirgends, trotz des Zentralkomitees, das eigens für diesen Zweck gewählt war. Wenn der Aufstand sich im Mai 1849 über ganz Deutschland ausbreitete, so lag es am einmütigen Handeln der deutschen Regierungen, aber nicht am Zusammenhalt der deutschen

Demokraten. Schon ein halbes Jahr vorher wußte jedermann, daß im Frühjahr eine Revolution ausbrechen würde, denn zuletzt begriff man doch, daß die Regierungen, die einmal mit Erfolg die Bahn der Reaktion betreten hatten, nicht auf halbem Wege stehenbleiben und sich nicht zufriedengeben würden, bevor sie nicht die alte Ordnung, welche die Revolution des Jahres 1848 durchbrochen hatte, wiederhergestellt hätten. Alle erwarteten im Frühling noch entschiedenere reaktionäre Maßnahmen und bereiteten den revolutionären Widerstand vor; als Ausgangspunkt des allgemeinen Aufstandes nahm man den unvermeidlichen Zusammenstoß des Frankfurter Parlaments mit den Herrschern Deutschlands an. Weiter ging die Einmütigkeit unter den deutschen Demokraten nicht. Die Tätigkeit des Zentralkomitees beschränkte sich darauf, zu revolutionären Vorbereitungen anzuspornen, aber das Zentralkomitee wurde nicht zum Zentrum der Vorbereitungen selbst; in allen Teilen Deutschlands rüstete man vielmehr nach eigenem Gutdünken, jeder seinem Charakter, seiner Situation und den Umständen entsprechend, aber unabhängig vom Zentralkomitee und ohne jede Verbindung untereinander. Ich wiederhole, das Gemeinsame der Vorbereitungen bestand ausschließlich darin, daß alle über die Rüstungen unterrichtet waren; aber unterrichtet waren eben nicht nur die Demokraten, sondern auch die Gegenpartei, denn sämtliche Vorbereitungen gingen in voller Öffentlichkeit vor sich, ja selbst die Organisation der geheimen Gesellschaften machte keine Ausnahme.

Alle rüsteten, aber völlig unzulänglich. Ich kann übrigens die Tätigkeit der süddeutschen Demokraten nicht beurteilen, denn seit dem Frühjahr 1848 bin ich mit einer einzigen Ausnahme, die ich später erwähnen werde, nicht mit ihnen in Berührung gekommen. Anscheinend hat in Baden eine Art wirklicher Organisation bestanden. Dagegen kann ich die sächsischen Vorbereitungen beurteilen, die ich vor Augen hatte, obschon ich nicht den geringsten Anteil an ihnen nahm. Ich weiß, daß die sächsischen Demokraten weder einen Plan noch eine Organisation besaßen, ja daß sie nicht einmal Führer für den Aufstand in Aussicht genommen hatten. Alles blieb dem Zufall überlassen. Die ungenügenden Vorbereitungen zeigten sich deutlich anläßlich des revolutionären Experimentes in Dresden, das sogar die Führer der demokratischen Partei so unvorbereitet traf, daß noch am Vorabend sich alle trennen wollten. Weder in Dresden noch in den übrigen sächsischen Städten hatte jemand eine Ahnung, daß eben jetzt die von allen längst prophezeite Revolution begonnen hatte. Und nach ihrem Ausbruch wußte niemand, was er tun, wohin er sich wenden sollte; jeder handelte nach seinem Instinkte, nichts war vorgesehen! Es ist kaum glaublich, aber es verhielt sich in der Tat so. Ich suche vergeblich in meinem Gedächtnis, ob ich etwas Positives über die Vorbereitungen der sächsischen Demokraten sagen könnte, höchstens, daß in einigen Winkeln von Sachsen mikroskopische, spielzeugartige geheime Gesellschaften existierten, die aus fünf, sechs, wenn es hoch kam, aus etwa zwölf Leuten, meist Arbeitern, bestanden; in einigen Städten, vor allem in Dresden und Chemnitz, später auch in Leipzig, wurden Bomben fabriziert – harmlose Kinderspielzeuge, auf die jedoch die sächsischen Demokraten große Hoffnungen setzen. Waffen und Munition bereitzustellen, war überflüssig, weil ganz Sachsen, wie auch ganz Deutschland, noch von der letzten Revolution her bewaffnet war. Hingegen hätte man einen

Aufstandsplan vorbereiten müssen, einen Plan für ganz Sachsen, aber auch für jede einzelne Stadt. Man hätte Führer wählen, einen revolutionären Stab formieren, die ersten Schritte, die ersten Maßnahmen der geplanten Revolution vereinbaren müssen; die revolutionäre Propaganda hätte von den Städten aufs Land hinausgetragen werden müssen, die Bauern mußten bearbeitet werden, um an der Bewegung teilzunehmen; nur so wäre es zu einer unaufhaltsamen Revolution des ganzen Volkes gekommen, nicht aber zu einem leicht niederzuwerfenden Aufstand vereinzelter Städte. Nichts geschah! Nicht einmal Ansätze waren vorhanden. Alle Vorbereitungen blieben Kindereien! Mit einem Wort, die sächsischen Demokraten hatten eben genug getan, um später als Staatsverräter abgeurteilt zu werden, aber sie hatten nichts für den Erfolg der Revolution getan! Dasselbe hätte man auch von mir sagen können, nur mit dem einzigen Unterschied, daß ich allein dastand, während ihrer viele waren; sie verfügten über alle Mittel, ich über keine. Die sächsische Untersuchungskommission forschte lange nach den Spuren der Verschwörung, dem Plan, den Vorbereitungen zum Aufstande und den geheimen Verbindungen der sächsischen Demokraten mit den übrigen deutschen Demokraten – und fand nichts; sie tröstete sich schließlich mit dem Gedanken, daß tatsächlich eine Verschwörung bestanden habe, und zwar eine ganz schreckliche, mit ausgedehnten Verbindungen, einem tiefdurchdachten Plan und unbeschränkten Mitteln; der entflohene Röckel aber, der nichtsnutzigste von den drei unfähigen Mitgliedern des sächsischen demokratischen Komitees, habe alle diese Geheimnisse und Fäden mit sich nach London genommen. Ich sagte, sie tröstete sich mit diesem Gedanken, denn für die deutschen Regierungen

wäre das Geständnis zu beschämend gewesen, daß sie so lange vor diesen deutschen Demokraten gezittert hatten. Übrigens: da auf der Welt alles relativ ist, war es wohl möglich, daß die deutschen Demokraten für die deutschen Regierungen immerhin furchtbar waren.
Aber es ist nun wohl angebracht, daß ich diese allgemeinen Erörterungen der kläglichen revolutionären Tätigkeit der deutschen Demokraten abschließe und meine eigene nicht minder klägliche Geschichte beende. Ich habe nur noch wenig hinzuzufügen.
Ich habe dargelegt, worauf sich meine Beziehungen zu D'Ester und Hexamer und den Leipziger Demokraten beschränkten; ich habe berichtet, weshalb ich die deutsche Revolution bestimmt erwartete, weshalb ich sie wünschte; ich habe wahrheitsgemäß berichtet, daß ich mich auf keine Weise in die deutschen Angelegenheiten einmischte. Dasselbe habe ich auch über meinen Aufenthalt in Dresden bis zur Wahl der »Provisorischen Regierung« zu sagen. Ich lebte in Dresden nicht für Sachsen und nicht für Deutschland, sondern einzig und allein für das benachbarte Böhmen. Auch hier, wie vorher in Leipzig, besuchte ich weder die demokratischen Versammlungen noch die Klubs; ich hielt mich im Gegenteil verborgen, da ich nicht sicher wußte, ob mich die Dresdener Polizei ohne Paß in der Stadt dulden würde oder nicht. – Ich traf nur wenige Menschen. Obgleich ich viele Demokraten kannte, sah ich sie nur selten: Den Demokraten und Deputierten Tzschirner[119], der meiner Überzeugung nach der hauptsächliche, wenn nicht der einzige, immerhin sehr klägliche Leiter der Vorbereitungen für die sächsische Revolution war, sah ich zwei-, wenn es hoch kommt, dreimal, und zwar nur in der gemeinsamen demokratischen Kneipe; unsere Bekanntschaft war sehr flüchtig; ich

habe mit ihm nur wenige Worte gewechselt. Die beiden einzigen Deutschen, mit denen ich in Dresden aktiv in Verbindung stand, waren Dr. Wittig, der Redakteur der Dresdener demokratischen Zeitung, und der oben erwähnte demokratische Abgeordnete August Röckel. Dr. Wittig war mir in vieler Beziehung nützlich; die Redaktion seiner Zeitung diente mir als Büro für meine Prager Verbindungen; die Zeitung selbst stand in der Behandlung der slawischen Frage ganz unter meinem Einfluß. Noch enger war meine Verbindung mit dem Demokraten Röckel[120]. Durch seine Verbindungen mit den an der Grenze wohnenden sächsischen Demokraten leistete er der Propaganda in Deutsch-Böhmen große Dienste. Er trieb für mich Geld auf, wenn ich es dringend brauchte, und wie ich bereits erwähnt habe, verkaufte er sogar seine Möbel, um es mir zu ermöglichen, die Brüder Straka in Prag, d.h. meine einzige Hoffnung auf die Revolution in Böhmen, durchzuhalten. Ich machte vor ihm aus meinen Unternehmungen keinen Hehl, wie auch er nichts vor mir verbarg; in seine deutschen Angelegenheiten und Verbindungen mischte ich mich jedoch nicht ein, höchstens nutzte ich seine Verbindungen für meine eigenen Zwecke aus. Unter den deutschen Demokraten, mit denen ich gut bekannt war, ohne mit ihnen irgendwie aktiv zu konspirieren, befand sich ein gewisser Dr. Erbe[121], ein Altenburger Demokrat, Abgeordneter und Verbannter, der von irgendeiner sächsischen Stadt in das Frankfurter Parlament gewählt wurde. Ich erwähne ihn, weil die Bekanntschaft mit ihm den Anlaß zu jener einzigen und zufälligen Berührung mit den badischen Demokraten bot, die ich oben erwähnt habe. Ich glaube, Erbe hat später aktiv an der süddeutschen Bewegung teilgenommen und ist später nach Amerika ausge-

wandert. Einige Tage vor dem Dresdener Aufstande kam ein Freund Erbes, gleichfalls ein Frankfurter Deputierter, zu mir, der wohl auch in anderen, mir übrigens unbekannten Angelegenheiten nach Dresden gekommen war. Er bat mich, im Namen Erbes wie im Namen aller badischen Demokraten, die mich durch ihn grüßen ließen, um einen Empfehlungsbrief an die Polnische Zentralisation in Paris: sie brauchen polnische Offiziere. Ich empfahl ihm Heltman[122] und Kryschanowski und war somit die indirekte Ursache für das Auftauchen des Generals Schreide und anderer Polen im Großherzogtum Baden. – Damals überzeugte ich mich von den großen Differenzen zwischen den Demokraten im Süden und Norden und erkannte, wie gering der Einfluß des Demokratischen Zentralkomitees war: D'Ester, der am gleichen Tage nach Dresden gekommen war, traf bei mir den Frankfurter Freund Erbes; sie sprachen lange über die bevorstehende badische und über die süddeutsche Bewegung überhaupt; D'Ester erklärte, er wünsche, alle Mitglieder der gewaltsam gesprengten deutschen Parlamente sollten sich in Frankfurt versammeln, um gemeinsam mit den Frankfurter Demokraten ein neues demokratisches deutsches Parlament zu bilden. Der Freund Erbes entgegnete, die Frankfurter und die süddeutschen Demokraten überhaupt ersuchten die Herren Demokraten im Norden, sich nicht in ihre Angelegenheiten zu mischen und auch nicht zu ihnen zu kommen, sondern zu Hause zu bleiben und für ein schnelleres Tempo der Revolution im Norden zu sorgen.
Ende April wurden die revolutionären Vorzeichen in ganz Deutschland Tag für Tag klarer und bedeutsamer. Das Frankfurter Parlament, das sich gegen Ende seines Bestehens mehr den Demokraten zuneigte,

stand bereits im offenen Konflikt mit den Regierungen. Eine deutsche Konstitution hatte man schließlich ausgeklügelt; einige Regierungen erkannten sie an, z.B. die Württembergische, aber widerwillig und nur aus Furcht vor dem drohenden Aufruhr. Der preußische König wies die ihm angebotene Kaiserkrone zurück[123]. Die sächsische Regierung schwankte. Viele hofften, sie werde die Notwendigkeit einsehen, und alles werde friedlich verlaufen. Andere sahen den Zusammenstoß voraus; ich gehörte zu den letzteren und war auch von der bald bevorstehenden allgemeinen deutschen Revolution überzeugt. In meinen Briefen forderte ich die Brüder Straka auf, ihre Tätigkeit zu steigern, die Vorbereitungen zu beschleunigen und die letzten entscheidenden Maßnahmen zu treffen. Aber ich konnte ihnen weder Geld noch irgendeine andere Unterstützung zukommen lassen, außer Ratschlägen und Ermunterungen. Ich schickte ihnen einige Taler und beraubte mich meiner letzten Mittel; ich durfte damals nicht mehr als fünf bis sechs Silbergroschen täglich für mich verwenden. Es fehlte an Geld, an polnischen Offizieren, an jeder Möglichkeit, sich auch nur zu bewegen. Ich erwartete jeden Tag den Grafen Teleky[124] und hoffte, daß man mich bald nach Prag rufen werde. Ich wußte nicht, was ich tun, wohin ich mich wenden sollte, mit einem Wort, ich war in der allerschwierigsten Lage.

Schließlich wurde die Sächsische Demokratische Partei aufgelöst. Es war der erste Schlag der Reaktion in Sachsen. Jetzt mußten wohl auch die, die bisher gezweifelt hatten, an die Möglichkeit einer Revolution in Sachsen glauben; jedoch schien sie allen noch in so weiter Ferne zu schweben, daß Röckel[125], der Verfolgungen befürchtete, beschloß, sich auf einige Zeit aus

Dresden zu entfernen. Ich bewog ihn, nach Prag zu reisen, und gab ihm ein Billett an Arnold und Sabina mit, ferner an die Brüder Straka und trug ihm auf, die Vorbereitungen zum Prager Aufstand nach Möglichkeit zu beschleunigen. Mit wem, wie und ob er überhaupt nach seiner Abreise aus Dresden in Prag tätig war, habe ich nie erfahren, erst durch die österreichische Untersuchungskommission wurden mir Details bekannt. Am Tage seiner Abreise und noch in seiner Anwesenheit kam Dr. Zimmer[126] zu mir, ein ehemaliges Mitglied des aufgelösten österreichischen Parlaments, ein glühender Demokrat und einer der einflußreichsten Führer der Deutschen Partei in Böhmen. Er war früher ein erklärter Feind der tschechischen Nation gewesen, bis es mir gelang, ihn nach einer erbitterten und langen Diskussion auf meine Seite zu ziehen. Seinen jetzigen Besuch hatte mein Freund und Mitarbeiter Ottendorfer[127] veranlaßt. Zimmer verabschiedete sich von mir und versprach, unmittelbar nach Prag zu fahren und dort für die Vereinigung der Deutschen mit den Tschechen im Interesse der Revolution zu arbeiten. Alle diese Begebenheiten, die ebenfalls nicht ich, sondern Dr. Zimmer enthüllt hat, sind eingehend in den österreichischen Anklageakten niedergelegt. Die *Entsendung* von Röckel und Dr. Zimmer waren meine letzten Schritte im Interesse der böhmischen Sache.
Ich habe alles gesagt, HERRSCHER; und soviel ich auch nachdenke, ich finde keinen einzigen irgendwie wichtigeren Umstand, den ich ausgelassen hätte. Ich habe IHNEN jetzt nur noch zu erklären, wie es kam, daß ich, wo ich bisher an allen deutschen Angelegenheiten unbeteiligt geblieben war und jeden Tag erwartete, nach Prag gerufen zu werden, doch Anteil am Dresdener Aufstand nehmen konnte, und obendrein noch so aktiv.

Bereits am nächsten Tage nach der Abreise Röckels, also nach der Auflösung des Parlaments, brachen Unruhen in Dresden aus. Sie dauerten einige Tage, ohne einen bestimmten Charakter anzunehmen, aber sie konnten schon nicht mehr anders als in einer Revolution oder vollständigen Reaktion enden. Die Revolution fürchtete ich nicht, wohl aber fürchtete ich die Reaktion und in ihrer Folge die Verhaftung aller paßlosen politischen Flüchtlinge und revolutionären Insurgenten, unter denen ich nicht an letzter Stelle stand. Ich zauderte und überlegte, was ich tun sollte; ich konnte mich nicht entschließen: Mein Bleiben schien gefährlich, eine Flucht schmählich und ganz unmöglich. Ich war der einzige Fürsprecher, ja der Hauptobmann der deutschen und tschechischen Konspiration; ich hatte die Brüder Straka nach Prag geschickt und der offenen Gefahr ausgesetzt; ich hatte nicht das Recht, im Falle der Gefahr zu fliehen. Ein einziger Ausweg war noch offen: mich in die Umgebung zurückziehen und in der Nähe von Dresden abzuwarten, ob die Bewegung einen entscheidenden, revolutionären Charakter annehmen werde. Aber dazu wäre Geld erforderlich gewesen, während ich höchstens noch zwei Taler in der Tasche hatte. Dresden war ferner das Zentrum meiner Korrespondenz; ich wartete auf den Grafen Teleky; jede Minute konnte ich nach Prag gerufen werden. So entschloß ich mich zu bleiben und überredete auch Kryschanowski und Heltman, die bereits reisefertig gewesen waren. Nachdem ich einmal blieb, erlaubten weder die Situation noch mein Charakter, daß ich als gleichgültiger und unbeteiligter Zuschauer der Ereignisse in Dresden geblieben wäre. Ich enthielt mich jedoch jeder Tätigkeit bis zum Tage der Wahl der »Provisorischen Regierung«.

Auf die Einzelheiten des Dresdener Aufstandes werde ich nicht eingehen. Sie sind IHNEN, HERRSCHER, bekannt, in ihrem ganzen Umfange sogar zweifellos besser bekannt als mir selbst. Außerdem sind alle Fakten, soweit sie mich betreffen, eingehend in den Akten der sächsischen Untersuchungskommission aufgezeichnet. Meiner Ansicht nach ging die Bewegung zuerst von ruhigen Bürgern aus, die in ihr eine jener harmlosen und legalen Paradedemonstrationen sahen, die damals in Deutschland so üblich geworden waren, daß sie niemanden mehr in Staunen oder Schrecken versetzten. Als sie aber merkten, daß die Bewegung in die Revolution umschlug, zogen sie sich zurück und räumten den Platz den Demokraten, denn, erklärten sie, als sie einst schworen, »mit Gut und Blut für die neuerrungene Freiheit zu stehen*«, hätten sie darunter eine friedliche, unblutige und ungefährliche Demonstration verstanden, aber nicht die Revolution. – Die Revolution war anfangs konstitutionell, erst später wurde sie demokratisch. In die »Provisorische Regierung« wurden zwei Vertreter der monarchistisch-konstitutionellen Partei hineingewählt: Heubner[128] und Todt[129] (der letztere hatte noch einige Tage vorher als Regierungskommissar im Namen des Königs das Parlament aufgelöst) und nur ein einziger Demokrat: Tzschirner[130]. – Ich kannte Todt bereits aus der Zeit meines ersten Aufenthaltes in Dresden und hatte ihn auch im Frühjahr 1848 flüchtig in Frankfurt gesehen; in Dresden traf ich ihn erst wieder, als er in die »Provisorische Regierung« gewählt wurde. Den Abgeordneten Heubner kannte ich überhaupt nicht. Weitere Verbindungen besaß ich damals nicht. Meine Bekanntschaft mit Tzschirner habe ich bereits erwähnt. Nach der Bildung der

* Im Original deutsch.

»Provisorischen Regierung« erwachten wieder in mir die Hoffnungen auf den Erfolg der Revolution. Und in der Tat, die Situation war an diesem Tage denkbar günstig: die Massen waren zahlreich, die Truppen aber schwach. Ein großer Teil der sächsischen, an und für sich nicht sehr starken Truppenmacht kämpfte damals in Schleswig-Holstein »stammverwandt und meerumschlungen« für die deutsche Freiheit und Einigkeit; in Dresden waren meines Wissens höchstens zwei oder drei Bataillone zurückgeblieben. Die preußische Unterstützung war noch nicht unterwegs, nichts stand der Besetzung Dresdens im Wege. War das einmal geschehen und konnte man sich dazu auf Sachsen, das sich vollständig und ziemlich einmütig, wenn auch völlig system- und planlos erhob, stützen, sowie ferner auf die Bewegung im ganzen übrigen Deutschland – dann hätte man auch den Kampf gegen die preußischen Truppen aufnehmen können, zumal diese wie auch die sächsischen Truppen in Dresden keine große Bravour bewiesen. Sie brauchten volle fünf Tage zu einem Unternehmen, das man mit entschlosseneren Truppen in einem Tage, ja vielleicht noch schneller, hätte durchführen können; denn die bewaffneten Demokraten in Dresden waren zwar zahlenmäßig stark, aber ihre Widerstandskraft war durch die konfuse revolutionäre Leitung gänzlich paralysiert.

Am Tag der Wahl der »Provisorischen Regierung« beschränkte sich meine Tätigkeit auf die Erteilung von Ratschlägen. Es war, glaube ich, der 4. Mai neuen Stils. Die sächsischen Truppen hatten Parlamentäre geschickt. Ich riet Tzschirner, sich keiner Täuschung hinzugeben, denn es lag auf der Hand, daß die Regierung nur Zeit gewinnen wollte, um die preußische Unterstützung abzuwarten. Ferner riet ich ihm, die nutzlosen Verhandlungen abzubrechen und keine Zeit zu verlieren, sondern die Schwäche der Truppen auszunützen, um ganz Dresden zu besetzen; ich schlug ihm sogar vor, die mir bekannten Polen, die sich damals in großer Zahl in Dresden aufhielten, zu sammeln und mit ihnen das Volk, das Waffen forderte, nach dem Zeughaus zu führen. – Der ganze Tag wurde aber mit Verhandlungen verloren, und erst am nächsten Tage erinnerte sich Tzschirner meiner Vorschläge. Aber die Situation hatte sich bereits geändert. Die Bürger waren mit ihren Gewehren nach Hause gegangen, und die Stimmung der Massen flaute ab. Die Freischaren waren noch schwach, da erschienen auch schon, wenn ich mich recht entsinne, die ersten preußischen Bataillone. Ich gab jedoch Tzschirners Bitte und noch mehr seinen Versprechungen nach und suchte Heltman und Kryschanowski auf, die ich nicht ohne Mühe überredete, sich mit mir an der Dresdener Revolution zu beteiligen; ich wies auf die günstigen Folgen hin, die ein Sieg in Dresden auf die Ereignisse in Böhmen ausüben müßte. Sie willigten ein und brachten noch einen polnischen Offizier, den ich nicht kannte, ins Rathaus mit, wo die »Provisorische Regierung« ihren Sitz aufgeschlagen hatte. Wir schlossen nun mit Tzschirner eine Art Kontrakt: Er erklärte uns erstens, bei einem glücklichen Ausgange der Revolution werde er sich nicht mit der Anerkennung des Frankfurter Parlaments und der Frankfurter Konstitution begnügen, sondern die demokratische Republik proklamieren; zweitens verpflichtete er sich, uns bei allen unseren slawischen Unternehmungen zu unterstützen und uns ein getreuer Verbündeter zu sein; ferner versprach er uns Geld, Waffen, kurz alles, was für die böhmische Revolution erforderlich war. Er bat uns nur, weder Todt noch

Heubner, die er Verräter und Reaktionäre nannte, etwas zu sagen. So ließen wir uns im Zimmer der »Provisorischen Regierung« hinter einem Wandschirm nieder: Heltman, Kryschanowski, der erwähnte polnische Offizier und ich. Unsere Situation war sehr merkwürdig: Wir stellten eine Art Stab neben der »Provisorischen Regierung« dar, die alle unsere Forderungen widerspruchslos ausführte. Aber unabhängig von uns und sogar unabhängig von der »Provisorischen Regierung« kommandierte der Oberstleutnant Heinze[131], der Kommandant der Nationalgarde, den revolutionären Landsturm. Er betrachtete uns mit offener Mißgunst, fast mit Haß und erfüllte nicht nur nicht unsere Forderungen, die ihm als Befehle der »Provisorischen Regierung« überbracht wurden, sondern handelte ihnen direkt zuwider, so daß alle unsere Anstrengungen vergeblich blieben. Volle vierundzwanzig Stunden forderten wir nichts als fünfhundert, ja nur dreihundert Leute, die wir nach dem Zeughause führen wollten. Wir konnten keine fünfzig zusammenbringen, nicht weil keine Leute dagewesen wären, sondern weil Heinze niemanden zu uns ließ und seine Mannschaft, auch frische Kräfte, über ganz Dresden zerstreute. Ich bin heute wie damals überzeugt, daß Heinze ein Verräter war, und begreife nicht, daß er als Hochverräter verurteilt werden konnte. Er trug zum Siege der Truppen weit mehr bei als die Truppen selbst, die, wie bereits gesagt, sehr, sehr zaghaft vorgingen.

Am nächsten Tage, ich glaube, es war der 6. Mai, waren meine Polen und Tzschirner mit ihnen verschwunden.

Heubner – ich kann an ihn nicht ohne bitteren Gram denken! Ich hatte ihn früher nicht gekannt, dafür lernte ich ihn aber im Verlaufe dieser wenigen Tage um so besser kennen, denn unter solchen Umständen weiß man sehr bald über einen Menschen Bescheid. Ich habe selten einen Mann getroffen, der so rein, so edeldenkend und so ehrenhaft war wie er. Weder seiner Natur, seiner Neigung noch seinen Anschauungen nach war er zu einer revolutionären Tätigkeit berufen. Sein Charakter war friedlich und sanft. Er hatte eben erst geheiratet, war heftig in seine Frau verliebt und schrieb ihr viel lieber sentimentale Verse, als daß er in einer revolutionären Regierung saß, in die er mit Todt wie eine blinde Henne geraten war. Im Grunde war es nämlich nur die Schuld seiner konstitutionellen Freunde, die seine Selbstverleugnung ausnützten und ihn in die Regierung wählten, um die demokratischen Tendenzen Tzschirners zu paralysieren. Er sah in dieser Revolution einen *legalen gesetzlichen*, heiligen Krieg für die deutsche Einheit, die er glühend, wenn auch etwas sentimental-träumerisch anbetete. Er glaubte nicht, das Recht zu haben, einen gefährlichen Posten auszuschlagen, und willigte ein. Nachdem er einmal eingewilligt hatte, wollte er seine Rolle ehrlich und bis zu Ende durchführen und brachte dann auch das größte Opfer für das, was er für recht und wahr hielt. – Über Todt will ich kein Wort verlieren. Er war von Anfang an durch den Widerspruch zwischen seiner gestrigen und seiner heutigen Situation demoralisiert und ergriff einige Male die Flucht. Dagegen muß ich einige Worte über Tzschirner sagen. Tzschirner war der von allen anerkannte Führer der demokratischen Partei in Sachsen. Er war der Anwalt, der vorbereitende und leitende Kopf der Revolution gewesen und floh bei der ersten drohenden Gefahr, und zwar auf ein leeres Gerücht hin; kurz, er zeigte sich vor allen, vor Freunden wie Feinden als Feigling und Schuft. Er tauchte später wieder auf, aber es war mir peinlich, auch nur mit ihm zu sprechen, und ich wandte mich nun noch an Heubner, den ich von ganzer Seele lieben und achten lernte. Die Polen waren gleichfalls verschwunden; sie glaubten wohl, sich für das polnische Vaterland erhalten zu müssen. Seit dieser Zeit habe ich keinen einzigen Polen mehr gesehen. Es war mein Abschied von der polnischen Nation.

Aber ich habe meine Erzählung unterbrochen. Heubner und ich gingen zu den Barrikaden, um die Verteidiger dort zu ermutigen, aber auch um etwas über die Lage zu erfahren, von der man in der »Provisorischen Regierung« nicht die geringste Ahnung besaß. Bei unserer Rückkehr sagte man uns, daß Tzschirner und die Polen, durch falschen Alarm erschreckt, es für notwendig gehalten hätten, die Flucht zu ergreifen, und daß sie uns denselben Rat gäben. Heubner entschloß sich zu bleiben, ich ebenfalls. Später kam Tzschirner wieder zurück und nach ihm Todt. Aber Todt blieb nicht lange, sondern versteckte sich bald wieder.

Ich blieb – nicht, weil ich noch auf Erfolg hoffte: Durch die Herren Tzschirner und Heinze war die Lage so verdorben, daß nur ein Wunder die Demokraten noch hätte retten können. Eine Herstellung der Ordnung war ausgeschlossen; alles war so in Verwirrung geraten, daß niemand wußte, was er tun, wohin und an wen er sich wenden sollte. Ich erwartete die Niederlage und blieb, teils weil ich mich nicht entschließen konnte, den armen Heubner allein zu lassen, der wie ein zur Schlachtbank geführtes Lamm hier saß; teils und viel mehr noch deshalb, weil ich als Russe in noch höherem Maße als alle anderen den niederträchtigsten Verdächtigungen ausgesetzt war; ich hielt mich für verpflichtet, ebenso wie Heubner, bis zum Ende auszuhalten.[132]

Ich bin nicht imstande, HERRSCHER, IHNEN eine eingehende Rechenschaft über die drei oder vier Tage abzulegen, die ich nach der Flucht der Polen in Dresden verbrachte. Ich redete viel, gab Ratschläge und Befehle und bildete eigentlich allein die ganze »Provisorische Regierung«, ich tat alles, was in meinen Kräften stand, um die verlorene und offensichtlich untergehende Revolution zu retten. Ich schlief nicht, aß und trank nicht, ich war völlig erschöpft und konnte doch das Zimmer der Regierung keinen Augenblick verlassen, weil ich befürchtete, Tzschirner möchte wieder fliehen und meinen Heubner allein lassen. Ich rief einige Male die Befehlshaber der Barrikaden zusammen, bemühte mich, Ordnung zu schaffen und die Kräfte für den bevorstehenden Angriff zu konzentrieren. Aber Heinze machte alle meine Maßnahmen sofort zunichte, so daß meine ganze fieberhaft angespannte Tätigkeit vergeblich war. Einige kommunistische Barrikadenführer waren auf den Gedanken gekommen, Dresden niederzubrennen, und zündeten in der Tat einige Häuser an. Ich habe *niemals* einen solchen Befehl gegeben. Übrigens wäre ich auch damit einverstanden gewesen, wenn ich geglaubt hätte, man könnte die sächsische Revolution durch eine Feuersbrunst retten. Ich habe nie begreifen können, weshalb Häuser und leblose Dinge beklagenswerter sein sollen als Menschen[133]. – Die sächsischen wie die preußischen Soldaten machten sich ein Vergnügen daraus, auf unschuldige, aus den Fenstern heraussehende Frauen zu schießen, und niemand war darüber erstaunt. Als aber die sächsischen Demokraten zu ihrer eigenen Verteidigung ein Haus anzündeten, schrien alle über Barbarei. Es muß überhaupt gesagt werden, daß die gutmütigen, gebildeten deutschen Soldaten in Dresden unvergleichlich ärgere

Barbaren waren, als die Demokraten. Ich war selbst Zeuge des Unwillens, mit dem sich anwesende Demokraten, lauter Arbeiter, auf einen Menschen stürzten, der sich herausnahm, einen verwundeten preußischen Soldaten zu beschimpfen. Aber wehe dem Demokraten, der in die Hände der Soldaten fiel! Die Offiziere selbst zeigten sich nur selten und legten die größte Schonung für sich an den Tag; ihren Soldaten aber hatten sie Befehl gegeben, keine Gefangenen zu machen[134]. Auf diese Weise wurden in den eroberten Häusern viele, die gar nicht daran gedacht hatten, sich an der Revolution zu beteiligen, erschlagen, erstochen oder erschossen. So wurde ein junger Fürst[135], ich glaube sogar der Sprößling einer der kleineren deutschen Potentaten, der nach Dresden gekommen war, um sein Augenleiden zu kurieren, samt seinem Kammerdiener erstochen. Ich erfuhr diesen Fall nicht von Demokraten, sondern aus einer ganz sicheren Quelle, nämlich von Unteroffizieren, die an den Dresdener Ereignissen aktiv teilgenommen hatten, und die dann später meine Aufseher wurden. – Ich stand mit einigen von ihnen sehr freundschaftlich und hörte auf der Festung Königstein vieles von ihnen, was nicht im mindesten für die Menschlichkeit, die Tapferkeit und die Klugheit der preußischen und sächsischen Herren Offiziere spricht. – Kehre zu meinem Bericht zurück.

Ich habe die Brände nicht befohlen, aber ich ließ auch nicht zu, daß man unter dem Vorwand, sie zu löschen, die Stadt an die Truppen verriet. Als es aber offensichtlich war, daß Dresden nicht mehr gehalten werden konnte, schlug ich der »Provisorischen Regierung«[136] vor, sich im Rathause in die Luft zu sprengen; ich hatte genügend Pulver anhäufen lassen. Man wollte aber nicht ... Tzschirner flüchtete wieder, und seitdem habe ich ihn nicht wieder gesehen. Heubner und ich gaben den Befehl zum allgemeinen Rückzug; wir warteten noch eine Weile, bis unsere Anordnungen ausgeführt waren, und zogen uns dann mit unserer gesamten Macht zurück; alles Pulver, alle fertige Munition und unsere Verwundeten nahmen wir mit. Ich begreife bis heute noch nicht, wie es uns gelang, nicht etwa eine Flucht, sondern einen regelrechten, geordneten Rückzug zu bewerkstelligen. Wie leicht hätte man uns auf freiem Felde vernichten können! Ich würde vielleicht glauben, die Menschlichkeit hätte die Befehlshaber der Truppen zurückgehalten, wenn ich nach allem, was ich vor und nach meiner Verhaftung sah und hörte, noch an ihre Menschlichkeit hätte glauben können, so erkläre ich mir diesen Umstand wiederum nur mit der Relativität aller Dinge: die deutschen Truppen waren genauso wie die deutschen Regierungen zum Kampfe mit den deutschen Demokraten geschaffen.

Obwohl unser Rückzug ziemlich geordnet vonstatten ging, war unsere Mannschaft doch gänzlich demoralisiert. Als wir nach Freiberg kamen, wollte ich den Krieg an der böhmischen Grenze fortsetzen, – ich hoffte immer noch auf den böhmischen Aufstand, und wir gaben uns alle Mühe, in unserer Truppe wieder Disziplin herzustellen. Aber es war unmöglich; alle waren erschöpft, verbittert und glaubten nicht mehr an einen Erfolg. Und auch wir selbst hielten uns nur noch mit letztem angespanntem Kräfteaufgebot aufrecht. In Chemnitz fanden wir statt der erhofften Hilfe Verrat. Reaktionäre Bürger verhafteten uns nachts in den Betten und brachten uns nach Altenburg, um uns dem preußischen Militär zu übergeben[137]. Die sächsische Untersuchungskommission war erstaunt, daß ich mich gefangengegeben und keinen Befreiungsversuch gemacht hatte. Es wäre in der Tat möglich gewesen, den Bürgern zu entkommen; aber ich war völlig erschöpft und kraftlos, nicht nur körperlich, sondern noch viel mehr seelisch, und außerdem war es mir völlig gleichgültig, was aus mir werden würde. Ich vernichtete auf dem Wege mein Notizbuch und hoffte, daß man mich, nach dem Beispiele Robert Blums in Wien, binnen einigen Stunden erschießen würde. Ich hatte nur eine Furcht: der russischen Regierung übergeben zu werden. Meine Hoffnung erfüllte sich nicht. Das Schicksal hatte mir ein anderes Los beschieden. Das war der Abschluß meines leeren, nutzlosen und verbrecherischen Lebens, und mir bleibt nichts übrig, als Gott zu danken, daß ER mir rechtzeitig auf der breiten Bahn meiner Verbrechen Einhalt geboten hat.

Meine Beichte ist zu Ende, HERRSCHER! Sie hat meine Seele erleichtert. Ich habe mich bemüht, alle Sünden in sie einzuschließen und nichts Wesentliches zu vergessen. Ist es trotzdem geschehen, habe ich es ohne Absicht getan. Alles, was in Aussagen, Anschuldigungen und Denunziationen gegen mich spricht und im Widerspruch zu meiner Beichte steht, ist völlig falsch, irrig oder verleumderisch.

Nunmehr aber wende ich mich an meinen HERRSCHER, und falle zu den Füßen EW. KAISERLICHEN MAJESTÄT nieder und bitte SIE:

HERRSCHER! Ich bin ein großer Verbrecher und verdiene keine Gnade! Dies weiß ich; wäre mir die Todesstrafe beschieden gewesen, hätte ich sie als verdient und fast mit Freuden hingenommen: sie hätte mich von einer unerträglichen Existenz befreit. Aber Graf Orlow sagte mir im Namen EW. KAISERLICHEN MAJESTÄT, daß die Todesstrafe in Rußland nicht bestehe. Ich bitte SIE aber, HERRSCHER, wenn es gesetzlich möglich ist und

wenn die Bitte eines Verbrechers das Herz EW. KAISERLICHEN MAJESTÄT zu rühren vermag, dann, HERRSCHER, lassen SIE mich nicht in ewiger Kerkerschaft verfaulen! Bestrafen SIE mich nicht für die deutschen Sünden mit der deutschen Strafe. Auch wenn die schwerste Zwangsarbeit mein Los sein soll, werde ich sie dankbar als eine Gnade hinnehmen; je schwerer die Arbeit ist, desto leichter werde ich mich in ihr vergessen! – In der Einzelhaft aber herrscht die ununterbrochene nutzlose Erinnerung. Denken und Erinnern werden dort zur unaussprechlichen Qual, und man lebt lange, lebt wider Willen, und ohne zu sterben, stirbt man jeden Tag in Untätigkeit und Gram. – Nirgends ist es mir so gut ergangen, weder in der Festung Königstein noch in Österreich, wie hier in der Peter-Pauls-Festung, und lasse Gott einen jeden freien Menschen eine so gütige, eine so menschliche Obrigkeit finden, wie ich sie hier zu meinem größten Glücke gefunden habe. Trotzdem, wenn ich die Wahl hätte, ich glaube, ich würde nicht nur den Tod, sondern sogar die Körperstrafe der lebenslänglichen Festungshaft vorziehen.
Die andere Bitte aber, HERRSCHER! Lassen SIE mich ein Mal, zum letzten Mal meine Familie wiedersehen und mich von ihr Abschied nehmen; wenn nicht von der ganzen Familie, so doch wenigstens von meinem alten Vater, von meiner Mutter und meiner Lieblingsschwester, von der ich nicht einmal weiß, ob sie noch lebt.
Erweisen SIE mir, ALLERGNÄDIGSTER HERRSCHER, diese beiden größten Gnaden, ich werde die Vorsehung segnen, die mich aus den Händen der Deutschen befreit hat, um mich den väterlichen Händen EW. KAISERLICHEN MAJESTÄT zu übergeben.

Da ich das Recht verloren habe, mich einen getreuen Untertanen EW. KAISERLICHEN MAJESTÄT zu nennen, zeichne ich als aufrichtiger reuiger Sünder

Michael Bakunin

Resolution Nikolais I.:
»Mit dem Wiedersehen von Vater und Schwester in Anwesenheit G. Nabokows bin ich einverstanden.«

BAKUNINS BITTSCHRIFT AN ALEXANDER II.

BAKUNINS BITTSCHRIFT AN ALEXANDER II.

Von Seiner Kaiserlichen Majestät
höchsteigenhändig mit Bleistift darüber geschrieben:
»Einen anderen Ausweg als Verschickung
nach Sibirien zur Ansiedlung sehe ich nicht.«
19. Februar 1857
Fürst Dolgorukow

Ew. Kaiserliche Majestät!
Allergnädigster Herrscher!

Es hat IHNEN nunmehr gefallen, die zahlreichen Gnadenbeweise, die mir durch IHREN unvergeßlichen und großmütigen Vater und durch EW. MAJESTÄT zuteil geworden sind, durch eine neue, unverdiente, aber mit tiefer Dankbarkeit entgegengenommene Gnade zu ergänzen. SIE haben mir erlaubt, IHNEN zu schreiben. Aber welche andere Bitte kann der Verbrecher seinem Herrscher unterbreiten als die Bitte um Barmherzigkeit? – Und so, HERRSCHER, ist es mir erlaubt, meine Zuflucht zu IHRER Gnade zu nehmen, ist es mir erlaubt zu hoffen. Vor der Rechtsprechung wäre jede Hoffnung meinerseits Wahnwitz gewesen; aber ist vor IHRER Gnade, HERRSCHER, die Hoffnung Wahnwitz? Das zerquälte und schwache Herz möchte glauben, die neue Gnade sei schon die halbe Verzeihung; und ich muß meine ganze Seelenstärke aufbieten, um mich nicht durch eine verführerische, aber verfrühte und vielleicht vergebliche Hoffnung hinreißen zu lassen.

Was mir übrigens auch in Zukunft noch bevorstehen mag, ich bitte jetzt um die Erlaubnis, EW. MAJESTÄT

* Alexander II. hatte nach der Lektüre der »Beichte« geäußert: »Aber ich merke doch nicht die geringste Reue in diesem Schreiben.« – (M.B. Sozial-politischer Briefw., S. LXIII.)

mein Herz öffnen zu dürfen, ebenso offen zu IHNEN sprechen zu können, wie zu IHREM verstorbenen Vater, als es SEINER MAJESTÄT gefiel, die vollständige Beichte meines Lebens und meiner Taten zu hören. Ich habe den mir durch Graf Orlow übermittelten Willen des verstorbenen Herrschers, ihm wie ein geistlicher Sohn seinem geistlichen Vater zu beichten, erfüllt, ohne ein Hehl aus meinen Taten zu machen. Und obgleich meine Beichte, die, soviel ich mich erinnere, noch ganz unter dem Eindruck der frischen Erlebnisse niedergeschrieben wurde, bei ihrem Geiste nicht die Billigung des Herrschers finden konnte, habe ich doch nie Grund gehabt, meine Aufrichtigkeit zu bereuen, im Gegenteil, ihr allein und der Großmut des Herrschers habe ich die gnädige Erleichterung meiner Haft zu verdanken. – Auch jetzt, HERRSCHER, kann und will ich die Hoffnung auf Verzeihung nur durch vollständige und offene Aufrichtigkeit erreichen.

Als ich im Jahre 1851 von Österreich nach Rußland verbracht wurde, hatte ich die Milde der Gesetze des Vaterlandes vergessen und erwartete den Tod, denn ich wußte, daß ich ihn verdient hatte. Diese Erwartung bekümmerte mich nicht sehr; ich wünschte sogar, rasch aus dem Leben zu scheiden, da mir die Zukunft keine Freuden mehr verhieß. Der Gedanke, daß ich meine Fehler mit meinem Leben bezahlen sollte, söhnte mich mit der Vergangenheit aus. In Erwartung des Todes hielt ich mich beinahe für gerechtfertigt.

Aber der Großmut des verstorbenen Herrschers gefiel es, mein Leben zu verlängern und mein Schicksal in der Haft zu erleichtern. Es war eine große Gnade, die sich aber für mich in die schwerste Strafe verwandelt hat. – Ich hatte vom Leben Abschied genommen, aber sollte nun aufs neue zu ihm zurückkehren, um moralische

Leiden zu erdulden, die schwerer auf mir lasteten als die physischen. Wäre meine Haft durch Strenge erschwert worden, hätte ich große Entbehrungen erleiden müssen, hätte ich sie vielleicht leichter ertragen. Aber die bis zu äußersten Grenzen gemilderte Haft, die meinen Gedanken volle Freiheit gewährte, wurde mir zur Qual. – Die Familienbande, die ich für immer zerrissen glaubte und die durch die gnädige Erlaubnis eines Wiedersehens mit meiner Familie aufs neue gebunden wurden, fesselten mich wieder ans Leben: das verhärtete Herz ergab sich dem Gluthauch der elterlichen Liebe. Die kalte Gleichgültigkeit, die ich zuerst für Ruhe gehalten hatte, wich allmählich einer brennenden Teilnahme am Schicksal meiner mir längst aus den Augen entschwundenen Familie, und in meiner Seele erwachte neben dem Bedauern über das verlorene Glück eines friedlichen Familienlebens der tiefe, unsagbar qualvolle Gram über die durch eigene Schuld unwiderruflich und sinnlos verscherzte Möglichkeit, jemals wie meine fünf Brüder die Stütze meines Vaterhauses, ein nützlicher und tätiger Diener meines Staates zu werden. – Das Vermächtnis des sterbenden Vaters, den ich nie zu lieben und zu achten aufgehört hatte, selbst als ich ganz seinem Willen entgegen handelte; sein letzter Segen, den mir die Mutter überbrachte, traf ein reuiges, längst gerührtes und aufnahmebereites Herz.

HERRSCHER! Die Einzelhaft ist die schrecklichste Strafe; ohne Hoffnung wäre sie schlimmer als der Tod: sie ist der Tod bei lebendigem Leibe; eine bewußte, langsame und täglich zu fühlende Zerstörung aller körperlichen, sittlichen und geistigen Kräfte; man fühlt, wie man mit jedem Tage altert, hinfällig und stumpf wird und beschwört hundertmal am Tage den

Tod als Erlöser herauf. Aber diese furchtbare Einsamkeit schließt wenigstens den einen unzweifelhaften und großen Nutzen in sich: sie läßt den Menschen allein vor dem Antlitz der Wahrheit, allein mit sich selbst. – Im Lärme der Welt, im Taumel der Ereignisse unterliegt man leicht den Truggespinsten der Eitelkeit; – aber in der erzwungenen Untätigkeit der Gefängnishaft, im Grabesschweigen einer ununterbrochenen Einsamkeit kann man sich nicht lange betrügen. Wenn ein Mensch nur einen Funken Wahrhaftigkeit besitzt, sieht er unweigerlich sein ganzes vergangenes Leben in seiner wirklichen Bedeutung, in seinem wahren Lichte, und wenn dies Leben eitel, nutzlos, schädlich war, wie mein vergangenes Leben, wird er sein eigener Henker. Und so drückend dies schonungslose Zwiegespräch mit sich selbst, über sich selbst, auch sein mag, so qualvoll die Gedanken, die es hervorruft, auch sein mögen – man kann es nicht wieder abbrechen, wenn es einmal begonnen ist. Achtjährige Erfahrung lehrte mich diese bittere Erkenntnis.

HERRSCHER! Welche Namen soll ich meinem vergangenen Leben geben? – Vergeudet mit schimärischen und fruchtlosen Bestrebungen, endigte es im Verbrechen. Aber ich war weder selbstsüchtig noch schlecht; ich besaß eine heiße Liebe zum Guten und Wahren und war bereit, mich dafür zu opfern. Aber falsche Grundsätze, eine falsche Einstellung und sündige Selbstliebe verführten mich zu verbrecherischen Verwirrungen; nachdem ich einmal falsche Bahnen betreten hatte, hielt ich es für meine Pflicht und Ehre, sie bis zu Ende zu gehen. Ich stürzte so in den Abgrund, aus dem mich nur die allmächtige und rettende Hand EW. MAJESTÄT zu befreien vermag.

Verdiene ich diese Gnade? Darauf kann ich nur eines

sagen: im Laufe meiner achtjährigen Haft, namentlich in der letzten Zeit, habe ich Qualen ertragen, wie ich sie früher nicht für möglich hielt. Nicht der Verlust der irdischen Güter quälte mich, sondern das Bewußtsein, daß ich mich selbst zur Nichtigkeit verurteilt, in meinem Leben nur verbrecherische Taten vollbracht und es nicht einmal verstanden habe, meiner Familie Nutzen zu bringen, ganz zu schweigen von meinem großen Vaterlande, gegen das ich mich unterfing, ohnmächtig, wie ich war, Aufruhr zu erregen. – So kam es, daß selbst die kaiserliche Gnade, selbst die von mir in keiner Weise verdiente Liebe und zärtliche Fürsorge meiner Verwandten, für mich zur neuen Qual wurden: ich beneidete die Brüder, die durch die Tat ihre Liebe zur Mutter beweisen, die IHNEN, HERRSCHER, und Rußland dienen konnten. – Aber damals, als sich auf den Ruf des Zaren ganz Rußland gegen die vereinigten Feinde erhob; als sich zusammen mit den übrigen auch meine fünf Brüder rüsteten, ihre alte Mutter und ihre kleinen Kinder zurückließen, um ihr Leben für die Verteidigung der Heimat zu wagen – damals verfluchte ich meine Fehler, meine Verirrungen und Verbrechen, die mich zu dieser schmählichen, wenngleich unfreiwilligen Untätigkeit in einem Augenblick verurteilten, wo ich dem Zaren und dem Vaterlande hätte dienen können und sollen. Damals wurde mir meine Situation unerträglich, der Gram überwältigte mich, und ich flehe nur um eines: Freiheit oder Tod.

HERRSCHER! Was soll ich noch sagen? Wenn ich ein neues Leben beginnen könnte, würde ich es anders führen. Aber wehe! Die Vergangenheit kehrt nicht wieder. Wenn ich die Vergangenheit durch Taten wiedergutmachen könnte, würde ich bitten, mir eine Möglichkeit zu geben: mein Geist würde nicht vor den heilsamen Mühen eines Reinigungsdienstes zurückschrecken; ich wäre glücklich, meine Verbrechen mit Schweiß und Blut zu reinigen. Aber meine physischen Kräfte entsprechen lange nicht der Kraft und Frische meiner Gefühle und meiner Wünsche. Krankheit hat mich in jeder Beziehung untauglich gemacht. Obgleich ich mit meinen 44 Jahren noch nicht alt bin, haben die letzten Jahre der Haft meine ganze Lebenskraft erschöpft, haben den Rest meiner Jugend, meiner Gesundheit zerbrochen: ich fühle mich alt, ich fühle, daß ich nicht mehr lange zu leben habe. – Ich klage meinem Leben ohne Tätigkeit und Nutzen nicht nach; nur ein einziger Wunsch lebt noch in mir: ich möchte ein letztes Mal in Freiheit atmen, in den hellen Himmel, auf frischen Wiesen schauen, das Haus meines Vaters wiedersehen, mich vor seinem Grabe verneigen, den Rest meiner Tage meiner Mutter, die sich meinethalben abgehärmt hat, widmen und mich würdig auf den Tod vorbereiten. Vor IHNEN, HERRSCHER, schäme ich mich nicht, meine Schwäche einzugestehen, ich bekenne offen, daß mich der Gedanke, allein in der Gefängnisnacht zu sterben, tief erschreckt, ja, er bereitet mir größere Schrecken als der Tod selbst. Und aus tiefster Seele und tiefstem Herzen bitte ich EW. MAJESTÄT, mich, wenn es möglich ist, von dieser letzten, schwersten Strafe zu erlösen. Wie das Urteil, das mich erwartet, auch ausfallen mag, ich beuge mich vor ihm, es wird in jeder Weise gerechtfertigt sein, ich nehme es widerspruchslos hin und wage zu hoffen, daß es mir dies letzte Mal vergönnt sein werde, IHNEN HERRSCHER, das Gefühl der tiefen Dankbarkeit gegen IHREN unvergeßlichen Vater und gegen EW. MAJESTÄT für alle mir erwiesenen Gnaden auszudrücken. 14. Februar 1857

Ein flehender Verbrecher Michael Bakunin

Zar Nikolaus I. (1796-1855)

Peter-und-Paul-Festung in Petersburg

Bakunins Zelle in der Peter-und-Paul-Festung

Zar Alexander II. (1818-1881)

Anhang

Im Sächsischen Staatsarchiv zu Dresden befinden sich einige Bündel Bakunin-Akten, enthaltend Verhöre, Briefschaften, Korrespondenzen, amtliche Schriftwechsel, Dokumente usw. Daraus geben wir folgende Auszüge:

Ein Signalement von Michael Bakunin
(Aufgenommen auf der Festung Königstein
am 26. Januar 1850.)
[Akten Amtsgericht Dresden. Nr. 1285 e.]

1. Familienname: Bakunin.
2. Vorname: Michael.
3. Geburtsort: Torshok Gouvernemt. Twer. Rußland.
4. Aufenthaltsort: gegenwärtig Festung Königstein.
5. Stand oder Gewerbe: Literatur.
6. Religion: griech.-kath.
7. Alter: 35 Jahre alt.
8. Größe: 77 1/2 Zoll sächs.
9. Haare: schwarz, gelockt.
10. Stirn: offen und breit.
11. Augenbrauen: schwarz.
12. Augen: blaugrau.
13. Nase: länglich proportioniert.
14. Mund: voll, etwas aufgeworfen.
15. Bart: schwarz, Schnurr-, Kinn- und Backenbart.
16. Zähne: vollständig.
17. Kinn: gerundet.
18. Gesichtsbild: oval.
19. Gesichtsfarbe: blau.
20. Gestalt: kräftig, kolossal.
21. Sprache: deutsch, französisch, russisch.
22. Besondere Kennzeichen: fehlen.

Aus einem Polizeibericht aus Berlin vom 26. Juni 1849
(Akta wider den Literat Michael Bakunin. Vol. Ia. p. 65.)
Auf anderen Wegen ist noch ermittelt worden: Nach dem Ausbruch der Februarrevolution in Paris begab sich Bakunin von Belgien dahin, schloß sich Ledru-Rollin an und wurde dessen Emissär:
1. zur Aufwiegelung der Lande slawischer Zunge und zur Republikanisierung derselben,
2. zur Bewerkstelligung eines Krieges zwischen Preußen und Rußland. Außerdem erhielt er von dem polnischen Revolutionskomitee in Paris spezielle Aufträge:
1. für das Großherzogtum Posen,
2. für die Ermordung des Kaisers von Rußland.
In Berlin unter falschem Namen angekommen, wußte der Bakunin seine Schritte in das Geheimnis zu hüllen, ging nur mit Cybulski und Siegesmund sowie mit einem Grafen Zamoycski um und hat sich damit beschäftigt, die späteren Ereignisse im Großherzogtum Posen, in Ungarn und überhaupt die revolutionäre Bewegung im Norden Europas vorzubereiten. Da diese Tätigkeit eine geheime war, läßt sie sich nicht feststellen. Bakunin wird diese Tätigkeit aber schwerlich in Abrede stellen.
Während seiner zweiten Anwesenheit in Berlin im Jahre 1848 lebte Bakunin im intimsten Verkehre mit D'Ester, Reichenbach, Schwamm, Joh. Jacobi, Waldeck und wurde zugezogen zu den geheimsten Beratungen der äußersten Linken, sah den bekannten Lipski sehr viel, war behülflich bei der Organisation des demokratischen Central-Ausschusses und überhaupt die Seele der revolutionären Bestrebungen, die damals in Berlin sich fixierten.

Fragment eines Briefes,
den Bakunin in Breslau offenbar Ende 1848 schrieb
[Vol. I. Amtsgericht Dresden. Nr. 1285 f.]

Lieber Freund, was soll ich Dir sagen? Du weißt, welches Ende die Dinge in Berlin genommen haben: sehr traurig; aber was tun, wenn man es mit Deutschen zu tun hat, man muß Geduld haben, hier war alles getan und sehr gut organisiert. Schlesien ist ohne Zweifel die regste und aktivste Provinz in ganz Preußen, wenn nicht in ganz Deutschland.

Der Brief, mit dem Bakunin A. Röckel nach Prag entsandte
[Vol. I. Amtsgericht Dresden. Nr. 1285 p 15.]

Liebe und verehrte Freunde.

Der Überbringer dieses Briefes, Röckel, Abgeordneter der soeben aufgelösten 2. Kammer ist einer der Hauptführer der demokratischen Partei in Sachsen; [sic!] empfehle ihn Ihnen als einen meiner besten Freunde und als einen durchaus zuverlässigen und tüchtigen Mann. Er kommt zu Ihnen, um sich mit Ihnen zu verständigen und mit Ihnen zusammen die tschechische Bewegung mit der Bewegung in Deutschland zu kombinieren. Wir haben keine Zeit mehr zu verlieren, es bleibt uns sehr wenig Zeit, um die Sache vorzubereiten. Wenn ein Aufstand nicht bald stattfindet, so werden die Russen kommen; denn die Reaktion in Europa handelt nach einem Plane, und die Stütze aller reaktionären Unternehmungen ist Rußland. Hier sind wir in Verbindung mit einem magyarischen Agenten getreten, in 2 oder 3 Tagen werden wir wahrscheinlich von Paris Geld bekommen, sogleich werden wir Ihnen eine Summe schicken, welche, wird davon abhängen, was wir selbst erhalten werden.

Ich habe sehr gewünscht, daß Sie hierher kommen, um sich mit uns, d. h. mit zwei Polen, welche von Paris hierher, um mit uns zusammen zu arbeiten, gekommen sind, und mit mir zu verständigen.
Wenn es noch möglich ist, dann kommen Sie nach Dresden und wenden Sie sich an Wittig, Redakteur der Dresdner Zeitung, Ostra-Allee, Redaktion der Dresdner Zeitung.
Lebt wohl und auf baldiges Wiedersehen!

Ihr M. Bakunin.

den 30. April Dresden 1849.
Verbrennt sogleich diesen Brief.

Ferner wurde Röckel ein Zettel folgenden Inhalts abgenommen

[ebenda p. 16]:

Liebe Freunde – Ihr kennt schon den Überbringer dieses Zettels – Schenkt ihm vollständiges Vertrauen. Er kommt in meinem Auftrag.

Euer Maximilian.

In der Vernehmung vom 6. August 1849 in Dresden wurde Bakunin vorgehalten: »Weshalb unterschrieben Sie sich im Zettel ›Maximilian‹?« »Ich tat dies deshalb, weil einer der Herren, an den der Zettel mitgerichtet war, meinen Vornamen ›Michael‹ nicht leiden konnte und mich deshalb scherzweise ›Maximilian‹ nannte.«

[Vol. III. Amtsgericht Dresden Nr. 1285 d p. 24.]

Der zweite Aufruf an die Slawen wurde mit folgendem anonymen Begleitschreiben versandt

[Vol. II. Amtsgericht Dresden. Nr. 1285 c p. 4.]

Die Ereignisse in Österreich drängen zur Entscheidung. Alle Nationalitäten sind getäuscht und betrogen worden, darum muß jeder Kampf unter ihnen schwei-

gen, und alle müssen sich brüderlich gegen den gemeinschaftlichen Feind verbinden.
Die nächsten Tage werden und müssen Großes und Wichtiges bringen, möge jeder, der es mit der Freiheit wahr meint, auf seinem Platz zu finden sein und seine Pflicht tun.
Das demokratische Volk hofft und baut auf das edle Volk der Tschechen, daß es die dargebotene Bruderhand annehme und mit ihm einstehe in gemeinschaftlichem Kampfe.
Nur wenn Deutschland frei ist, kann auch den Slawen ihr Recht werden, nur wenn es mit den Slawen als freien Nachbarn in brüderlichem Bunde steht, kann Deutschland seine Freiheit behaupten.
Sie sind als aufrichtiger Patriot bekannt und werden in Ihren Kreisen nach Kräften wirken. Beifolgende Drucksachen, der Aufruf wird Ihnen wohl auch in Ihrer Muttersprache zugekommen sein, bittet sie Bakunin in Ihrer Gegend zu verbreiten. Herrn Mastey und Dr. med. Schlechte werden Sie wohl einen Teil derselben zukommen lassen.
Eile tut not, keine Zeit ist zu verlieren.«
Bakunin bestreitet die Autorschaft dieses Dokumentes im Verhör vom 30. Mai 1849; aber ohne Zweifel rührt es von seiner Hand; die Gedankengänge stimmen fast wörtlich mit Bakunins Äußerungen überein.

Aus der Vernehmung Bakunins am 19. September 1849 in der Festung Königstein

[Vol. Ia. Amtsgericht Dresden. Nr. 1285 p. 106ff.]

»Ich habe überhaupt keinem politischen Klub in Deutschland angehört, weil ich deutsche Sonderinteressen nicht verfolgte und mich als Russe, namentlich seitdem im Februar vor. J. die ›Neue Rheinische Zei-

tung‹ (Kölner Redakteur Marx) einen allerdings später widerlegten Artikel aus Paris brachte, wonach die unter dem Namen »George Sand« bekannte Pariser Schriftstellerin Dudevant im Besitze von Briefen sein soll, welche beweisen, daß ich ein von der russischen Regierung gekaufter und bezahlter Spion sei – kein besonderes Vertrauen erlangt haben würde.
Überhaupt war der Zweck meines Aufenthaltes in Norddeutschland lediglich der, so nahe als möglich dem Schauplatz der slawischen Angelegenheiten und Kämpfe zu sein, da ich damals einen Rassenkampf der Slawen unter russischem Banner gegen die Deutschen mit Bestimmtheit fürchtete – einen Kampf, der gewiß nicht zum Heil der Zivilisation geführt hätte.
Ich stelle überhaupt in Abrede, einer Dresdener, Sächsischen oder Deutschen revolutionären oder demokratisch-radikalen Fraktion angehört zu haben, ich habe mich, wie gesagt, nie um dergleichen Sonderinteressen bekümmert und stets nur meinen bereits früher angegebenen Plan im Auge gehabt.
Ich stelle meinerseits jede vorbereitende Handlung für den Dresdener Aufstand absolut in Abrede, hatte auch um die Existenz derartiger Vorbereitungen keine Kenntnis und kann versichern, daß selbst meine Freunde und Bekannte noch Dienstag, den 3. Mai d. J., an keine ernstliche Bewegung glaubten, und zwar hauptsächlich, weil die bekannte große Anhänglichkeit des Volkes an den König von Sachsen ein Haupthindernis schien.
Hier muß ich der Wahrheit gemäß angeben, daß mir die sächsische Demokratie überhaupt sehr gemächlich erschien, und alle mir bekanntgewordenen Leipziger Demokraten mehr gefährlich in Worten als in Taten erschienen, da man sich auf Reden in den Klubs und

herabsetzende Vergleiche anderer deutscher Länder, namentlich Preußens, etwas einbildete und dem Wahn, Sachsen sei das demokratische Land, gefiel.«

Aus der Vernehmung vom 28. September 1849
[ebenda p. 114]

»Ich habe mich an der sächsischen Erhebung hauptsächlich deshalb beteiligt und betätigt, weil ich in dem Aufstand eine Opposition gegen den preußischen Einfluß und diesbezüglich auch, da die russische Politik auf Preußen influiert, gegen den russischen Einfluß erblickte.
Da nun mein Wirken hauptsächlich gegen Rußland gerichtet war, so erschien mir auch diese Revolution meiner Tendenz, den russischen Einfluß auf Deutschland zu brechen, ihn wenigstens zu schwächen, entsprechend, und daher sympathisierte ich mit dieser Revolution.«

Aus der Schutzschrift des Advokaten Franz Otto, Dresden
[ebenda p. 161]

»Er [B.] hatte es sich zur Aufgabe seines Lebens gemacht, die russische Despotie zu stürzen, und hoffte diesen Zweck durch eine Verbindung sämtlicher slawischen Stämme und deren Vereinigung zu einer großen slawischen Republik zu erreichen.
Um diesem Zweck näher zu kommen, mußte er zunächst den österreichischen Staatenverband aufzulösen versuchen, und unterstützte deshalb die Bestrebungen derjenigen slawischen Partei in Österreich, welche die Errichtung einer slawischen Republik anstrebte.
Während aber diese Partei größtenteils feindlich gegen das Deutschtum auftrat, mußte Defendend mit allen ihm zu Gebote stehenden Mitteln – und dies war bei

seinen ausgedehnten Verbindungen und bei dem Ansehen, in welchem er stand, von nicht geringer Bedeutung – den Slawismus und den Germanismus vereinigen und die zwischen beiden Stämmen bestehenden tief eingewurzelten Abneigungen paralysieren, indem er mit Recht fürchtete, daß, wenn, wie es vor Jahresfrist schien, ein Rassenkampf zwischen Deutschen und Slawen ausbreche, Rußland die Sympathien der letzteren sich zu gewinnen suchen und dadurch seine Macht nur noch mehr verstärken werde.
Der Zweck seines Aufenthaltes in Deutschland war daher ein doppelter: einmal einer Insurrektion der slawischen Stämme zur Bildung einer Rußland bedrohenden Republik, sodann aber die Verhinderung des nachdrohenden Kampfes zwischen Slawen und Deutschen.«

Rußland und Europa

Unter den Akten des Staatsarchives befindet sich eine Mappe mit Schriftstücken, die man Bakunin bei seiner Verhaftung abnahm; sie sind im Vol. IV der Bakunin betr. Akten enthalten S. 134f. finden sich folgende Aufzeichnungen Bakunins in deutscher Sprache:
»Die ganze Politik der russischen Regierung Europa gegenüber besteht darin, Rußland mit einer chinesischen Mauer zu umschließen, so daß kein einziger Ton aus diesem großen Reiche, sei es ein Ton des Schmerzes oder der Empörung, hinüberdringe. Lüge ist ihre innerste Seele; auf der Lüge beruht des großen Zaren ganze Macht, Lüge nach innen, Lüge nach außen – es ist ein großartiges, kunstreiches System der Lüge, so wie es in der Weltgeschichte noch nie existiert hat. Daß das russische Regierungssystem der furchtbarste Despotismus, ein schmachvolles Knutensystem ist, dies vor

den Augen der Welt zu verdecken, wäre unmöglich; aber Europa soll glauben, daß das russische Volk ein so tief gesunkenes, dummes, ja ein so niederträchtiges Volk ist, daß es seine Regierung liebt und vergöttert, d. h. mit anderen Worten, daß die Knute der Ausdruck seines innersten Wesens ist. Europa soll glauben, daß das russische Volk so eigen beschaffen ist, daß es sich nur dann glücklich und gehoben fühlt, wenn es geprügelt, gepreßt und geschändet wird.«

Zar Nikolai I.

[ebenda p. 150.]

»Nikolai kann weder seiner ganzen Lage noch seinem Charakter nach Polen und die Slawen befreien – er kann nur knechten, und sein Zweck ist, durch alle ihm zu Gebote stehenden Mittel die Freiheit in Europa und zunächst in Deutschland zu unterdrücken und die Reaktion überall zu heben.

Richard Wagner und Bakunin

Heubners Frau gab in ihrem Verhör an, wie Wagner und Bakunin in ihrer Wohnung übernachtet hätten.

»Als Wagner Bakunin in meiner Gegenwart auf dem Sopha aus dem Schlafe aufweckte, strich er sich das Haar von der Stirn und sprach: ›Schön geträumt!‹ Und als er [B.] und Wagner aus unserer Wohnung fortgingen, tröstete er mich mit den Worten: ›Seien Sie ruhig, Ihr Gatte ist ein Held!‹« [Vol. I a. p. 24.]

An Wagner erinnerte sich Bakunin in einer Vernehmung [Vol. I a p. 106.]: »Wagner habe ich sofort als Phantast erkannt, und obwohl ich mit demselben viel und auch über Politik gesprochen, doch nie mich mit demselben zu einem gemeinsamen Handeln verbunden.«

Ein Ausweis Bakunins

Unter den Akten befindet sich folgender Ausweis aus der Dresdener Zeit:

»Der Bürger Bakunin wird von der provisorischen Regierung ermächtigt, alle ihm nötig erscheinenden Kommandos, Angelegenheiten anzuordnen.

Stempel der provisorischen Regierung. — *Die provisorische Vollmacht Tzschirner.*«

Aus dem Schlußverhör vom 20. Oktober 1849 in Königstein

[Akten des Staatsarchivs. Vol. Ia. p. 147f.]

Nr. 3.

Bakunins politisches Wirken ist hauptsächlich gegen die russische Regierung gerichtet gewesen.

Antwort: Ganz richtig.

Nr. 4.

Bakunin hat deshalb, weil er in der Mairevolution zu Dresden eine Opposition gegen den preußischen Einfluß, daher zugleich auch, da die russische Politik auf Preußen influiere, gegen den russischen Einfluß erblickte und diese Revolution seiner Tendenz den russischen Einfluß auf Deutschland zu brechen oder wenigstens zu schwächen, entsprechend geschienen, zudem auch mehrere seiner Bekannten an dem Aufstand teilgenommen haben, an der im Mai d. J. zu Dresden stattgehabten Insurrektion sich beteiligt und betätigt.

Antwort: Ist auch richtig.

Nr. 5.

Bakunin leugnet jedoch, daß er den Dresdener Aufstand vorbereitet oder von dessen Vorbereitungen Kenntnis habe.

Antwort: Das leugne ich mit Bestimmtheit.

Nr. 10.

Bakunin hatte die Pulverkammern über sich und besorgte die Pulververteilung und die Beschaffung von Munition.

Antwort: Ist richtig.

Nr. 11.

Bakunin ordnete die Verstärkung der Mannschaft für den Kamp an.

Antwort: Nicht immer, nämlich nur in Abwesenheit von Heinze.

Nr. 12.

Bakunin besuchte die Barrikaden und instruierte die Kommandanten wegen Abholung der Munition vom Rathause.

Antwort: Nur einmal.

Nr. 16.

Bakunin hat mit Born einen später jedoch nicht ausgeführten Plan entworfen, das Militär unter Konzentrierung sämtlicher Kräfte von zwei Seiten gabelförmig anzugreifen.

Antwort: Ich habe nur mit Born über diesen Plan gesprochen, aber denselben nicht selbst entworfen.

Nr. 17.

Bakunin hat den Plan zum Rückzug der Insurgenten gemeinschaftlich mit Born beraten.

Antwort: Das ist wahr.

Nr. 20.

Bakunin hat Teil an dem Entschluß Heubners, den Aufstand nach Chemnitz zu tragen, und ist auch in dieser Absicht mit Heubner nach Chemnitz gereist, dort aber arretiert worden.

Antwort: Ganz richtig.

Aus dem Rapport über die Auslieferung Bakunins an Österreich

[Vol. Ib. Amtsgericht Dresden. Nr. 1285 e p. 83.]

»Bakunin benahm sich während des ganzen Vorganges schweigend und gemessen.«

Anmerkungen von Kurt Kersten

1 Dubelt war Unterchef der III. Abteilung. Dubelt ein »unangenehmer Mensch«. Karl Nötzel. Dostojewski 1925 S. 237.

2 Beim Empfang spielte sich folgende Szene ab: »Als Bakunin von den österreichischen Gendarmen den russischen Polizisten an der Grenze ausgeliefert wurde, erklärte der russische Gendarmerieoffizier: ›Das Sprechen ist verboten‹, denn die rechtgläubigen Russen waren nicht weniger grausam als die deutschen Protestanten, obwohl vielleicht nicht aus Pedanterie, sondern aus Roheit; das Ergebnis war das selbe.« (Ricarda Huch: Michael Bakunin und die Anarchie, S. 130. Leipzig 1923.) – Damals liefen ganz phantastische Gerüchte um (vgl. Varnhagen: Tagebücher, VII. S. 385): »Österreichische Offiziere behaupten, er (Bakunin) sei an die russische Grenze gebracht, dort von einer Abteilung russischer Kürassiere in Empfang genommen, von den Befehlshabern scheußlich geschlagen, ins Gesicht getreten und sonst mißhandelt, gleich an demselben Tage dann auch gehängt worden.« – Golovin hingegen behauptet, Bakunin wäre gut behandelt worden. (J. Golowin: Der russische Nihilismus, S. 52. Leipzig 1880.)

3 Besuch der Artillerieschule in Petersburg vgl. M. Nettlau: Michael Bakunin, S. 4, Berlin 1901; Georg Steklow: Michael Bakunin, S. 7, Stuttgart 1920. Der Grund war ein Zusammenstoß mit einem General; interessant, daß Bakunin diesen Konflikt verschweigt.

4 Litauen: »Er versah seinen Dienst nicht und lag tagelang in seinem Pelz auf dem Bett. Der Regimentskommandeur ... erinnerte ihn daran, daß er seine Pflicht tun oder seinen Abschied nehmen müsse. Bakunin kam sofort um seinen Abschied ein.« (Alexander Herzen: Erinnerungen, hrsg. von Otto Buck, S. 298. Berlin 1907; ferner Nettlau: a.a.O. S. 4; Steklow: a.a.O. S. 7; Huch: a.a.O. S. 25.) Bakunin quittierte 1834 den Militärdienst.

5 Für die Jahre 1834–1840, wichtige und entscheidende Jahre für Bakunin, vgl. Nettlau: a.a.O. S. 4; Steklow: a.a.O. S. 8–20. In diese Zeit fällt die Bekanntschaft mit Herzen, Ogarjow, Stankevitsch und Bjelinski. (Fritz Brupbacher: Marx und Bakunin. Ein Beitrag zur Geschichte der Internationalen Arbeiterassoziation, S. 28ff., Berlin 1922.) B. hat ein autobiographisches Fragment über diese Zeit hinterlassen; man findet es bei Dr. Max Nettlau, Michael Bakunin. Eine Biographie, I. London 1896–1898. Hektographiertes Exemplar auf der Preuß. Staatsbibliothek Berlin.

6 Das Jahr 1840. »Von dieser Reise erwarte ich meine geistige

Wiedergeburt und Taufe. Ich fühle in mir eine so starke und tiefe Fähigkeit, und doch habe ich noch so wenig verwirklicht.« Weiter schreibt Bakunin, er werde »geistig versumpfen«, wenn er in Rußland bliebe. (Brief Bakunins aus Twer vom 20. April 1840 an Herzen. In: Michael Bakunin, Sozial-politischer Briefwechsel mit A. J. Herzen und Ogarjow, S. 1, Stuttgart 1895.)

7 »Die Deutschen sind schreckliche Philister ... sie sind ein lächerliches Volk« usw. (Brief an Herzen vom 23. Oktober 1840. Sozial-politischer Briefwechsel, S. 5.) – Unter den deutschen Professoren denkt Bakunin vor allem an den Philosophieprofessor Werder, den Hegelianer. (Vgl. Nettlau: a. a. O. S. 5.) – Bakunin kam gerade, als Schellings Philosophie ihre Krise erlebte.

8 Thronbesteigung Friedrich Wilhelms IV. (Vgl. Karl Marx: Revolution und Konterrevolution in Deutschland, S. 17ff., Stuttgart 1920; Huch: a. a. O. S. 63ff.)

9 Arnold Ruge (1802–1880), der bekannte liberale Publizist. (Vgl. Nettlau: a. a. O. S. 6; Brupbacher: a. a. O. S. 32; Huch: a. a. O. S. 71ff.)

10 Dr. Stein, Lorenz von (1815–1890), Rechts- und Staatslehrer. Titel des Buches: »Der Sozialismus und Kommunismus in Frankreich«.

11 Die »Deutschen Jahrbücher«, von Ruge herausgegeben, erschienen in Dresden. Über den Aufsatz vermerkte Herzen in seinem Tagebuch: »Der Aufsatz ist ein lauter, offener, siegesbewußter Aufschrei der demokratischen Partei.« (Vgl. Sozialpolitischer Briefwechsel: a. a. O. S. XXVI; vgl. ferner Nettlau: a. a. O. S. 6.) Der Aufsatz erschien in der Nummer vom 17./21. Oktober 1842. Seine Schlußworte sind berühmt geworden: »Die Lust der Zerstörung ist zugleich eine schaffende Lust.« – »Das Volk, die arme Klasse ... beginnt ihre Rechte zu fordern.« (Steklow: a. a. O. S. 25.) – »Er sieht im Volk, in der armen Klasse, den Faktor, der sich zu der alten Welt in Gegensatz stellt und Menschenrechte verlangt. Er sieht Völkersturm und Völkerschlacht voraus.« (Brupbacher: a. a. O. S. 32.)

12 Eindruck Bakunins: A. Ruge an Ludwig Ruge (Dresden, 26. Sept. 1842): »Ich sehe sie [Michael und seinen Bruder] öfter. Der ältere Bakunin ist sehr unterrichtet und hat viel philosophisches Talent.« (A. Ruges Briefwechsel und Tagebuchblätter: 1, S. 281.)

13 Georg Herwegh: vgl. Nettlau: a. a. O. S. 6; Steklow: a. a. O. S. 26; Huch: a. a. O. S. 71ff. Ferner: Briefe von und an Georg Herwegh, hrsg. von Marcel Herwegh, S. 5, München 1896.

14 Bluntschli, J. K. (1808–1881), Gelehrter und Politiker, bekannter Staatsrechtslehrer.

15 Julius Froebel (1805–1893), Schriftsteller und Verleger; gemäßigt liberaler Großdeutscher.

16 Bluntschli hat Bakunin offen denunziert. (Vgl. Nettlau: a. a. O.

S. 7.) – Bluntschli erstattete über Bakunin einen Bericht an die russische Gesandtschaft; die Folge war der Befehl zur Rückkehr nach Rußland. (Sozial-politischer Briefwechsel: a. a. O. S. xxx.) – Über die literarische Tätigkeit Bakunins in der Schweiz vgl. Nettlau: a. a. O. S. 7.

17 Weitling: Huch: a. a. O. S. 74f.; dort ein Brief Bakunins über Weitling, S. 80ff.

18 Kommunismus. »Der Kommunismus sei eine Weltfrage und könne nicht mit Gewalt unterdrückt werden und nicht ignoriert werden ... Man stehe am Vorabend einer großen welthistorischen Umwandlung. Und der Inhalt der neuen Religion, die zum Siege schreite, sei in den Worten enthalten: Freiheit, Gleichheit und Brüderlichkeit. Bakunin erkannte die große treibende und praktische Kraft im Kommunismus.« So Bakunins Standpunkt in damaligen Aufsätzen. (Vgl. Brupbacher: a. a. O. S. 33; ferner Huch: a. a. O. S. 75.) – »Wir dürfen die Sache des Volkes, auch wenn es selbst sie verließe, nicht aufgeben ...« »Vermöchte ich es nur mitzuwirken! Mein Blut und Leben für seine [des Volkes] Befreiung! Glauben Sie mir, es wird sich erheben und das Tageslicht der Menschengeschichte erreichen.« (Aus dem berühmten Briefwechsel in den »Deutsch-Französischen Jahrbüchern«, vgl. Brupbacher: a. a. O. S. 36; dazu Franz Mehring: Karl Marx, 3. Aufl., S. 62, Leipzig 1920.)

19 Bluntschlis Broschüre war ein Regierungskommissionsgutachten: »Über die Kommunisten in der Schweiz«, mit dem er durchdrang. (Vgl. Allg. D. Biogr. 47, S. 33.)

20 Bluntschlis Denunziation s. o. Anm. 16 – Herzen vermerkte in seinem Tagebuch am 4. Nov. 1843, er wäre sehr erstaunt gewesen, in Bluntschlis Bericht Bakunins Namen gefunden zu haben. (Vgl. Sozial-politischer Briefwechsel: a. a. O. S. xxvii. Die Affäre Struve: ebenda S. xxviii.)

21 Reichel, vgl. Huch: a. a. O. S. 70f.; Herwegh: Briefe, a. a. O. S. 16.

22 Lelevel, vgl. Sozial-politischer Briefwechsel: a. a. O. S. xlv; Herwegh: Briefe, a. a. O. S. 13. – L. 1786–1861; Gelehrter, polnischer Revolutionär; saß 1847 in Moabit.

23 Deutsche Demokraten. Jetzt lernt Bakunin Karl Marx kennen. Vgl. Nettlau: a. a. O. S. 8; Huch: a. a. O. S. 89ff.; Brupbacher: a. a. O. S. 37; Franz Mehring: Karl Marx, a. a. O. S. 412ff.

24 Golowin und Degradation. Vgl. Sozial-politischer Briefwechsel: a. a. O. S. xxx; ferner die Broschüre Iwan Golowins: Der russische Nihilismus. Meine Beziehungen zu Herzen und Bakunin, S. 48–51. Leipzig 1880.

25 Über Bakunins literarische Tätigkeit in der »Réforme« vgl. Nettlau: a. a. O. S. 8. Über Bakunins damalige Stimmung s. Ruge: a. a. O. 1, S. 370. Bakunin erwartete den Ausbruch der Revolution. Nach Nettlau: a. a. O. S. 9 schrieb Bakunin einen Brief über russische Greuel in Polen im »Constitutionel« (10. März 1846).

26 Alois Biernatzki, polnischer Revolutionär, Hauptgründer der polnischen Schule zu Paris.

27 N. I. Turgenjew (1789–1871), russischer Staatsbeamter, in die Dekabristenverschwörung verwickelt, lebte als Emigrant in Paris.

28 Mickiewicz (1798–1855), der große polnische Dichter; organisierte 1848 eine polnische Legion gegen Österreich.

29 Tewjanski, polnischer Mystiker und Sektierer.

30 Chambolle (1802–1883), französischer Politiker.

31 Merruceau, französischer Politiker und Journalist.

32 Über die damalige Presse vgl. Briefwechsel Marx und Engels, und Marx: Der 18. Brumaire.

33 Emile Girardin (1806–1881), Publizist und Politiker.

34 Durieux, französischer Journalist.

35 Léon Faucher (1803–1854), französischer Publizist und Staatsrechtslehrer; Chefredakteur des »Constitutionel«, später Bonapartist.

36 Fr. Bastiat (1801–1850), Nationalökonom; heftiger Gegner Proudhons.

37 Wolowski (1819–1876), polnischer Emigrant; gemäßigter Republikaner.

38 Béranger (1780–1857), der bekannte Dichter.

39 Lamennais (1782–1854), Schriftsteller, 1848 Mitglied der Nationalversammlung.

40 François, Publizist.

41 Arago, Etienne (1803–1892), Schriftsteller und Politiker; Junikämpfer.

42 Arago, Emanuel (1812–1896), Advokat und Politiker, 1848 französischer Gesandter in Berlin.

43 Marrast, Armand (1801–1852), Publizist, Mitglied der provisorischen Regierung; Präsident der Nationalversammlung.

44 Bastide, Jules (1800–1879), Publizist und Historiker, Freund Buonarottis; Republikaner.

45 Cavaignac, Godefroi (1801–1845), schrieb in der »Réforme«, Republikaner.

46 Flocon, Ferdinand (1800–1866), Publizist, »Mitglied der provisorischen Regierung« 1848, Mitarbeiter der »Réforme«.

47 Louis Blanc (1811–1882), sozialistischer Publizist und Historiker, Mitglied der provisorischen Regierung.

48 Victor Considérant (1808–1893), Fourierist; gehörte zur Bergpartei.

49 Dupart, Publizist und Politiker.

50 Félix Pyat (1810–1889), französischer Jurist, Dramatiker, Sozialist; später Mitglied der Kammer 1871.

51 Victor Schölcher (1804–1893), französischer Politiker, Bekämpfer des Sklavenhandels, Republikaner, Gegner Bonapartes.

52 Michelet, Jules (1798–1874), französischer Historiker, liberaler Politiker; antiklerikal.

53 Quinet (1803–1875), Schriftsteller, liberal, antiklerikal; 1848 auf der Barrikade.
54 Proudhon, vgl. Sozial-politischer Briefwechsel, a. a. O. S. XXXIX; Nettlau: a.a.O. S. 8; Steklow: a.a.O. S. 27f.; Huch: a.a.O. S. 84ff.; Herwegh: Briefe, a. a. O. S. 22.
55 George Sand, die berühmte Schriftstellerin, aktiv beteiligt an der Februarrevolution.
56 Mammiani, Graf (1799–1885), italienischer Philosoph und Staatsmann, lebte als politischer Emigrant in Paris.
57 PéPé, aus einer italienischen Offiziersfamilie.
58 Russische Besucher, u.a. Herzen und Bjelinski, vgl. Nettlau: a.a.O. S. 19; Botkin, Huch: a.a.O. S. 95.
59 Artikel im »Constitutionel«, s.o. Anm. 25.
60 Artikel im »Constitutionel«, s.o. Anm. 25.
61 Rede: gedruckt im Sozial-politischen Briefwechsel, a.a.O. S. 275–284. Eine deutsche Übersetzung erschien 1848. Ferner Nettlau: a. a. O. S. 9; Steklow: S. 32. Zur Ausweisung bemerkte Varnhagen in seinen Tagebüchern (IV, S. 170, Leipzig 1862) am 22. Dez. 1847: »Gräßliche Schande Guizots und Louis-Philippes. Um Rußlands elende Gunst buhlend, weisen sie Bakunin aus Paris und Frankreich fort.« Auf Verlangen des russischen Gesandten Kisseleff wies ihn der französische Minister Graf Duchâtel aus (vgl. Nettlau, S. 9). Bakunin wehrte sich in einem Artikel in der »Réforme« (11. Febr. 1848). Ausführlicher: Max Nettlau: Michael Bakunin in den Jahren 1848–1849. Sozialistische Monatshefte, S. 188. 1898. II. Jhrg. I. Verleumdungskampagne auf Betreiben der russischen Regierung. (Vgl. auch Michael Bakunin: Gesammelte Werke, III, S. 134ff., Berlin.) Über die Rede: »Er begrüßt die polnische Revolution als einen Schlag gegen die Macht des zaristischen Despotismus. Er hofft, daß die Polen mit allen unterdrückten Russen gegen den Zaren gehen und für die Freiheit aller durch ihre Revolution beitragen. Er hofft ferner, daß alle Slawen durch die Revolution befreit werden und daß der Despotismus in Europa überhaupt damit falle.« (Brupbacher: a. a. O. S. 38.)
62 Fürst Czartoryski, Adam Georg (1770–1861), berühmter polnischer Freiheitskämpfer; lebte seit 1831 als Emigrant in Paris.
63 Vgl. einen Brief Bakunins aus Brüssel (Herwegh: Briefe, a. a. O. S. 12f.), sehr abfällig über Marx und Engels. »Ich gehe in ihren kommunistischen Handwerkerverein nicht und will mit ihnen nichts zu tun haben.« (S. 13.) Vgl. auch Nettlau: a. a. O. S. 9 und Steklow: a. a. O. S. 33.
64 General Scrzynecki (1786–1860), polnischer Revolutionsgeneral.
65 Graf Mérodé (1791–1857), belgischer Politiker.
66 Graf Montalembert (1810–1870), französischer Publizist und Politiker; konservativ.

67 Februarrevolution: »Die ersten Tage nach der Februarrevolution waren die besten im Leben Bakunins. Nach Paris zurückgekehrt, warf er sich kopfüber in den Strudel des Revolutionsmeeres. Er kam nicht aus den Kasernen der Montagnards heraus, übernachtete mit ihnen, aß mit ihnen und predigte, predigte immer den Kommunismus, die Nivellierung im Namen der Gleichheit, die Befreiung aller Slawen, die Vernichtung Österreichs, die Revolution in Permanenz, den Krieg bis zur Niedermetzelung des letzten Feindes. Der Präfekt der Barrikaden, der aus ›der Unordnung Ordnung machte‹, Caussidière, wußte nicht, wie er ihn wegschaffen sollte, und erfand mit Flocon die Idee, ihn zu den Slawen zu senden, in der Überzeugung, daß er sich dort den Hals brechen werde. ›Welch ein Mensch, welch ein Mensch!‹ sagte Caussidière von Bakunin, ›am ersten Tage der Revolution ist er einfach unbezahlbar, doch am nächsten muß man ihn füsilieren.‹« (Nach Herzens Erzählung, mitgeteilt von Steklow: a.a.O. S. 34.)

68 Krieg gegen den Zaren: »Was predigte ich? Die Zerstörung des russischen Kaiserreichs als absolut notwendige Grundbedingung der Befreiung der slawischen Rasse.« ... »Ich verfluchte und brandmarkte das russische Kaiserreich und beschwor die Slawen, ihm zu mißtrauen.« (M. Bakunin: Gesammelte Werke, III, S. 136f.)

69 Ledru-Rollin (1807–1874), Politiker, Jurist; Republikaner, Mitglied der »Provisorischen Regierung« 1848. Innenminister.

70 Albert, Politiker, Arbeiterführer, Barrikadenkämpfer.

71 Caussidière, M. (1808–1861), Politiker; Polizeipräfekt der Februarrevolution.

72 Heute ist klar erwiesen, daß die neue französische Regierung Bakunin wegen seines revolutionären Ungestüms los sein wollte und die Gelegenheit wahrnahm, als Bakunin mit seiner Bitte an sie herantrat. (Vgl. Sozial-politischer Briefwechsel, S. XLVI.) – »Die Revolutionäre, die vorläufig gesiegt hatten, empfanden ihn als ein gar zu weittreibendes Element, als lästig.« (Brupbacher: a.a.O. S. 40.) – »Sie suchten den Friedensstörer mit guter Manier loszuwerden.« (Huch: a.a.O. S. 100.)

73 N. Sasonow, Schriftsteller, russischer Emigrant in Paris.

74 In Köln überwarf sich Bakunin mit Marx wegen des Herweghschen Zuges nach Baden. (Nettlau: a.a.O. S. 10; Brupbacher: a.a.O. S. 41.) – Später (im Jahre 1871) schrieb Bakunin: »In dieser Frage hatten, wie ich jetzt glaube und es offenherzig bekenne, Marx und Engels recht: sie begriffen die allgemeine Lage besser. Doch griffen sie Herwegh mit jener Ungezwungenheit an, welche ihren Angriffen überhaupt eigen ist, und ich verteidigte in Köln den Abwesenden gegen sie. Daher unser Zerwürfnis.« (Steklow: a.a.O. S. 35.) – Aus Köln schrieb Bakunin am 17. April 1848 an Annenkow einen Brief, in dem er sich nicht ohne Bedenken über

die Lage ausspricht, aber an den Sieg der Revolution und die deutsche Republik glaubt. Es heißt dort: »Hier herrscht eine Philisterruhe. Sonderbar! ... Da schlagen sich in Aachen die Arbeiter bereits seit 6 Tagen verzweifelt gegen die Bourgeoisie, während hier Todesstille herrscht. Zwar gibt es hier viele Kerls ... aber entschieden keine Revolution ... Jetzt sind nicht Könige, nicht Fürsten mächtig, sondern die Bourgeoisie, die verzweifelt die Republik verwirft, als etwas, das die sozialen Fragen und den Sieg der Demokratie nach sich zieht. Übrigens ist die Republik in Deutschland unvermeidlich ... Was in Deutschland lebendig ist, das ist das sich zu regen beginnende Proletariat und der Bauernstand, hier wird es noch eine schreckliche Revolution, eine wahre Flut von Explosionen geben. Diese Flut wird alle Trümmer der alten Welt von der Oberfläche der Erde hinwegschwemmen, und dann wird es dem guten geschwätzigen Bürger schlimm, sehr schlimm ergehen.« (Sozial-politischer Briefwechsel, S. 9f.) Herwegh gab B. einen Brief an Jacoby in Frankfurt mit. Der Brief in Grünbergs Archiv 1911. 1. S. 482, mitgeteilt von Gustav Meyer.

75 Damals suchte Bakunin eines Abends Varnhagen auf, der folgende Schilderung von Bakunin gibt: »Gegen Abend kam der Russe Bakunin, kräftig und mutvoll wie nur je, stolz und freudig, voll seiner Hoffnungen.« »... Etwas wagen, meinte er, müsse er schon, denn er habe Tätigkeiten auszuüben. Seine Verbindungen scheinen ausgedehnt, er rühmt sich vieler Freunde in Rußland, besonders solcher, die es ihm erst geworden, seit er verfolgt werde. Erklärungen und Aufrufe in russischer Sprache zu 10000 Abdrücken.« »... Hier hält er sich für ziemlich sicher. Er lebt unter dem Namen Jules, die Minister ... wissen von ihm, Graf von Reichenbach ist sein Freund.« (Varnhagen: a.a.O. v, S. 130, am 24. Juli 1848.) – Außerdem hatte Varnhagen bereits am 19. Juni 1848 Bakunins Eintreffen notiert: »Bakunin, von den Russen gefordert, wird ausgeliefert, wenn er ins Preußische kommt; der Polizeipräsident hat Herrn Dr. Müller aufgefordert, seinen Freund zu warnen. Wenn es nur nicht zu spät ist!« (Varnhagen: a.a.O. v, S. 76.) – War Bakunin auch mit Marx zerfallen, und billigte Marx den Zug nach Baden und Bakunins Pläne keineswegs, so ließ sich Marx nicht abhalten, in der »Neuen Rheinischen Zeitung« am 13. Okt. 1848 das preußische Ministerium energisch wegen der Ausweisung Bakunins anzugreifen. (Vgl. Steklow: a.a.O. S. 40.)

76 Die ganze Verleumdungskampagne gegen Bakunin dürfte man endlich ruhen lassen. Bakunin ist Unrecht geschehen; Karl Marx war an diesen persönlichen Angriffen überhaupt nicht beteiligt. Literatur über diese unerquickliche, leidige Affäre: s.o. Anm. 61 Angaben anläßlich der Ausweisung aus Paris; ferner: Brup-

bacher: a. a. O. S. 41 f.; Nettlau: a. a. O. S. 10 f.; Steklow: a. a. O. S. 39; Michael Bakunin: Gesammelte Werke, a. a. O. I, S. 89 ff., besonders III, S. 212 ff., S. 236 f.; endlich die große Polemik zwischen Mehring und Rjasanoff in der »Neuen Zeit« 1913/14, Nr. 5, 7–10, und vor allem Mehrings Replik in der Feuilletonbeilage der »Neuen Zeit« Nr. 67 vom 19. Sept. 1913; vgl. auch Mehrings Marx-Biographie. – Eduard Bernstein: Karl Marx und Michael Bakunin im Archiv für Sozialwissenschaft und Sozialpolitik 1910. XXX. S. 1–29. Natürlich besonders ergiebig M. Nettlau. B. Hektographie S. 89 ff. mit Briefen usw.

77 Graf Ledochowski, polnischer Emigrant.

78 Lamartine (1790–1869), berühmter Dichter, Mitglied der »Provisorischen Regierung« 1848.

79 Sicher ist, daß Bakunin Besprechungen mit dem polnischen Insurgentengeneral Dembinski hatte. (Vgl. Nettlau: a. a. O. S. 10.)

80 Vgl. oben Anm. 23.

81 Weil Marx von diesem »Orakel« nichts wissen wollte, zog sich Bakunin grollend zum Dreifuß zurück.

82 Die Demokraten um Marx haben es wohl begriffen.

83, 84 Zum Panslawismus Bakunins, zu diesem revolutionären Panslawismus vgl. man vor allem: Karl Marx und Friedrich Engels: Gesammelte Schriften 1841–1850, III. Bd., S. 246–264, hrsg. von Franz Mehring, Stuttgart 1913; »Der demokratische Panslawismus«, Aufsätze aus der »Neuen Rheinischen Zeitung« im Februar 1849. – Über den Slawenkongreß und die Korrektur der Einstellung von Engels vgl. Mehrings Einleitung S. 13 f., 76 ff.; ferner Mehrings Marx-Biographie. Über den Slawenkongreß schrieb Engels: »Eine neue Auflage des Wartburgfestes, dieselben Phrasen, dieselbe Schwärmerei, derselbe Jammer nachher. ›Wir hatten gebauet ein stattliches Haus‹ ... usw. Wer dies berühmte Lied in slawische Prosa übersetzt lesen will, der lese Bakunins Broschüre.« Die Aufsätze in der »Neuen Rheinischen Zeitung« begannen: »Bakunin ist unser Freund. Das wird uns nicht abhalten, seine Broschüre der Kritik zu unterwerfen.« – Steklow: a. a. O. S. 42 ff. Steklow schließt: »Bakunin versuchte die nationalen Bestrebungen der Slawen mit den revolutionären Aufgaben aufs engste zu verknüpfen und überhaupt die deutsche demokratische Revolution von der slawischen nicht zu trennen.« (S. 44.) – Karl Marx: Revolution und Gegenrevolution in Deutschland. S. 57 ff.: VIII. Polen, Tschechen und Deutsche; S. 59 ff.: Polen; S. 61 f.: Böhmen; S. 62 ff.: Panslawismus; S. 64 f.: Der slawische Kongreß. Korrektur Kautskys in der Einleitung S. XXI ff. – Sehr eingehend: Th. G. Masaryk: Zur russischen Geschichts- und Religionsphilosophie. Soziologische Skizzen. Jena 1913. II, S. 1–35: Eine Charakteristik Bakunins; II, S. 25 f.: Über den Panslawismus. – Ferner Nettlau in »Sozialistische Monatshefte« S. 190: Michael Bakunin in den Jahren 1848–1849; Nettlau:

a.a.O. S. 10; Steklow: a.a.O. S. 36ff. – Über Kongreß und Pfingstaufstand: Sozial-politischer Briefwechsel: a.a.O. S. LFF, LVff. Der »Aufruf an die Slawen«, gedruckt ebenda S. 290–294. – Als Ergänzung der Ausführungen in der »Beichte« lassen wir noch folgende Fixierung Bakunins aus spätern Jahren folgen (Gesammelte Werke: a.a.O. S. 92f., Anm.): »Es ist wahr, daß ich zu sagen wage, daß die Zerstörung des österreichischen Kaiserreichs und der preußischen Monarchie zum Triumphe der Demokratie ebenso notwendig sei wie die des Zarenreichs; das konnten mir die Deutschen, selbst die sozialistischen Demokraten Deutschlands, nie verzeihen.« – »Panslawisten sind in den Augen der Deutschen alle Slawen, die mit Widerwillen und Zorn die Kultur zurückweisen, die sie ihnen aufzwingen wollen. Wenn das der Sinn ist, den sie dem Wort Panslawist geben, oh! dann bin ich aus vollem Herzen Panslawist. »Denn es gibt wirklich wenige Dinge, die ich so tief verabscheue und hasse als die gemeine Herrschaft und jene bourgeoise, adlige, bureaukratische, militärische und politische Kultur der Deutschen. Ich werde immer fortfahren, den Slawen im Namen der allgemeinen Befreiung der Volksmassen den Frieden, die Brüderlichkeit, die solidarische Aktion und Organisation mit dem deutschen Proletariat zu predigen, aber nicht anders als auf den Ruinen jener Herrschaft und jener Kultur, und zu keinem andern Zwecke als dem der Zerstörung aller Kaiserreiche, der deutschen und der slawischen.« Vgl. dazu Rjasanoff in der oben zitierten Polemik gegen Mehring, s. Anm. 76 Franz Mehring selbst in der Marx-Biographie S. 413: »Übrigens irrte Engels: die slawischen Völkerschaften Österreichs haben doch die geschichtliche Zukunft gehabt, die Engels ihnen absprach.« – Abschließend dürfen wir folgendes sagen: Marx und Engels irrten, wenn sie für alle Zukunft den kleinen slawischen Gruppen jede Möglichkeit einer staatlichen Selbständigkeit absprachen. Der Weltkrieg hat in der Nationalitätenfrage zu ihren Ungunsten entschieden. Österreich ist trotz Marx und Engels zugrunde gegangen. Für den Fortschritt der revolutionären Bewegung hingegen ist die Selbständigkeit der slawischen Kleinstaaten von größtem Nachteile gewesen – bittere Ironie der Weltgeschichte: tschechische Legionen versuchten in Rußland den Staat des Proletariats zu stürzen; die slawischen Kleinstaaten sind Stein im Spiel der europäischen Reaktion gegen die Revolution; nur sind sie heute nicht mehr Stützen Rußlands, sondern Prellblöcke der reaktionären Weststaaten. So hat sich die Befreiung der unterdrückten Nationalitäten als Hemmnis der Revolution ausgewirkt; und im Kern der Frage haben schließlich Marx und Engels doch recht behalten.

85 Palacky (1798–1876), tschechischer Geschichtsforscher und Politiker.

86 Schafarik, Paul Josef (1795–1861), Slawist, Historiker.

87 Graf Thun, Politiker; Gubernialpräsident in Prag 1848, später Minister im Ministerium Schwarzenberg.

88 Hanka (1791–1861), tschechischer Sprach- und Altertumsforscher; Gründer der »Slovanska Lipa«; Teilnehmer am Kongreß.

89 Kolar (1812–91), Joseph, Schriftsteller, Dramatiker.

90 Urban, Publizist, Politiker.

91 Ludwig Stur, Sl. Politiker: und Literarhistoriker. 1815–1856.

92 »Das Zugrundegehen Österreichs ist für uns Slawen und auch für die ganze Revolutionspartei eine Lebensfrage.« (Briefe von und an Herwegh: a.a.O. S. 23. Brief Bakunins von 1848.)

93 »Statuten der neuen slawischen Politik« im Sozial-politischen Briefwechsel, a.a.O. S. 285–289.

94 Bakunins Antiparlamentarismus vgl. Briefe von und an Herwegh: a.a.O. S. 23, Brief an Herwegh 1848: »Die Zeit des parlamentarischen Lebens ... ist vorüber.« »Ich glaube nicht an Konstitutionen und an Gesetze; die beste Konstitution würde mich nicht befriedigen können. Wir brauchen etwas anderes: Sturm und Leben und eine neue, gesetzlose und darum freie Welt.«

95 Pugatschew, bekannter russischer Revolutionär aus dem 18. Jahrhundert.

96 »Ein Tscheche, der den Ideen von 1848 treu geblieben war, schrieb im Jahre 1861 über Bakunin: ›Er war sicher fast der einzige, der bei der allgemeinen Konfusion den Kopf nicht verlor und den festen Willen hatte, aus den von der Reaktion leichten Sinnes provozierten Unruhen eine wahre Revolution zu machen. Er zeigte sich überall, wo die größte Gefahr war, half, wo keiner Rat wußte, nahm teil an allen geheimen und öffentlichen Beratungen, trat von der Barrikade in die Beratungsstube, verhandelte mit den vom Lande nach Prag geschickten Deputationen und begab sich selbst auf das Land, um eine allgemeine Bewegung hervorzurufen, die der Handvoll in der Stadt zernierten Kämpfer zu Hilfe kommen sollte. Wir müßten zu sehr auf Einzelheiten eingehen, wenn wir erklären wollten, warum das alles vergebens war. Es genügt, daß Bakunin alles tat, was in seinen Kräften lag, und in wenigen Tagen solche Bedeutung und in solchem Maße das Vertrauen der revolutionären Partei gewann, daß man mit ihm auch später in beständiger Verbindung blieb.‹« (Steklow: a.a.O. S. 38.)

97 Bakunin aus Köln am 17. April 1848: »Diese schleswig-holsteinische Bewegung ist vollkommen reaktionär; an ihrer Spitze steht der preußische König: Es soll bewiesen werden, daß die Könige auch für die deutsche Herrlichkeit und die Würde der deutschen großen Nation sorgen!« (Sozial-politischer Briefwechsel, a.a.O. S. 10.) Vgl. hingegen Marx: Revolution und Konterrevolution, a.a.O. S. 66.

98 Über die Auffassung des Zaren als revolutionären Führer vgl. Masaryk: a.a.O. S. 25.

99 Zur Verleumdungskampagne s.o.S. Anm. 76. Ferner noch Golowin: a.a.O. S. 53.

100 In Berlin lernte Bakunin damals Stirner kennen; mit Marx söhnte er sich aus. Vgl. Nettlau: a.a.O. S. 11; Steklow: a.a.O. S. 40; Sozialistische Monatshefte a.a.O. S. 191.

101 Arago s.o. Anm. 42.

102 Banus Jellachich de Buzim (1801–1859), österreichischer Feldherr gegen Ungarn und das aufständische Wien.

103 »Bakunin wird von Breslau weg und aus ganz Preußen verwiesen; wenn er wiederkehrt, soll er an Rußland ausgeliefert werden! Solche Drohung wagt man schon!« (Varnhagen: a.a.O. am 7. Okt. 1848, v, S. 224.) Vgl. auch Nettlau: a.a.O. S. 11.

104 Nettlau: a.a.O. S. 11; Steklow: a.a.O. S. 40; Sozialistische Monatshefte, S. 192; Huch: a.a.O. S. 110.

105 Zum »Aufruf« s.o. Anm. 83, 84.

106 Hexamer, Mitglied der preußischen Nationalversammlung.

107 D'Ester, Mitglied der preußischen Nationalversammlung. 1811 bis 1859.

108 Brüder Straka vgl. Huch: a.a.O. S. 112. In den Akten des sächsischen Staatsarchivs spielen die Brüder eine große Rolle; während Bakunin sie zu entlasten suchte, haben die Brüder umgekehrt ihn stark belastet!

109 »Ich lebe jetzt heimlich in Leipzig und arbeite nach allen meinen Kräften: Mein Zweck ist, die Slawen der Reaktion zu entreißen, in die sie die Niederträchtigkeit ihrer verräterischen Führer, zugleich aber auch die Dummheit und die undemokratische Staatsbegründung bezweckende Gesinnung der Deutschen und der Magyaren geworfen haben.« (Briefe von und an Herwegh: a.a.O. S. 229. Leipzig, 28 Jan. 1849.)

110 Oswald Ottendorfer, damals etwa 23 Jahre alt, Student. Hatte in Schleswig-Holstein gekämpft, nahm am Aufstand in Baden teil, wurde vergeblich von den Behörden sehr eifrig gesucht (Nach Angaben der Dresdner Akten.)

111 Dr. Wittig, Redakteur, Demokrat.

112 Röckel vgl. Huch: a.a.O. S. 113.

113 Kryschanowski, polnischer Rebell.

114 Heltman, Viktor, Mitglied des polnischen Komitees zu Paris 1848. 1796–1896.

115 Dies Urteil über Röckel ist sehr befremdend und wird nur verständlich nach dem Studium der Akten des sächsischen Staatsarchivs. Der jugendliche, unerfahrene Röckel hatte sich offenbar während des Verhörs sehr unsicher gezeigt; der Untersuchungsrichter sagte Bakunin ins Gesicht, Röckel hätte angegeben, Bakunin habe Briefe aus Prag erhalten. Bakunin erwiderte: »Ich glaube, Herr Röckel irrt sich, ich habe keine Briefe aus Prag er-

halten.« Röckel – und das ist charakteristisch für die Methoden des Untersuchungsrichters – hatte nur gesagt, Bakunin habe Verbindungen in Prag gehabt: »Ich weiß auch nicht einmal bestimmt, ob Bakunin wirklich aus Prag Briefe bekommen hat.« (Akten Amtsgericht Dresden Nr. 1481, Verhör vom 25. Febr. 1850.) Jedenfalls fühlte sich Bakunin von Röckel verraten; daher dies abfällige Urteil. Wie Bakunin von einer Flucht Röckels nach London sprechen kann, ist rätselhaft. Vielleicht liegt eine Verwechslung mit Tzschirner vor oder ein bloßer Schreibfehler.

116 Vgl. »... der deutsche Bourgeois ist niederträchtig mit Gemütlichkeit«, (Bakunin an Herwegh in: Herwegh: Briefe von und an Herwegh: a. a. O. S. 225. Überhaupt den ganzen Brief.)

117 Graf Reichenbach, Oskar, 1815–1893. Vgl. Varnhagen Tagebücher 3. S.240.

118 Duvergier de Hauranne (1798–1881), französischer Politiker und Schriftsteller; Monarchist.

119 Tzschirner (1812–1870), Advokat; konnte fliehen, wurde 1865 amnestiert.

120 Röckel über Bakunin in seinem Buche: »Sachsens Erhebung und das Zuchthaus zu Waldheim«. Frankfurt a. M. 1865. S. 143 u. 144. »Ich hatte Michael Bakunin vor einigen Monaten kennengelernt, wo er heimlich von Leipzig nach Dresden gekommen war und mehrere Tage bei mir verborgen blieb. Ein Mann von seltener Geisteskraft und Charakterstärke, verbunden mit einer imponierenden Persönlichkeit und hinreißenden Redebegabung, war es ihm überall leicht geworden, die Jugend zu enthusiasmieren und selbst reifere Männer anzuziehen, zumal sein Standpunkt, frei von nationaler Beschränktheit, der des edelsten, allumfassenden Humanismus war. Eben seine glühende Phantasie aber, im Verein mit dem unbewußten Ehrgeiz einer groß angelegten Natur, die sich zum Leiten und Gebieten berufen fühlte, bereiteten ihm oftmalige Selbsttäuschungen über die tatsächlichen Verhältnisse. Sein nächstes Streben war eine Vereinigung der slawischen und deutschen Demokratie gegen das russische Zarentum, die damalige Hauptstütze des Absolutismus; und seine zahlreichen persönlichen Verbindungen mit Gleichgesinnten in allen slawischen Provinzen Österreichs wie in Polen und Rußland ließen ihm dies Ziel näher erscheinen, als es selbst heute noch ist. — Während seines heimlichen Aufenthaltes in Leipzig hatte er einen Kreis meist böhmischer Studenten versammelt, die mit völliger Selbstentäußerung in ihm ihren Meister verehrten und seinem Worte unbedingt Folge leisteten. Durch sie gedachte er Böhmen aufzurütteln aus der Entmutigung und Schlaffheit, in die es nach dem verunglückten und ziemlich planlosen Junikampf im verflossenen Jahre [1848] verfallen war. Was er aber nur erst hoffte und erstrebte, das spiegelte ihm seine Ungeduld als schon erreicht vor, und mit Zuversicht erwartete er

binnen kürzester Frist eine allgemeine Erhebung Böhmens. Es schien nun bei der Lage der Dinge in Deutschland von größter Wichtigkeit, jedes vereinzelte Vorgehen zu verhüten, und Bakunin bestimmte mich daher leicht, nach Prag zu gehen, um mit den dortigen Leitern, an die er mir offene Schreiben mitgab, Rücksprache dahin zu nehmen, daß der Aufstand dort womöglich noch so lange hingehalten werde, bis die rasch zu einer Entscheidung drängenden Verhältnisse Deutschlands zu hoffen erlaubten, daß die Bewegung sofort eine ganz allgemeine werden würde.« – »Statt jener mächtigen, weitverzweigten Verbindung, an deren Spitze sich Bakunin wähnte und durch welche er die gewaltigsten Kräfte in Bewegung setzen zu können vermeinte, fand ich kaum ein Dutzend ganz junger Leute, deren exaltierte Phantasie nicht einmal sie selbst über ihre Ohnmacht täuschen konnte.« – Über Röckel: a. a. O. S. 143. Ein Brief Bakunins wurde bei Röckel gefunden; vgl. Anhang S. 98.

121 Dr. Erbe, Advokat.

122 Heltman, s. o. Anm. 114.

123 Vgl. Marx: Revolution und Konterrevolution, a. a. O. S. 109f.

124 Teleky, 1811–1861. Ungarischer Revolutionär. Seit 1849 Führer der ungarischen Emigration.

125 Röckels Reise nach Prag s. o. Anm. 115, 120.

126 Dr. Carl Zimmer, Arzt. Die Bekanntschaft Bakunins und Zimmers wird in sehr romantischer Weise in den Untersuchungsakten geschildert.

127 Vgl. Anm. 110.

128 Heubner, Otto Leonhard (1812–1893), war Stadtrat in Dresden; er saß bis 1859 im Zuchthaus. Von ihm erschien: »Selbstverteidigung«, Zwickau 1850 s. o. Anm. 119.

129 Todt, Karl Gotthelf (1803–1852), aus einer Weberfamilie, Mitglied der sächsischen Kammer, dann Mitglied der provisorischen Regierung; starb als Emigrant in der Schweiz.

130 Bild in Lasker und Gerhard: Des deutschen Volkes Erhebung 1848. Danzig 1848.

131 Heinze: vgl. Röckel: a. a. O. 149. Heinze war eher schlapp, unfähig und feige als ein offener Verräter.

132 Karl Marx: Revolution und Konterrevolution, a. a. O. S. 123: »Die Aufständischen fanden einen fähigen und kaltblütigen Führer in dem russischen Flüchtling Michael Bakunin.« – »Bakunin nahm ernstesten Anteil an der Verteidigung der Stadt.« (Steklow: a. a. O. S. 46ff.) – »Alles zitterte vor diesem Manne.« (A. v. Montbé, Der Dresdener Maiaufstand 1849. S. 261) – »Heubners, Röckels und Bakunins Schicksal kümmern mich sehr. Diese Leute durften allerdings nicht gefangen werden.« (Richard Wagner, der bekanntlich an dem Dresdener Aufstand teilnahm, in einem Briefe an Theodor Uhlig. Gesammelte Briefe, hrsg. von J. Kapp und E. Kastner, Leipzig 1914, II, S. 335.) –

Über Bakunin interessant: Allgemeine Zeitung 1849, Nr. 151.

133 Vgl. Huch: a.a.O. S. 120; Montbé: a.a.O. S. 261.

134 »Die Staatsregierung ist nicht mit vielen Gefangenen zu behelligen.« (Tagesbefehl des sächsischen Oberkommandos, in: Waldersee, der Kampf in Dresden im Mai 1849, S. 205, Berlin 1849. [Waldersee bringt übrigens zahlreiche Aufrufe.]) – »Die Truppen hatten den Befehl, jeden, der mit der Waffe in der Hand betroffen wurde, niederzuschießen.« (In v. Meyerinck: Rückblick auf die Maitage 1849 in Dresden. Jahrbücher für die deutsche Armee und Marine 1897, Heft 1–3, S. 247.) – Verhalten der Soldaten: Röckel: a.a.O. S. 172, 174ff., 181, 183. – Die militärischen Darstellungen ergehen sich im Gegensatz zu Bakunin in aufregenden Schilderungen »heftiger« Kämpfe; die Verluste der Truppen betrugen: 30 Tote, 102 Verwundete; die Revolutionäre beklagten mindestens über 250 Tote; die Zahl der Verwundeten ist nicht festgestellt. Unter den Toten waren 11 Bürger, die übrigen waren Handwerker und Arbeiter. (Vgl. Meyerinck: a.a.O. S. 265.) – »Zahlreiche Orden und Ehrenzeichen wurden von den Majestäten an die preußischen und sächsischen Truppen verliehen.« (Meyerinck: a.a.O. S. 267.) – Über Grausamkeiten der Soldaten noch: Allgemeine Zeitung 1849, Nr. 152, 154.

135 Es war der Fürst von Schwarzburg-Rudolstadt. Vgl. Allgemeine Zeitung 1849, Nr. 131f.

136 Vgl. dazu oben Anm. 133.

137 »Heubner und Bakunin wurden festgenommen. Beide kamen also mit dem Leben davon. Schade!« (Meyerinck: a.a.O. S. 267. Bakunin in Gefangenschaft. Röckel: a.a.O. S. 197.) – »Bakunin soll wirklich gefangen sein; daß er einer der Hauptführer des Aufstandes in Dresden war, ist gewiß.« (Varnhagen: a.a.O., 13. Mai 1848, VI, S. 167.) – »Bakunin hat durch sein hohes Benehmen, seine Aufrichtigkeit und Gradheit die Achtung seiner Richter, der Offiziere, mit denen er zu tun hatte, der gegen ihn politisch feindlichsten Personen gewonnen; alle Schuld nahm er in den Verhören willig auf sich, keinen Menschen hat er belastet, keinen Namen genannt.« (Varnhagen: a.a.O., 21. Okt. 1850, VII, S. 369.) – »Noch nach 27 Jahren erinnerte sich einer der preußischen Offiziere, die den Gefangenen auf dem Transport durch Altenburg bewacht hatten, der Unerschütterlichkeit und Ruhe, mit welcher der gefesellte riesige Mann einen der ihn interpellierenden Leutnants darüber belehrt hatte, daß in politischen Dingen allein der Erfolg darüber entscheide, was große Tat und was Verbrechen sei.« (Deutsche Rundschau 1877, Bd. 12, S. 218.) – Von Richard Wagner existiert ein schwülstiger Brief an Bakunin auf die Nachricht, daß Bakunin hingerichtet werden sollte. Der Brief wurde nicht abgesandt. (Richard Wagner: Gesammelte Briefe, a.a.O. S. 436ff.) Eine Schilderung des

Dresdener Aufstandes in Glasenapps Wagner-Biographie. Eine eingehende Darstellung der Tätigkeit Bakunins im Maiaufstand bei Stephan Born. Erinnerungen eines Achtundvierzigers. Leipzig 1898, S. 201–242; über Bakunin außerdem S. 171. Wir wollen dem tapferen Born nicht Unrecht tun, aber sein Urteil über Bakunin ist unzweifelhaft in späteren Jahren durch seine sozialdemokratische Gegnerschaft getrübt worden.

Inhalt

Der Abdruck der Abbildungen erfolgte mit freundlicher Genehmigung von Weidenfeld & Nicholson (Umschlagmotiv Bakunin, Abb. 2, 3, 4) und der Staatsbibliothek Berlin (Abb. 1).

it 1
Goethe
Die Wahlverwandtschaften

it 2
Rainer Maria Rilke
Das Stunden-Buch

it 3
García Lorca
Die dramatischen Dichtungen

it 4
Marie Luise Kaschnitz
Eisbären

it 5
Oscar Wilde
Die Erzählungen und Märchen

it 6
Christian Morgenstern
Alle Galgenlieder

it 7/8
Boccaccio
Das Dekameron

it 9
Orbis Pictus

it 10
Walter Schmögner
Das Drachenbuch

it 11
Voltaire
Candide

it 12
Choderlos de Laclos
Schlimme Liebschaften

it 13
Märchen deutscher Dichter
Herausgegeben von
Elisabeth Borchers